刊行にあたって

　本書は，銀行業務検定試験「相続アドバイザー3級」（CBT方式を含む）の受験参考書として刊行されたものです。過去の試験問題については『相続アドバイザー3級問題解説集』（銀行業務検定協会編）に収載されていますが，本書は，試験問題を解くための必要知識について簡潔に解説し，試験合格に向けてのサポート役として活用していただくことを第一義に編集しています。

　金融機関にとって，相続に関する実務は個人取引におけるすべての業務に関連するものであり，その知識の習得は正確かつ適切な事務処理のために欠くことはできません。相続の実務は主として民法に基づいて処理されますが，銀行業務検定試験「相続アドバイザー3級」は，その法的知識とともに相続税および事業承継などの周辺知識の習得度を判定するものであり，日頃の研鑽の成果を試すものとして，ぜひチャレンジすることをおすすめします。

　本書とともに『相続アドバイザー3級問題解説集』も併せて活用されることによって，銀行業務検定試験「相続アドバイザー3級」に合格されることを祈念申し上げます。

2024年6月

経済法令研究会

目 次

CONTENTS

第 1 編 相続の基礎知識

第 2 編 相続と金融実務

第3編 相続税の基礎知識

第4編 相続と周辺知識

※　本書において，条数のみ記載している法律は「民法」を指します。また，特に
断りのない限り，「預金」には貯金も含まれるものとします。

☆　**本書の内容等に関する追加情報および訂正等について**　☆

本書の内容等につき発行後に追加情報のお知らせおよび誤記の訂正等の必要が
生じた場合には，当社ホームページに掲載いたします。

（ホームページ 書籍・DVD・定期刊行誌 メニュー下部の 追補・正誤表 ）

本書の利用のしかた

　本書は，銀行業務検定試験「相続アドバイザー３級」受験（CBT方式を含む）のための受験参考書です。

　本試験問題は四答択一式50問となっています。出題範囲および各問題数は「相続の基礎知識」20問，「相続と金融実務」15問，「その他周辺知識」５問，「事例付四答択一式」10問です。

　本書各編でとりあげる項目（テーマ）は，過去の試験問題で出題され，その頻度の高いものを精選していますので，必ず一度は目を通し理解するまで読まれることをおすすめします。

　なお，本書には次の特長を設けています。

〈巻頭　出題項目一覧〉直近４回試験の出題テーマを一覧にしています。

〈本文　直近４回試験の出題頻度〉直近の出題傾向を４つ星で表しています。頻度が高いものほど★マークが多くなっています。

〈本文　学習のポイント（吹き出し）〉要点整理や理解を深めるためのポイントを記載しています。

〈本文　理解度チェック〉本文の内容の理解度をはかるために設けています。問題を解きながら要点を押さえましょう。

〈側注　関連過去問題〉銀行業務検定試験で過去に実際に出題され，本文に関連する問題の出題年と問題番号を掲載しています。

〈側注　重要用語〉本文を理解するうえで押さえておきたい用語をピックアップして，一部には解説を加えているものもあります。

〈側注　補足〉本文の説明を補足する内容またはポイント等をまとめています。主に理解を深めるために役立つものを扱っています。

〈側注　参照〉その箇所が他の編にも関連している場合に，参照として付記しています。また，本文の参考となる文献や出典についても付記しています。

〈側注　注意〉とくに留意すべき点をまとめています。

〈巻末　重要用語索引〉重要用語（上記参照）を索引で引くことができます。

　本書を読まれ内容につき理解されましたら，過去の試験問題にチャレンジしてみましょう。そのためには，別に刊行されている『相続アドバイザー３級問題解説集』（銀行業務検定協会編）を利用されることをおすすめします。実際の問題を解いてみて，誤ったところは再度本書で確かめてください。その繰返しの学習により理解は一層深まるでしょう。

I 四答択一式

▶ 相続の基礎知識 〈20問〉

相続の開始と手続期限／相続人の範囲と順位・相続欠格と廃除／相続と遺贈（法定相続分・遺留分・死因贈与等）／相続の承認・放棄／遺産分割協議／調停・審判による分割／遺言の効力・種類・要件・内容変更等／配偶者居住権等／遺言書の取扱い／戸籍／相続に関する登記手続／相続・贈与税の課税・非課税財産／債務控除および葬式費用／相続財産の評価方法／相続税の計算／相続税申告書の提出と納税／延納・物納　等

▶ 相続と金融実務 〈15問〉

相続発生時の確認事項／相続預金の照会／預金者等の死亡確認方法（書類）と相続人への払戻方法／未分割時の葬儀費用の払戻請求の対応／遺産の相続手続（預金解約・名義変更等）／相続預金の流出防止／債務の承継手続／抵当権と相続／保証人が死亡した場合／外国籍の人の相続対応／通帳・貸金庫等の取扱い／相続手続必要書類（相続手続依頼書・戸籍全部事項証明書（戸籍謄本）・住民票・印鑑（登録）証明書等）　等

▶ その他周辺知識 〈5問〉

相続アドバイスをする際のコンプライアンス／相続人の不存在／遺言信託（業務）／遺産整理業務／相続税対策／個人事業主の事業承継対策／異例扱い／専門家とのネットワーク連携／遺族年金／生前対策（成年後見制度・贈与）／各種信託商品　等

II 事例付四答択一式 （10問）

上記Iの範囲での事例問題　5事例10問

●過去4回の出題項目

分　野		出題項目	2024年3月 (第157回)	2023年10月 (第156回)	2023年3月 (第154回)	2022年10月 (第153回)
相続の基礎知識	一　般	相続手続きの流れ・タイムスケジュール	○	○	○	○
		戸籍の全部事項証明書・種類等				○
		相続財産の種類等	○			○
	相続人と相続分	相続人の把握			○	
		相続人の欠格・廃除		○		
		養子縁組制度	○		○	
		特別受益の対象額の計算			○	
		被相続人への寄与	○	○		○
		不動産登記制度および相続登記	○			○
	遺産分割協議と遺言	遺言によってのみできる行為		○		
		相続の承認・放棄・限定承認	○		○	
		遺産分割	○	○		○
		遺言の種類・取扱い・効力・撤回・無効	○	○		○
		包括遺贈		○		
		相続手続きにおける不在者等の取扱い				○
		遺言の執行	○	○		○
		配偶者居住権・配偶者短期居住権	○	○	○	
		自筆証書遺言書の保管制度	○	○	○	
	相続税等と相続関連事項	相続税の納税義務者と課税対象	○	○		○
		相続財産の評価	○		○	
		小規模宅地等の評価特例	○	○		○
		死亡退職金等の課税価格		○		
		債務控除		○	○	○
		被相続人にかかる葬式費用				○
		相続税の課税価格の合計額の計算	○		○	
		相続税の総額の計算			○	
		相続税の税額控除，配偶者の税額軽減，税額加算	○	○	○	
		遺産未分割の際に適用されるもの・されないもの			○	
		生前贈与対策の特例		○		○
		相続税・贈与税の申告・納税	○	○	○	○
		贈与税の配偶者控除の適用			○	
		贈与税の暦年課税と相続時精算課税		○		
		暦年課税による贈与税額の計算		○		
		相続時精算課税による贈与税額の計算	○			
		農地の相続と転用	○	○		○
相続と金融実務	手続関連	相続開始時の初動対応	○	○	○	○
		相続手続きの必要書類	○			
		相続手続きにおける不在者等の取扱い	○			
		代理人・使者の確認事項		○	○	○
	預金関連	取引経過開示請求・残高証明書の発行依頼	○	○	○	○
		預かり資産等の相続手続き	○	○		○
		相続預貯金の払戻可能額の算出等		○	○	○
		当座勘定取引先の死亡		○		
		外国籍の預金者が死亡した場合の対応	○	○	○	○

分野		出題項目	2024年3月 (第157回)	2023年10月 (第156回)	2023年3月 (第154回)	2022年10月 (第153回)
相続と金融実務	預金関連	口座引落し・振込等				○
		後見制度支援信託・後見制度支援預金	○	○	○	
	各種取引等	相続手続きにおける高齢者等への対応			○	○
		行方不明の共同相続人がいる場合の取扱い		○	○	
		貸金庫取引先の死亡	○	○	○	○
		保険契約の形態と相続	○	○	○	○
	融資関連	融資の相続	○	○		
		相続と債権者の介入	○	○		
		担保と相続	○			
		被相続人の預金や担保物件（不動産）からの融資金の回収	○			
		債務引受等		○	○	○
		保証人または債務者の死亡			○	○
		抵当権・根抵当権と相続手続き		○	○	○
		リバース・モーゲージと相続	○			○
		融資商品の特徴と相続開始後の取扱い			○	○
その他周辺知識	コンプライアンス	相続アドバイスとコンプライアンス		○	○	○
	遺産整理業務等	遺言信託（遺言執行引受予諾業務）・遺産整理業務等			○	○
	生前対策	金融・資産運用計算の係数	○			
		種類株式	○			
		個人版事業承継税制		○		
		相続対策と事業承継		○		
	その他	法定相続情報証明制度	○	○	○	○
		遺族年金等	○	○	○	○
		成年後見制度・任意後見制度	○	○	○	○
		不動産の有効活用と相続対策		○		
事例付四答択一式	相続に係る民法および相続税法の規定	特別受益額の計算		○		
		相続人の把握		○	○	
	遺留分	遺留分制度	○	○	○	
		遺留分侵害額の計算	○	○	○	○
	生前対策	贈与税の配偶者控除の適用	○			○
		老後資金の確保と資産運用計算にかかる係数等			○	
		生前贈与にかかる納付税額の計算	○		○	
		リバースモーゲージの活用			○	
		遺言執行引受予諾業務・遺産整理業務	○			
	信託の活用	特定贈与信託				○
		受益者連続信託		○		
		遺言代用信託	○	○	○	
		特約付き信託			○	
	事業承継対策	同族会社の自社株評価と株価引下げ対策	○			○
		事業承継対策	○			○
	相続関連アドバイス	遺族への対応と相続アドバイスに係るコンプライアンス	○			
		相続預貯金の仮払い制度	○			
		公正証書遺言・自筆証書遺言のチェックポイント		○		
		現行戸籍のチェックポイント		○	○	
		相続税の課税遺産総額の計算		○		○
		相続税の総額の計算		○		○

第 **1** 編

相続の基礎知識

1 | 相続の開始

相続とは，個人が死亡した場合に，相続人が，死亡した者（被相続人）の財産に属した一切の権利・義務を包括的に承継することをいう。

相続は，被相続人の死亡によって開始する（民法882条。以下，民法については条数のみ記載する）。相続の開始について，相続人が被相続人の死亡の事実を知っているか否かは関係なく，また死亡届や相続登記の有無も，相続開始の効果の発生時期を左右するものではない。

関連過去問題
📝2024年3月
　問1・問23
📝2023年10月
　問1・問24
📝2023年3月
　問1・問24
📝2022年10月
　問1・問4

1 死亡の確認

死亡の証明は，通常，戸籍によって行われる。人が死亡したときは，同居の親族等（届出義務者）が死亡の事実を知った日から７日以内（国外で死亡したときは，その事実を知った日から３ヵ月以内）に，死亡者の死亡地・本籍地または届出人の所在地の市役所，区役所または町村役場に死亡届を提出する必要がある。死亡届が提出されると，死亡の事実が戸籍に反映されることになる。

金融機関としては，相続事務の画一的処理のため，戸籍の記載事項に照らして相続の開始について判断を行う。

死亡の事実が確実に証明されない場合であっても，失踪宣告または認定死亡に該当するときは，死亡したものと扱われて相続が開始する。

▶ **1. 失踪宣告**

不在者の生死不明が一定期間継続した場合，利害関係人（不在

●失踪宣告の種類

種類	内容
普通失踪 （30条1項・31条）	不在者の生死が7年間明らかでない場合，その7年の期間が満了した時に死亡したものとみなされる
危難失踪 （30条2項・31条）	戦争，船舶の沈没など，死亡の原因となるべき危難に遭遇し，その危難が去った時から1年間生死不明の場合に，危難の去った時に死亡したものとみなされる

者の配偶者やその他相続人など）からの請求に基づき，不在者は，家庭裁判所の審判（失踪宣告）により死亡したものと扱われる。この失踪宣告には，普通失踪と危難失踪の2種類がある。

なお，失踪宣告を受けた不在者が生存すること，または，上記の時期と異なる時に死亡したことの証明があったときは，家庭裁判所は，本人または利害関係人の請求により，失踪宣告を取り消さなければならない（32条1項）。

▶ 2. 認定死亡

ある者が水難や火災などにより死亡したことが確実であるものの，死体が確認されない場合には，その取調べをした官公署等が死亡を認定し，市町村長に死亡の報告を行い，それに基づいて戸籍に死亡の記載がなされれば，その者は戸籍に記載された年月日に死亡したものと推定される（戸籍法89条）。これを，認定死亡という。

📖 重要用語
失踪宣告

📖 重要用語
認定死亡

2　相続開始後のタイムスケジュール

相続開始後の一般的なタイムスケジュールは，次頁のとおりである。

🔍 参照
相続税については，第3編を参照。

● 相続開始後のタイムスケジュール

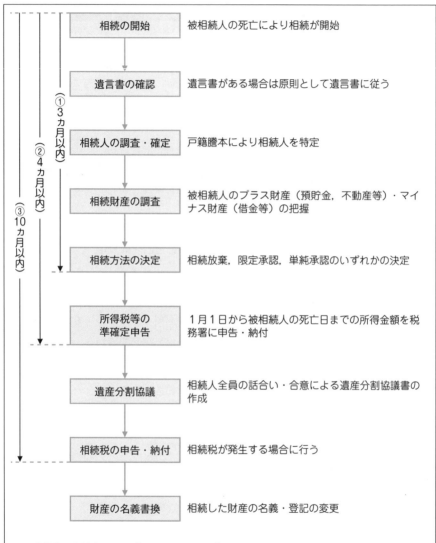

相続の開始	被相続人の死亡により相続が開始
遺言書の確認	遺言書がある場合は原則として遺言書に従う
相続人の調査・確定	戸籍謄本により相続人を特定
相続財産の調査	被相続人のプラス財産（預貯金，不動産等）・マイナス財産（借金等）の把握
相続方法の決定	相続放棄，限定承認，単純承認のいずれかの決定
所得税等の準確定申告	1月1日から被相続人の死亡日までの所得金額を税務署に申告・納付
遺産分割協議	相続人全員の話合い・合意による遺産分割協議書の作成
相続税の申告・納付	相続税が発生する場合に行う
財産の名義書換	相続した財産の名義・登記の変更

① 3ヵ月以内
② 4ヵ月以内
③ 10ヵ月以内

※ ①②③の起算点は，いずれも相続の開始があったことを知った日の翌日である（①について，民法915条1項では「相続の開始があったことを知った時」と定められているが，初日不算入の原則（140条本文）により，実質的には②③の相続税法と同様となる）。

2 相続人の範囲と順位

1 原 則

　民法は，相続人となり得る者について2つの類型を定めている。第1類型は被相続人の配偶者，第2類型は被相続人の血族（血のつながりがある者）である。

▶ 1.【第1類型】被相続人の配偶者

　被相続人に配偶者がいる場合には，配偶者は常に相続人となる（890条）。

　配偶者は，戸籍上の配偶者である必要があり，内縁関係にあったとしても相続人になることはできない。これは，相続に関する法律関係の画一的処理の必要上，誰が相続人であるかは形式的に戸籍により明らかになったほうがよいと考えられているためである。

▶ 2.【第2類型】被相続人の血族

　被相続人の血族には，次のとおり，グループごとに相続する順位が付けられている。先順位のグループがいない場合にはじめて，後順位のグループが相続することができる。

⑴　第1順位グループ：子

　第1順位グループは，被相続人の子である（887条1項）。嫡出子か否かは問わない。

　なお，被相続人の死亡以前に子が死亡したり，相続欠格や廃除によって子が相続権を喪失した場合でも，その子に子（被相続人の孫）がいるときは，第2順位グループの相続人が相続するので

関連過去問題
2024年3月
問4
2023年10月
問14
2023年3月
問2・問3・問5・
問44
2022年10月
問13・問41

第1編

● 相続人の順位と範囲

順位		範囲	
第1順位グループ	子	子 ※ 孫, 曾孫以下は代襲相続可	配偶者
第2順位グループ	直系尊属	父母, 祖父母, 曾祖父母など	
第3順位グループ	兄弟姉妹	兄弟姉妹 ※ 甥・姪 (一代のみ) は代襲相続可	

はなく, 孫が子に代わって相続人となる。これを, 代襲相続とい
う。

参照

代襲相続につい
ては,「❷代襲相
続」参照。

⑵　**第2順位グループ：直系尊属 (父母, 祖父母)**

　第2順位グループは, 父母や祖父母といった直系尊属である
(889条1項1号)。直系尊属は, 被相続人に子や孫 (第1順位グ
ループ) がいない場合に相続人となる。

　なお, 親等の異なる複数の直系尊属がいる場合 (たとえば, 父
母のほかに祖父母がいる場合) には, 親等の近い直系尊属 (父母)
のみが相続することになる (889条1項1号ただし書)。

⑶　**第3順位グループ：兄弟姉妹**

　第3順位グループは, 兄弟姉妹である (889条1項2号)。兄弟
姉妹は, 被相続人に子や孫 (第1順位グループ), 父母や祖父母
(第2順位グループ) がいない場合に相続人となる。

　なお, 兄弟姉妹が被相続人の死亡以前に死亡したり, 相続欠格
により相続権を喪失した場合でも, その兄弟姉妹に子 (被相続人
の甥・姪) がいる場合には, 甥・姪が兄弟姉妹に代わって相続人
となる。

被相続人の配偶者は常に相続人となるよ。

次の相関関係図から，相続人の範囲を示すと下記のとおりである。

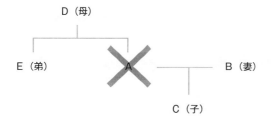

① この例では，B・Cが相続人となる。
② Cがいない場合→B・Dが相続人となる。
③ C・Dがいない場合→B・Eが相続人となる。
④ C・D・Eがいない場合→Bのみが相続人となる。
⑤ Bがいない場合→Cのみが相続人となる。
⑥ B・Cがいない場合→Dのみが相続人となる。
⑦ B・C・Dがいない場合→Eのみが相続人となる。

2 代襲相続

相続人になり得るのは，原則として，前記「1 原則」で述べた者である。もっとも，この原則を貫くと，相続に関して不公平な事態が生じることがある。たとえば，子Bがたまたま親Aより先に死亡した場合，子Bが親Aを相続できない結果，孫Cは親Aの財産を承継することができないことになる。

一方，もし子Bが親Aより先に死亡していなければ，孫Cは，子Bの相続を通じて親Aの財産を承継できたはずである。このように，子Bの死亡という偶然の事情によって，孫Cが親Aの財産を承継できるか否かが左右されるというのは，上から下の世代へ

という自然な財産承継に対する期待を考えると不公平である。

そこで，このような不公平を解消するため，民法は，代襲相続の制度を設けている。

▶ 1. 制度の内容

被相続人の子または兄弟姉妹が，相続開始以前に死亡した場合，および相続欠格・廃除により相続権を失った場合に，被相続人の子の子（つまり孫）または被相続人の兄弟姉妹の子（つまり甥・姪）が代襲相続人として相続人を相続することになる（887条2項・889条2項）。

なお，相続放棄は，自分の系統（子，孫など）には遺産はいらないという趣旨の任意処分をしたものととらえることができるため，代襲相続の原因ではないことに注意を要する。

▶ 2. 再代襲

代襲相続することのできた被相続人の子の子（つまり孫）が，被相続人より先に死亡したり，相続欠格・廃除により相続権を失った場合で，その孫に子（つまり曽孫）がいるときは，その曽孫が被相続人を代襲相続することができる（887条3項）。これを，再代襲という。

この再代襲は，被相続人の子にのみ適用があり，被相続人の兄弟姉妹には適用がない（つまり，曽孫は代襲相続できるが，甥・姪の子は代襲相続できない）。

▶ 3. 代襲相続人と養子の資格を兼ねる場合

被相続人の孫が被相続人夫婦と養子縁組をしている場合に，その孫の親（つまり子）が被相続人の生前に死亡したときは，孫は，被相続人との養子縁組による子としての資格と代襲相続人としての資格を兼ねることになる。このような場合，孫の相続分は，代襲相続人としての相続分と養子としての相続分の合計となる。

参照
相続欠格・廃除については, 第1編「3 相続人の欠格・廃除」参照。

参照
相続放棄については, 第1編「6 相続の承認・放棄」参照。

3 胎児と相続

相続人は，被相続人の死亡時にその財産を承継する者であることから，被相続人の死亡時に，権利能力（法律上の権利・義務の主体となることができる資格）を有していること，すなわちこの世に存在していることが必要である（同時存在の原則）。

そして，人は，出生により権利能力を有することになるため（3条1項），同時存在の原則をもし貫けば，被相続人の死亡時に胎児である者は，相続人にはなれないということになりそうである。しかし，胎児は，近い将来に出生して人として権利能力を取得するのであるから，生まれてくるタイミングが多少早いか遅いかによって，相続権の有無が異なるのは不公平である。そこで，胎児は，相続についてはすでに生まれたものとみなされ（886条1項），相続権が認められている。

ただし，胎児が生きて生まれなかった場合には，胎児に相続権は認められない（886条2項）。この点に関連して，生きて生まれるかどうか未確定の胎児の段階で権利能力を認めるかが問題となるが，判例は，胎児の段階では権利能力を認めず，生きて生まれたときに，胎児の時にさかのぼって権利能力があったとする考え方を取っている（停止条件説。人判昭和7・10・6）。したがって，遺産分割を行う際には，胎児の出生を待ってから手続を行うことが現実的である。

4 養子縁組

養子縁組とは，血縁関係とは無関係に，養親と養子の間に親子関係（およびこれを通じた親族関係）を生じさせる制度である。養子は，養子縁組の日から，養親の嫡出子の身分を取得する（809条）。また，養子は，原則として養親の氏を称する（810条本文）。

🔖 **重要用語**
権利能力

🔍 参照
胎児は，遺贈においても受遺者になれる（第1編「14遺贈」参照）。

🔖 **重要用語**
養子縁組

養子縁組には，一般の養子縁組（以下，「普通養子縁組」という）に加えて，特別養子縁組がある。その大きな違いは，普通養子縁組の場合は実親との親子関係が継続するのに対して，特別養子縁組の場合はこれが終了する点にある。

▶ 1. 普通養子縁組

普通養子縁組

普通養子縁組とは，実親との親子関係を継続したまま，養親との間で新たな親子関係を生じさせる養子縁組をいう。養親との間に法律上の親子関係が成立するものの，実親との親子関係が終了するわけではない。したがって，普通養子縁組における養子は，実親と養親の2組の親をもち，養親が死亡した場合に養親の相続人となるのみならず，実親が死亡した場合には実子として実親の相続人になる。

● 普通養子縁組の主な要件

要件	内容
縁組の成立	養親と養子の同意により成立し，実父母の同意は不要
養親となる者	20歳に達した者（792条）
養親となる者に配偶者がある場合	養子となる者が成年者の場合，配偶者の同意が必要（796条本文）。ただし，夫婦共同で養子縁組をする場合，または配偶者がその意思を表示することができない場合には不要（796条ただし書）
	養子となる者が未成年者の場合，夫婦共同での養子縁組が必要（795条本文）。ただし，配偶者の嫡出子を養子とする場合，または配偶者がその意思を表示することができない場合には不要（795条ただし書）
養子となる者	養親の尊属または年長者は養子にはなれない（793条）
	養子となる者が15歳未満のときは，法定代理人が養子縁組の承諾をする（797条1項）
家庭裁判所の許可が必要な場合	養子となる者が未成年者のとき（798条1項）。ただし，自己または配偶者の直系卑属（孫など）を養子とする場合は不要（798条1項ただし書）
	養親となる者が後見人，養子となる者が被後見人のとき（794条）
成立までの監護期間	特に設定なし
戸籍の表記	実親の名前が記載され，養子の続柄は「養子」「養女」と記載

▶ 2. 特別養子縁組

　特別養子縁組とは，実親との親子関係を断ち切って養親と新た
な親子関係を生じさせる養子縁組をいう。普通養子縁組の場合と
違い，実親との親子関係は終了する（817条の9）。したがって，
特別養子縁組で養子になった者は，養親が死亡した場合に養親の
相続人となるが，実親が死亡した場合には実親の相続人とはなら
ない。

重要用語
特別養子縁組

●特別養子縁組の主な要件

要件	内容
縁組の成立	養親となる者の請求（申立て）に基づき，家庭裁判所の審判により成立（817条の2第1項）
	実父母の同意が必要（817条の6本文）。ただし，実父母が意思を表示できない場合または実父母による虐待や悪意の遺棄など養子となる者の利益を著しく害する理由がある場合は不要（817条の6ただし書）
	実父母による養子となる者の監護が著しく困難または不適当であることその他特別の事情がある場合において，子の利益のため特に必要があると認められることが必要（817条の7）
養親となる者	配偶者のある者でなければならない（817条の3第1項）
	夫婦共同縁組でなければならない（817条の3第2項本文）。ただし，配偶者の嫡出子（連れ子）の養子となる場合には単独で可（817条の3第2項ただし書）
	年齢は夫婦ともに原則として25歳以上，例外的に一方が25歳以上であれば他方は20歳以上でよい（817条の4）
養子となる者	審判申立時において，原則として15歳未満（817条の5第1項前段）。例外として，15歳に達する前から養親となる者に引き続き監護されており，やむを得ない事由により15歳までに申立てができなかったときは15歳以上でも可（817条の5第2項）
	審判確定時において，18歳に達している者は不可（817条の5第1項後段）
	養子となる者が審判時に15歳に達している場合には，その者の同意が必要（817条の5第3項）
成立までの監護期間	養親の請求（申立て）後，6ヵ月以上の監護期間を考慮しなければならない（817条の8）
戸籍の表記	実親の名前が記載されず，養子の続柄は「長男」「長女」等と記載

第1編

3 ｜ 相続人の欠格・廃除

民法上，相続権が認められる者であっても，一定の事由がある場合には，その相続権がはく奪され，相続できないことがある。そのような制度として，相続欠格と相続人の廃除の２つがある。

関連過去問題
🖊 2023年10月
　問2
🖊 2023年3月
　問44
🖊 2022年10月
　問41

📖 **重要用語**

相続欠格

1 相続欠格

▶ **1. 制度の内容**

被相続人との身分関係によれば，相続権をもつ者であっても，相続人として認めることが適切でない所定の欠格事由がある者は，法律上，当然に相続権がないものとして扱われる。これを**相続欠格**という（891条）。

この所定の欠格事由とは，次の①〜⑤をいう。

> ① 故意に被相続人または先順位もしくは同順位の相続人を死亡するに至らせ，または至らせようとしたために刑に処せられた者
> ② 被相続人の殺害されたことを知って，告発・告訴しなかった者
> ③ 詐欺・強迫によって，相続に関する被相続人の遺言の作成・撤回・取消し・変更を妨げた者
> ④ 詐欺・強迫によって，被相続人に，相続に関する遺言の作成・撤回・取消し・変更をさせた者
> ⑤ 相続に関する被相続人の遺言書を偽造・変造・破棄・隠匿した者

▶ 2. 手　続

　相続欠格は，法律上当然に効果を生じることから，相続人の廃除の場合とは異なり，相続欠格として認められるための審判手続や，相続欠格である旨の公示方法はない（相続欠格の事実は戸籍に記載されない）。

　相続開始前に欠格事由が生じた場合はそのときから，相続開始後に欠格事由が判明した場合は相続開始時にさかのぼって，対象となる被相続人の相続に関して法律上当然に相続権がないものとして扱われる。なお，相続欠格者は，被相続人から遺贈を受けることもできない（965条・891条）。

2　相続人の廃除

▶ 1. 制度の内容

　ある相続人について，相続権を当然に否定されるほどの重大な事由はないが，被相続人が相続させたくないと感じるような非行がその者にあった場合には，被相続人の意思に基づいて，家庭裁判所の審判または調停によって，その者の相続権を奪うことができる。これを，相続人の廃除という（892条・893条）。

　廃除事由としては，次の①②があげられている（892条）。

| ①　相続人が被相続人に対して虐待や重大な侮辱をしたこと |
| ②　相続人にその他の著しい非行があること |

　具体例として，父（被相続人）の多額の財産をギャンブルにつぎ込んで減少させ，父が自宅を売却せざるを得ない状況に追い込んだ長男について，廃除が認められたもの（大阪高決平成15・3・27）などがある。

　なお，廃除の対象となる相続人は第1順位グループ（子）と第2順位グループ（直系尊属）で，第3順位グループ（兄弟姉妹）は対象とされていない。これは，兄弟姉妹には遺留分がないこと

重要用語

相続人の廃除

参照

遺留分については，第1編「15遺留分」参照。

から，被相続人がその兄弟姉妹に相続させたくないと思えば，遺言により全財産を他の者に与えることで，兄弟姉妹に財産を与えないという目的を達することができるからである。

▶ **2. 手　続**

廃除は，被相続人が生前に家庭裁判所に請求するか（生前廃除。892条），遺言で廃除の意思を表示する（遺言廃除。893条）ことによってなされる。生前廃除の場合，廃除の審判が確定するか調停が成立すると相続権を失い（戸籍で公示される。戸籍法97条），遺言廃除の場合，遺言執行者は，遺言が効力を生じた後遅滞なくその推定相続人の廃除を家庭裁判所へ請求しなければならず，その場合，推定相続人は，相続開始時にさかのぼって相続権を失う。

なお，廃除は，被相続人の意思に基づいて相続人の相続権を奪う制度であるから，生前廃除については，被相続人からいつでもその取消しを家庭裁判所に請求することができ，遺言廃除についても，遺言によりこれを取り消すことができる（894条1項・2項）。

相続欠格者や廃除者に子がいる場合には，その子が代襲相続人になるよ！

4 相続分

1 法定相続分

民法は，相続分について被相続人が何ら意思を表明していなかった場合（被相続人の遺言による相続分の指定がない場合）のため，法定相続分を定めている。

▶ 1. 第1順位グループ：子と配偶者が相続人になる場合

子と配偶者が相続人であるときは，子の相続分と配偶者の相続分は各2分の1である（900条1号）。子が複数いるときは，子の相続分である2分の1を子の人数で等分する（同条4号本文）。

また，子には代襲相続があり，代襲者（孫や曾孫）の相続分は，被代襲者（代襲者の親）が受けるべきであったものと同じである。

関連過去問題
- 2024年3月
  問7
- 2023年10月
  問7・問41・
  問42
- 2023年3月
  問2・問3・問8
- 2022年10月
  問3・問46

第1編

● 法定相続分

	子	直系尊属	兄弟姉妹	配偶者
第1順位グループ	1/2	―	―	1/2
第2順位グループ	―	1/3	―	2/3
第3順位グループ	―	―	1/4（ただし，半血兄弟は全血兄弟の半分）	3/4

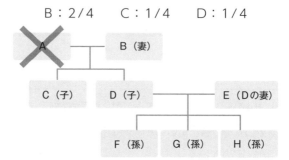

　被相続人Ａと配偶者Ｂとの間に子Ｃ・Ｄがいる場合，被相続人Ａの相続人とその各相続分は，次のとおりである。

　　　Ｂ：2／4　　Ｃ：1／4　　Ｄ：1／4

　なお，子Ｄが被相続人Ａよりも先に死亡していた場合，孫Ｆ・Ｇ・Ｈは子Ｄを代襲相続するから，被相続人Ａの相続人とその各相続分は，次のとおりである。

　　　Ｂ：6／12　　Ｃ：3／12　　Ｆ：1／12

　　　Ｇ：1／12　　Ｈ：1／12

📖重要用語

非嫡出子
法律上の婚姻関係にない男女の間に生まれた子

　以前は，非嫡出子の相続分は，嫡出子の相続分の2分の1であると定められていたが，平成25年9月4日の最高裁の判決を受けて，非嫡出子の相続分を嫡出子の半分とする民法の規定は削除され，現在，非嫡出子の相続分は嫡出子の相続分と同等である。

　非嫡出子の相続分は，嫡出子と同じだよ！

▶ 2. 第2順位グループ：直系尊属と配偶者が相続人になる場合

直系尊属と配偶者が相続人であるときは，直系尊属の相続分は3分の1，配偶者の相続分は3分の2である（900条2号）。直系尊属が複数いるときは，直系尊属の相続分である3分の1を直系尊属の人数で等分する（同条4号本文）。

被相続人Aと配偶者Bの間に子がなく，Aの両親C・Dがいる場合，被相続人Aの相続人とその各相続分は，次のとおりである。

B：4/6　　C：1/6　　D：1/6

C（父）━━━┳━━━ D（母）

A ━━━ B（妻）

▶ 3. 第3順位グループ：兄弟姉妹と配偶者が相続人になる場合

兄弟姉妹と配偶者が相続人であるときは，兄弟姉妹の相続分は4分の1，配偶者の相続分は4分の3である（900条3号）。兄弟姉妹が複数いるときは，兄弟姉妹の相続分である4分の1を兄弟姉妹の人数で等分する（同条4号本文）。

なお，兄弟姉妹の相続分について，被相続人と父母の一方のみを同じくする兄弟姉妹（半血の兄弟姉妹）の相続分は，被相続人と父母の双方を同じくする兄弟姉妹（全血の兄弟姉妹）の2分の1とされている（900条4号ただし書）。

また，兄弟姉妹には代襲相続があるが，代襲者（甥・姪）の相続分は，被代襲者（代襲者の親）が受けるはずであったものと同じである。

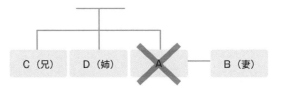

被相続人Ａと配偶者Ｂの間に子がなく，両親も死亡していて，兄弟姉妹Ｃ・Ｄがいる場合，被相続人Ａの相続人とその各相続分は，次のとおりである。

B：6/8　　C：1/8　　D：1/8

C（兄）　　D（姉）　　Ａ　　B（妻）

2 指定相続分

被相続人は，遺言で，共同相続人の相続分を定め，またはこれを定めることを第三者に委託することができる（902条1項）。これを，指定相続分という。たとえば，被相続人の妻Ａと子Ｂ・Ｃの3人が相続人である場合に，「各人が3分の1ずつ相続すべし」などという遺言をすることができる。

相続分の指定にあたっては，共同相続人全員の相続分を指定するだけでなく，共同相続人の一部についてのみ指定することもできる。その場合，指定されなかった共同相続人の相続分は，法定相続分に従うことになる（902条2項）。

重要用語
指定相続分

3 具体的相続分

上記の法定相続分や指定相続分どおりに遺産分割がなされると，共同相続人間に不公平が生じることがある。そのため，公平の見地から，法定相続分や指定相続分に一定の修正を加えた相続分（これを，具体的相続分という）の算定を要する場合があり，そのようなものとして特別受益と寄与分がある。

重要用語
具体的相続分

▶ 1. 特別受益

　共同相続人の中に，被相続人から遺贈を受けたり，生前に贈与を受けたりした者がいる場合，この事情を考慮しないで法定相続分どおりに分割したのでは，共同相続人間に不公平が生じることになる。そこで，共同相続人間の公平を図るため，被相続人から遺贈や生前贈与といった特別受益を受けた者は「特別受益者」として相続分の前渡しを受けたものとして扱い，具体的相続分の算定にあたっては，特別受益分を相続財産に加算して（持ち戻して），みなし相続財産の額を算出したうえで計算することになる（903条1項）。なお，被相続人が，共同相続人間の相続分の算定に関し，このような特別受益分について不均衡の是正を望まない旨の意思表示（持戻し免除の意思表示）をしたときは，被相続人の意思が尊重され，相続分の算定にあたり特別受益分の持戻しは行われない（同条3項）。

(1)　特別受益となるもの

　特別受益となるのは，遺贈された財産，および婚姻や養子縁組のためもしくは生計の資本として生前贈与された財産である（903条1項）。なお，遊興費として贈与されたものは，通常は特別受益とならないと考えられる。

　①　遺贈された財産

　相続人に対する特定遺贈・包括遺贈は，常に特別受益となる。

　②　婚姻・養子縁組・生計の資本のため生前贈与された財産

　婚姻や養子縁組のための贈与で特別受益に該当するものとしては，持参金があげられる。結納金や挙式費用については，それが被相続人や相続人にとってどのような意味をもっていたかという事情次第であり，特に，挙式費用は，通常は遺産の前渡しとはいえず，特別受益に該当しないことが多いと思われる。

　生計の資本のための贈与で特別受益に該当するものとしては，

📖重要用語
特別受益

📖重要用語
持戻し免除の意思表示

居住用の不動産の贈与や独立した子の生計への資金援助が典型例である。高等教育（大学など）の学資については事情次第であり，被相続人の資力や社会的地位に照らして扶養義務の範囲を超えると認められる場合には特別受益に該当すると考えられる。

(2) 特別受益者がいる場合の相続分の算定方法

共同相続人中に特別受益者がいる場合，各相続人の具体的相続分は次の方法で算定される（903条1項）。

---

① （相続開始時の相続財産の価額）＋（特別受益分の総額）
＝みなし相続財産額
※ 遺贈の場合には，遺贈財産の価額が相続財産の価額中に含まれているため，これを加算する必要はない。
② （①で算出したみなし相続財産額）×（法定または指定の相続分率）＝一応の相続分
③ （②で算出した一応の相続分）－（その相続人が受けた贈与または遺贈価額）＝具体的相続分

なお，具体的相続分がゼロ以下となる相続人（超過特別受益者）は単に相続財産から何も取得できないだけで，超過した受益を返還する必要はない（903条2項）。この場合，超過分を他の相続人が負担する形で，各自の具体的相続分が改めて計算されることになるが，その計算方法については見解が分かれている（その詳細については本書では割愛する）。

被相続人Aと配偶者Bの間に子C・Dがいる。Aは900万円の財産を残して死亡し，Bは200万円の遺贈を受けた。なお，Aの生前，子Cは結婚に際しての持参金として100万円の贈与を受けている。

　この場合，被相続人Aの相続人とその各法定相続分は，次のとおりである。

　　　　B：2／4　　C：1／4　　D：1／4

　配偶者Bと子Cは，特別受益を受けているので，特別受益者に該当する。これらの具体的相続分を計算すると，次のとおりとなる。

B：① みなし相続財産：900万円＋100万円＝1,000万円

　　② 一応の相続分：1,000万円×2／4＝500万円

　　③ 具体的相続分：500万円－200万円＝300万円

C：① みなし相続財産：900万円＋100万円＝1,000万円

　　② 一応の相続分：1,000万円×1／4＝250万円

　　③ 具体的相続分：250万円－100万円＝150万円

　子Dは特別受益を受けておらず，特別受益者に該当しない。その具体的相続分は，次のとおりとなる。

D：① みなし相続財産：900万円＋100万円－1,000万円

　　② 一応の相続分：1,000万円×1／4＝250万円

　　③ 具体的相続分：250万円－0円＝250万円

(3)　配偶者保護のための方策（持戻し免除の意思表示の推定）

　被相続人が長年連れ添った配偶者に居住用不動産を遺贈または贈与した場合に，被相続人が持戻し免除の意思表示（903条3項）をしていない限り，かかる居住用不動産が特別受益として共同相続人間の不均衡の是正の対象になるというのは，被相続人の意思

に沿わないことになる。そこで，婚姻期間が20年以上の夫婦の一
方が他方に対して居住用不動産を遺贈または贈与したときは，当
該遺贈または贈与について，被相続人が持戻し免除の意思表示を
したものと推定される（同条4項）。これにより，当該居住用不動
産の価額を特別受益として扱わずに共同相続人の相続分を計算で
きることになる。

▶ 2. 寄与分

寄与分は，共同相続人の中に被相続人の財産の維持・増加に特
別の貢献をした相続人がいた場合，被相続人の相続財産にはその
相続人が貢献した分が含まれると考えられることから，共同相続
人間の公平を図るため，この事情を考慮して法定相続分を修正し
て具体的相続分を算定する制度である。

(1) 寄与となるもの

民法は，寄与として次の①～④をあげている（904条の2第1
項）。

① 被相続人の事業に関する労務の提供
② 被相続人の事業に関する財産上の給付
③ 被相続人の療養看護
④ その他の方法（被相続人の扶養や財産管理，事業に関係 のない財産上の給付（たとえば被相続人の建物建築につき 資金の一部を負担するなど））

寄与分は，まずは共同相続人の協議で定めるものとされており，
協議が調わないときや協議をすることができないときは，寄与を
した相続人の申立てに基づいて，家庭裁判所の調停や審判によっ
て定められる（家事事件手続法244条）。もっとも，家庭裁判所へ
の申立ては，遺産分割の手続の中で行う必要があり，寄与分の確
定だけを裁判所に申し立てることはできない（904条の2第4項）。
なお，寄与分として評価されるのは相続人がした寄与に限られ，

内縁の妻や事実上の養子など相続人でない者がした寄与は，寄与分として評価されない。もっとも，相続人の配偶者や子が被相続人の財産の維持・増加に寄与した場合，これらの者を相続人の補助者とみて，その寄与が相続人の寄与分として考慮される可能性はある。

(2) **寄与分がある場合の相続分の算定方法**

寄与分を有する相続人がいる場合，その具体的相続分は次の方法で算定される（904条の2第1項）。

① （相続開始時の相続財産の価額）−（寄与分の総額）
　＝みなし相続財産額
② （①で算出したみなし相続財産額）×（法定または指定の相続分率）＝一応の相続分
③ （②で算出した一応の相続分）＋（その相続人の寄与分額）
　＝具体的相続分

被相続人Aと配偶者Bの間に子C・Dがいる。Aは6,000万円の財産を残して死亡した。いずれの相続人にも特別受益はなく，子Cに2,000万円の寄与分が認められている。

この場合，被相続人Aの相続人とその各法定相続分は，次のとおりである。

　　　　B：2/4　　C：1/4　　D：1/4

各相続人の具体的相続分は，次のとおりである。

B：① みなし相続財産：6,000万円−2,000万円
　　＝4,000万円

② 一応の相続分：4,000万円×2／4＝2,000万円

③ 具体的相続分：2,000万円＋0円＝2,000万円

C：① みなし相続財産：6,000万円－2,000万円

＝4,000万円

② 一応の相続分：4,000万円×1／4＝1,000万円

③ 具体的相続分：1,000万円＋2,000万円＝3,000万円

D：① みなし相続財産：6,000万円－2,000万円

＝4,000万円

② 一応の相続分：4,000万円×1／4＝1,000万円

③ 具体的相続分：1,000万円＋0円＝1,000万円

(3) 相続人以外の者の貢献を考慮するための方策（特別の寄与）

　寄与分は相続人にのみ認められている制度であるため（904条の2第1項），相続人ではない者，たとえば，夫の親と同居して献身的に介護してきた長男の妻は，夫の親の療養看護に努め，その財産の維持または増加に寄与しても，遺産分割手続において寄与分を主張したり，何らかの財産の分配を請求したりすることができない。

　そこで，被相続人に対して無償で療養看護その他の労務の提供をしたことにより被相続人の財産の維持または増加について**特別の寄与**をした被相続人の親族（相続人，相続放棄をした者および相続欠格・廃除された者を除く）は，相続開始後，相続人に対して，その者の寄与に応じた額の金銭の支払を請求することができる（1050条1項）。

　また，その支払について，当事者間で協議が調わないときまたは協議をすることができないときは，特別寄与者は，家庭裁判所に対して協議に代わる処分を請求することができる（1050条2項）。

重要用語

特別の寄与

▶ 3. 具体的相続分による遺産分割の時的制限

(1) 概　要

　これまで述べてきた特別受益や寄与分による法定相続分または指定相続分の修正は，相続開始（被相続人の死亡）の時から10年を経過した後にする遺産分割では，原則として行われない（904条の3本文）。これは，相続開始後，遺産分割がないまま長期間が経過すると，生前贈与や寄与分に関する書証等が散逸するなど，具体的相続分の算定が困難になり遺産分割に支障が生じるおそれがあることから，相続人に早期の遺産分割請求を促すことを意図したものである。

　ただし，例外として，①相続開始の時から10年を経過する前に，相続人が家庭裁判所に遺産分割請求（申立て）をしたとき，または，②相続開始の時から始まる10年の期間の満了前6ヵ月以内の間に，遺産分割の請求をすることができないやむを得ない事由が相続人にあった場合において，その事由が消滅した時から6ヵ月を経過する前に，当該相続人が家庭裁判所に遺産分割の請求をしたときは，相続開始の時から10年が経過した後も，具体的相続分による分割を求めることができる（904条の3ただし書）。

　②の「やむを得ない事由」の有無は，個々の相続人ごとに客観的な事情に基づいて判断されることになる。たとえば，被相続人が長期間にわたり生死不明であったところ，遺体が発見され，10年以上前に遭難により死亡していたことが判明した場合には，やむを得ない事由があると考えられる。

(2) 経過措置

　上記の制限は，その施行日（令和5年4月1日）前に相続が開始した遺産分割にも適用されるものの，少なくとも施行日から5年間は具体的相続分による遺産分割を求めることができる旨の猶予期間が設けられている。

5 | 遺産分割

相続は，被相続人の死亡と同時に当然に開始され，相続人が複数存在する場合には，相続財産は各共同相続人間の共有となる（898条1項）。もっとも，このような相続財産の共同相続人による共有は暫定的・過渡的なものであって，遺産分割によって，最終的な相続財産の所有者が決定されることになる。すなわち，遺産分割は，相続開始により共同相続人間の共有という形で一応発生していた権利関係を，個別具体的に確定させるものといえる。

関連過去問題
🖉 2024年3月
　問5・問23
🖉 2023年10月
　問3・問24
🖉 2023年3月
　問24
🖉 2022年10月
　問4・問8

1 遺産分割前の払戻し制度

相続された預金債権については，生計費や葬儀費用の支払，相続債務の弁済などの資金需要に対応できるよう，遺産分割前にも払戻しを受けることができる。

🔍 参照
遺産分割前の預金の払戻しについては，第2編「2相続預金の払戻し」参照。

2 遺産分割前の共同相続人による財産処分への対応

遺産分割の対象となるのは，遺産分割時の相続財産であり，相続開始時の相続財産ではない。したがって，相続開始後，遺産分割前に，相続人の一部が遺産に属する財産を処分した場合（たとえば，被相続人名義のキャッシュカードを用いてATMから預金を密かに引き出した場合），この財産を遺産分割時に考慮しないとすると，遺産分割の面で共同相続人間に不公平な事態が生じるおそれがある。また，このような場合の他の相続人の救済方法として，財産を処分した相続人に対し，民事訴訟により不当利得の返還請求または不法行為を理由とする損害賠償請求を行うことも考

えられるが，この場合の利得・損失や損害の額の判断は難しく，結果として財産を処分した相続人に依然として有利な帰結になることもある。

　そこで，民法は，処分者以外の相続人全員の同意があれば，処分者の同意を得ることなく，処分された財産が遺産分割時に遺産として存在するものとみなして遺産分割ができるとしている（906条の2第1項・2項）。

> ①　遺産分割前に遺産に属する財産が処分された場合は，共同相続人全員の同意により，その処分された財産を遺産分割時の対象に含めることができる。
> ②　共同相続人の1人または数人が遺産分割前に遺産に属する財産を処分した場合は，処分をした共同相続人については，上記①の同意を得ることを要しない。

3　遺産分割の手続

　遺産分割の手続には，遺言による遺産分割方法の指定，遺産分割協議，および家庭裁判所の調停・審判がある。

▶ 1. 遺言による遺産分割方法の指定

　被相続人は，遺言で遺産分割の方法を定める（指定する）ことも，第三者に指定を委託することもできる（908条）。

　指定の内容としては，分割の具体的方法（現物分割や換価分割など）を指定することもできるし，より具体的に「甲不動産を（共同相続人のうちの）Aに相続させる」といった形の指定をすることもできる（後者の遺言については遺贈に当たるという見解もあるが，判例は遺産分割方法の指定であると判示している（最判平成3・4・19））。

　被相続人は，相続開始の時から5年を超えない期間内で，分割を禁止することもできる（908条）。

▶ 2. 遺産分割協議

(1) 概 要

　共同相続人は，被相続人による分割禁止の遺言がある場合または共同相続人間で遺産分割をしない旨の契約をした場合を除き，いつでも，協議で遺産の分割をすることができる（907条1項・908条）。この場合，協議が成立する限り，内容的にどのような分割がなされてもよく，具体的相続分に従わない分割も有効である（たとえば，1人の相続人に遺産を集中させる分割も可能である）。

　遺産分割協議の方式には特別の決まりはない。もっとも，共同相続人間の合意内容を明確にし，後日の無用な紛争を避けるため，合意内容が記載された書面を作成し，各相続人により押印がなされるのが通常である。これが**遺産分割協議書**である。遺産分割協議書は，各相続人の具体的相続分を証明するのに最も有効な書類となるため，法定相続分とは異なる形で相続税の申告をする際や不動産等の財産の名義書換をする際に必要な書類となる。

📖 重要用語
遺産分割協議書

(2) 遺産分割協議の当事者

　遺産分割協議は共同相続人全員で行う必要があり，相続人の一部を欠いた遺産分割協議は無効である（改めて協議をやり直す必要がある）。ただし，相続開始後に認知によって新たに相続人となった者が，他の共同相続人により分割その他の処分がなされた後で遺産分割を請求した場合，それまでに行われた遺産分割協議が無効となるわけではなく，価額の支払請求ができるにとどまる（910条）。

　共同相続人の中に行方不明の者がいるときでも，その者を除いて遺産分割協議をすることはできず，この場合，利害関係人は，行方不明者のために，その者の最後の住所地の家庭裁判所に不在者の財産管理人の選任を申し立てたうえ，選任された**不在者財産管理人**が不在者の法定代理人として，家庭裁判所の権限外行為許

📖 重要用語
不在者財産管理人

可を得て（28条・103条），不在者のために遺産分割協議に参加することができる。

　また，相続人が未成年者であるときは，その法定代理人（親権者または未成年後見人）が代理人として遺産分割協議に参加することになる。もっとも，法定代理人が共同相続人の1人であるとき（たとえば，親権者である母とその親権に服する未成年の子の両者が共同相続人となるとき）には，法定代理人による遺産分割協議への参加は利益相反行為（826条）に該当するものと解されるから，未成年者のために特別代理人の選任を要する。

▶ 3. 家庭裁判所の調停・審判

⑴ 家庭裁判所の調停

　共同相続人間の協議が調わない場合，各相続人は，家庭裁判所に対して調停を申し立てることができる（家事事件手続法244条）。また，相続人から，調停ではなく審判の申立てがなされた場合でも，家庭裁判所は，事件の受理にあたり，まず調停事件として申し立てるよう指導することもある。さらに，審判事件としていったん受理されたとしても，家庭裁判所の職権により，調停に付されることもある（同法274条）。

　調停は，1人の家事審判官（裁判官）と民間から任命された2人以上の調停委員で構成される調停委員会により行われ，調停委員が間に入って当事者双方から事情を聴いたり，必要に応じて資料を提出させたりして，解決のための調停案がまとめられる。その案に共同相続人全員が同意すれば調停成立となるが，1人でも応じない相続人がいれば調停は不成立となる。調停が不成立に終わると，審判手続に移行することになる。

⑵ 家庭裁判所の審判

　共同相続人間の遺産分割協議が調わない場合，相続人は，家庭裁判所に対して遺産分割の審判を申し立てることができる（907

重要用語
利益相反行為

重要用語
特別代理人

第1編

条2項)。また，遺産分割の調停が不成立に終わった場合にも，審判手続に移行する。

　家庭裁判所は，遺産に属する物または権利の種類および性質，各相続人の年齢，職業，心身の状態および生活の状況その他一切の事情を考慮して，審判で遺産分割を行う（906条）。

　共同相続人は，原則として，この審判に従わなければならない。もし審判に不服がある場合には，即時抗告をして争うことになる（家事事件手続法198条1項1号）。

4　遺産分割の具体的方法

　遺産分割による分割の方法には，現物分割，個別配分，換価分割，代償分割，利用権の設定がある。ここでは，被相続人が甲土地・乙土地を残して死亡し，子A・Bがこれを共同相続した場合を例に説明する。

▶ 1. 現物分割

現物分割は，現物それ自体を分割する方法である。甲土地・乙土地とも分筆することによって，それぞれを子Aと子Bが分け合う場合がこれに該当する。

▶ 2. 個別配分

個別配分（これも現物分割ということもある）は，現物をそのまま個別に配分する方法であり，甲土地を子Aに分割し，乙土地を子Bに分割する場合がこれに該当する。

▶ 3. 換価分割

換価分割は，遺産を金銭に換えて分割する方法であり，甲土地・乙土地ともに第三者に売却してその代金を子A・Bで折半する場合がこれに該当する。

▶ 4. 代償分割

代償分割は，現物を特定の相続人が取得する代わりに，他の相

重要用語
現物分割

重要用語
換価分割

重要用語
代償分割

続人にその相続分に応じた金銭を支払う方法である。子Ａが甲土地・乙土地とも取得する代わりに，子Ｂに対し甲土地・乙土地の評価額の半額（相続分）を支払う場合がこれに該当する。

▶ 5. 利用権の設定

　利用権の設定は，現物を特定の相続人が取得する代わりに，その利用権を他の相続人が取得する方法である。甲土地の所有権を子Ａが取得して，その借地権を子Ｂが取得する場合がこれに該当する。

5　遺産分割の効力

▶ 1. 遡及効

　遺産分割は，相続開始の時にさかのぼってその効力が生じる（909条本文）。

　もっとも，相続開始の時から遺産分割が確定するまでには時間がかかることが多いため，その間に相続財産に対して権利を取得する第三者が現れることも考えられる。そこで，民法では，取引の安全を考慮し，第三者の権利を害することはできないとして遺産分割の遡及効に制限を加えている（909条ただし書）。

　たとえば，被相続人を共同相続した子Ａ・Ｂ・Ｃが遺産中の甲土地をそれぞれ3分の1の持分で共有していたところ，子Ｃがその持分を第三者Ｄに譲渡した場合，たとえその後に子Ａ・Ｂ・Ｃ間で甲土地を子Ａのみが取得する遺産分割協議が成立したとしても，第三者Ｄは，遡及効に妨げられることなく3分の1の共有持分を取得することができる（もっとも，第三者Ｄが保護されるためには，権利保護資格要件としての登記が必要であると考えられている）。

▶ 2. 担保責任

　遺産分割により分割した物や権利に瑕疵（通常有しているべき

品質・性能・状態等を欠いていること）があった場合，各相続人は，相続分に応じた担保責任を負う（911条）。

　たとえば，被相続人の遺産が甲不動産・乙不動産・丙不動産（いずれも評価額は5,000万円）である場合に，共同相続人である子A・B・C間では，甲不動産は子Aが，乙不動産は子Bが，丙不動産は子Cが取得する形で遺産分割がなされた。ところが，後日，子Bが取得した乙不動産には公法上の建築規制が及んでおり，実際の評価額は3,500万円にすぎなかったことが判明した。

　この場合，乙不動産の当初の評価額（遺産分割の際に用いられていた価額）からの差額1,500万円について，子Aと子Cは相続分である3分の1の割合で負担することとなり，それぞれ500万円を子Bに支払うことになる。

相続財産の最終的な帰属は，遺産分割によって決まるよ！

理解度チェック

❶ 被相続人は，遺言によって，各推定相続人の法定相続分と異なる遺産分割方法を指定することができる。

❷ 共同相続人は，被相続人による遺産分割を禁止する遺言がない場合は，いつでも，協議により遺産の分割をすることができる。

❸ 共同相続人の1人が行方不明であるときは，その者を除いて遺産分割協議をすることができる。

解答　❶ ○
　　　　　❷ ○
　　　　　❸ ×　共同相続人の中に行方不明者がいるときでも，その者を除いて遺産分割協議をすることはできない。

6 | 相続の承認・放棄

1 相続人の選択権

相続は，被相続人の死亡により，相続人の意思に関係なく当然に開始され，相続人は一切の相続財産を承継するのが原則である（896条本文）。もっとも，相続財産にはプラスの財産（預金，有価証券，不動産など）だけではなく，マイナスの財産（借金など）も含まれており，マイナスの財産のほうが多い場合にも，それを当然に相続人が承継しなければならないというのは妥当でない。

また，たとえプラスの財産のほうが多い場合であっても，それを引き受けたくないという相続人の意思を無視することもできない。そのため，民法は，相続人に対して，相続財産を承継するか否かを選択する自由を保障し，相続人に単純承認，限定承認，相続放棄の3つの選択肢を与えている。

関連過去問題
2024年3月
問3
2023年3月
問4

第1編

● 相続人の3つの選択肢

種類	内容
単純承認	相続財産をすべて包括的に承継する
限定承認	相続財産の範囲で債務を弁済し，なお残りの財産があればそれを承継する
相続放棄	相続そのものを拒否する

2 熟慮期間

相続人は，「自己のために相続の開始があったことを知った時」から3ヵ月以内に，相続を承認または放棄しなければならない（915条1項本文）。このような，相続人が相続を承認するか放棄するかを選択できる期間を，熟慮期間という。

熟慮期間の起算点は，相続開始時ではなく，相続人が「自己のために相続の開始があったことを知った時」であり（915条1項本文），これは，相続開始の原因たる事実（被相続人の死亡など）を知るだけではなく，それによって自分が相続人となったことを知る必要がある（大決大正15・8・3）。なお，相続人が複数いる場合には，熟慮期間は各相続人について別々に進行すると解されている（最判昭和51・7・1）。

相続人は，熟慮期間中に，相続を承認するか放棄するかを判断するため，相続財産を調査することとなる（915条2項）。もっとも，相続財産の内容が複雑な場合など，調査に時間がかかるような場合には，相続人などの利害関係人または検察官の請求により，家庭裁判所においてこの期間を伸長することができる（同条1項ただし書）。

また，相続人が，被相続人に相続財産がないと誤信して相続財産を調査せず，相続放棄等の選択をしなかったものの，後になってマイナスの財産が発見されたような場合に，上記の熟慮期間の起算点の原則を貫くことは相続人に酷な場合がある。そのため，判例は，被相続人に相続財産がまったく存在しないと信ずるにつき相当な理由があると認められるときには，熟慮期間は，相続財産の全部または一部の存在を認識した時または通常これを認識しうべき時から起算するものと解している（最判昭和59・4・27）。

📖 重要用語

熟慮期間

❗ 注意

相続の承認・放棄の機会を保障するため，相続開始前に承認または放棄の意思表示をしても無効である。

3 単純承認

相続人が単純承認する場合，無限に被相続人の権利義務を承継することになる（920条）。すなわち，相続人は，被相続人のプラスの財産もマイナスの財産もすべて承継することとなる。

民法上，単純承認には，相続人が「承認」という意思表示を行うことによる場合と，一定の事由が存在するために単純承認したものとみなされる場合（法定単純承認）の2つが定められている。もっとも，ほとんどの単純承認は法定単純承認によるものであり，通常は単純承認のためにわざわざ意思表示がなされることはない。

法定単純承認の内容は，次のとおりである。

▶ 1. 相続財産の全部または一部の処分

相続人が，限定承認や相続放棄をする前に，相続財産の全部または一部を処分した場合には，単純承認したものとみなされる（921条1号）。処分したということは，相続財産を自己の財産とする意思があると推認できるからである。

なお，相続財産の保存行為や短期の賃貸借契約の締結は，ここでいう「処分」にはあたらない（921条1号ただし書）。

▶ 2. 熟慮期間の経過

相続人が，限定承認や相続放棄をしないまま熟慮期間を経過した場合には，単純承認したものとみなされる（921条2号）。

一般的には，法定単純承認のほとんどがこのケースである。

▶ 3. 背信的行為

相続人が，限定承認または相続放棄をした後に，相続財産の全部もしくは一部を隠匿したり，債権者の不利益になることを知りながら消費したり，また，債権者を詐害する意思で相続財産の目録に記載しなかった場合には，単純承認したものとみなされる（921条3号）。これらの相続人の行為は，債権者の信頼を損なう

重要用語
単純承認

重要用語
法定単純承認

第1編

背信的な行為であり，限定承認や相続放棄により債権者に損をさせてまで相続人を保護する必要がないためである。

ただし，相続人が相続放棄をしたことで，繰り上がって新たに相続人となった者が相続の承認をした後，相続放棄をした元の相続人が背信的行為を行った場合は，単純承認したとはみなされない（921条3号ただし書）。これは，新たに相続人となった者の相続権を保護するためである。

4 限定承認

▶ 1. 内 容

限定承認とは，相続によって得た財産の限度においてのみ被相続人の債務および遺贈を弁済すべきことを留保して，相続を承認することをいう（922条）。限定承認がなされると，相続財産中のプラスの財産から債務が弁済され，財産が残った場合にはその財産は相続人に帰属する。一方，プラスの財産ですべての債務の弁済ができなかったとしても，相続人は残った債務の弁済の義務を負わない。

したがって，限定承認は，相続財産の中にマイナスの財産がどの程度あるか不明であって，単純承認するか相続放棄するかの判断が難しい場合に効果的な選択肢である。

▶ 2. 手 続

限定承認は，熟慮期間内に，相続財産の目録を作成して家庭裁判所に提出し，その旨を申述する（924条）。家庭裁判所が申述を受理する審判をすれば，限定承認が成立する。相続人が複数いる場合，単純承認や相続放棄とは異なり，共同相続人全員の共同でなければ限定承認をすることはできない（923条）。もっとも，共同相続人の一部が相続放棄をした場合，相続放棄をした者は，その相続に関しては，はじめから相続人とならなかったものとみな

されるので（939条），それ以外の共同相続人全員で限定承認することができる。

　なお，相続人が複数いる場合の熟慮期間は，起算点の最も遅い相続人を基準に計算されることから，一部の共同相続人の熟慮期間が満了していたとしても，熟慮期間内の相続人が1人でもいれば共同相続人全員で限定承認できると解されている。

　限定承認者は，限定承認をした後5日以内にその旨を官報に公告しなければならない（927条1項）など，相続財産の清算について所定の手続をとらなければならず，こうした手続の面倒さ等から，限定承認はあまり利用されていない。

5 相続放棄

▶ 1. 内　容

　相続放棄とは，被相続人の死亡により一応生じた相続の効果を，相続人が確定的に消滅させる行為である。相続放棄をした者は，その相続に関してはじめから相続人でなかったものとみなされる（939条）。

重要用語

相続放棄

　相続放棄をした者の子は代襲相続しないことから，相続放棄がなされた場合，同順位の者が他にいなければ，相続権は次順位の者に移ることになる。

▶ 2. 手　続

　相続放棄は，熟慮期間内に，家庭裁判所に申述して行う（938条）。家庭裁判所が申述を受理する審判をすれば，相続放棄が成立する。なお，相続放棄をした者は，相続放棄の時に現に占有している相続財産につき，相続人（法定相続人全員が放棄した場合は，相続財産の清算人）に対して当該財産を引き渡すまでの間，自己の財産におけるのと同一の注意をもって，その財産を保存しなければならない（940条1項）。

7 | 相続財産の清算

相続の基本原則は，無主の財産をつくらないことにある。そのため，相続においては，被相続人の死亡と同時に直ちに相続財産が相続人に帰属するという構成がとられている。しかし，民法は一定の場合に，相続財産が直ちに相続人の固有財産とならず，これとは別建ての財産として管理・清算するという手続を認めている。このような手続には，相続人の利益を守るための「限定承認」と，相続債権者（相続財産に属する債務の債権者）および相続人の債権者の利益を守るための「財産分離」がある。

また，相続人がいることが明らかでない場合も，後に現れるかもしれない相続人の固有財産から分離された特別財産として，相続財産を管理・清算する必要がある。そのための制度が「相続人の不存在」である。

ここでは，「財産分離」と「相続人の不存在」について説明する。

参照
限定承認については, 第1編「6 相続の承認・放棄」参照。

1 財産分離

相続債権者や相続人の債権者の利益を保護するため，相続財産を相続人の固有財産から区別して，相続財産を清算するのが財産分離である。財産分離には，第1種財産分離と第2種財産分離の2種類がある。もっとも，手続が十分に整備されているとはいえず，実務上，あまり使われていないため，ここでの解説は省略する。

2 相続人の不存在

　被相続人に相続人がいるか不明な場合は，相続人による相続財産の管理が期待できないことから，相続財産の帰属主体を暫定的に決めて管理・清算させる必要がある。また，そのような場合には相続人を捜索する必要があるが，捜索しても現れなかった場合には，清算後の相続財産を終局的に誰に帰属させるかを決定しなければならない。これらの処理が相続人の不存在の問題である。

　また，戸籍上の相続人がいないことが明らかな場合や，戸籍上の相続人がいたとしてもその全員が相続欠格・廃除により相続権がない場合や相続放棄した場合も，相続人の不存在の問題になると解されている。なお，相続人がいない場合でも，相続財産全部の包括受遺者がいるときは，包括受遺者は相続人と同一の権利義務を有することから（990条），相続人の不存在の問題とはならない（最判平成9・9・12）。

📖 重要用語
相続人の不存在

▶ 1. 相続財産の管理・清算と相続人の捜索

　相続人の存在が明らかでない場合には，相続財産は法人（相続財産法人）とされ，家庭裁判所が利害関係人または検察官の請求によって相続財産清算人を選任して，この清算人が相続財産の管理・清算（相続債権者への弁済など）を行う（951条・952条・957条）。

📖 重要用語
相続財産清算人

　家庭裁判所は，相続財産清算人を選任したときは，選任および相続人捜索の公告（6ヵ月以上の期間を定める）を行う（952条2項）。また，相続財産清算人は，かかる公告があったときは，相続債権者および受遺者に対して請求申出の公告（2ヵ月以上の期間を定める）を行う（957条1項）。そして，選任および相続人捜索の公告で定めた期間内に相続人としての権利を主張する者が現れないときは，相続人はその権利を行使することができない（958

第1編

条)。

▶ 2. 残余財産の帰属

(1) 特別縁故者に対する相続財産の分与

相続人の不存在が確定した場合に，特別縁故者がいるときは，その者が家庭裁判所に対して財産分与を請求し，家庭裁判所の審判によりこれが認められると，その者に相続財産の全部または一部が分与される（958条の2）。

この趣旨は，特別縁故者がいる場合は，相続財産を国庫に帰属させるよりもその者に与えるほうが，被相続人の合理的意思（被相続人が遺贈したならばこの者に対してしたであろう）に合致するし，その者の生活保障を図ることもできるという点にある。

ここでいう特別縁故者とは，被相続人と生計を同じくしていた者，被相続人の療養看護に努めた者その他被相続人と特別の縁故があった者である（958条の2第1項）。特別縁故者に該当するか否かは実態から判断され，内縁の妻や事実上の養子のほか，付添看護師や老人ホーム，地方公共団体などが認められたこともある。

なお，土地の共有者の1人が死亡し，その相続人の不存在が確定した場合において，その共有持分が，958条の2によって特別縁故者に帰属するか，または255条（共有者の1人が相続人なくして死亡したときは，その持分は他の共有者に帰属する）によって他の共有者に帰属するかが争いとなった。この点について，判例は，958条の2の趣旨を優先させ，共有持分は特別縁故者に対する財産分与の対象となり，財産分与がなされないときにはじめて他の共有者に帰属するとした（最判平成元・11・24）。

(2) 国庫への帰属

特別縁故者からの相続財産の分与請求がない場合や，特別縁故者からの相続財産の分与請求が家庭裁判所により認められなかった場合，残余財産は国庫に帰属する。

8 遺言総論

遺言とは，人が自分の死後に効力を生じさせる目的で一定の方式に従って行う単独の意思表示である。遺言は，法制度として民法によって認められる行為であって，民法によってその方式が厳格に定められている（960条）ことから，要式行為とされている。

重要用語

遺言

関連過去問題

- 2024年3月 問5
- 2023年10月 問4
- 2023年3月 問6
- 2022年10月 問2・問6

第1編

1 遺言の種類

民法が遺言の方式を厳格に規定している理由は，遺言者の真意を確保するためである。厳格な手続を踏ませることによって，遺言の偽造や虚偽の遺言を防止することができると考えたわけである。ただし，特別の事情がある場合には，厳格な手続を踏むことが困難なこともあるので，特別方式の遺言を規定している。

▶ 1. 普通方式

普通方式には，自筆証書遺言，公正証書遺言，秘密証書遺言の３種類がある。

▶ 2. 特別方式

普通方式によって遺言をすることが困難な事情がある場合のた

● 普通方式の遺言の種類

種類	内容
自筆証書遺言 （968条）	遺言者が相続財産目録以外の遺言の全文，日付および氏名を自書し，これに押印して完成させる遺言
公正証書遺言 （969条）	公証役場の公証人が，遺言者から遺言内容を聴取のうえ作成する遺言
秘密証書遺言 （970条）	遺言者が遺言書を作成し，その内容を秘密にしたまま遺言書を封印し，公証人と証人に遺言書の存在を申述して，公証人と証人が遺言書の存在を公証する遺言

めに，民法は特別方式の遺言を認めている。特別方式の遺言には，危急時遺言と隔絶地遺言がある。

特別方式の遺言は，緊急避難的な側面があるので，遺言者が普通方式による遺言をできるようになった時から6ヵ月間生存すると，その効力を失う（983条）。

特別方式の遺言が実務的に問題となることは考えにくい。

(1) 危急時遺言

① 一般の危急時遺言（976条）

一般の危急時遺言は，病気や事故などによって死亡の危機にある者が，3人以上の証人の面前で，その1人に遺言の趣旨を口授し，証人がこれを筆記し，筆記した内容を本人と他の証人に読み聞かせ，各証人がこれに署名押印し，遺言の日から20日以内に証人の1人または利害関係人から家庭裁判所へ請求して確認手続をとる遺言である。

② 船舶遭難の場合の危急時遺言（979条）

船舶遭難の場合の危急時遺言は，上記①よりも軽減された手続で行うことができる。

具体的には，証人2人で足りること，読み聞かせの手続を省略できること，署名押印ができない者に対する特例が認められていること（証人がその理由を遺言に付記する），家庭裁判所への確認請求を遭難解消後に遅滞なく行えばよいこと等とされている。

(2) 隔絶地遺言

① 伝染病隔離者の遺言（977条）

伝染病隔離者は，警察官1人および証人1人以上の立会によって遺言をすることができる。

② 在船者の遺言（978条）

在船者は，船長または事務員および証人2人以上の立会によって遺言をすることができる。

2 遺言の制限

遺言には，厳格な方式による制限のほか，遺言能力，遺言事項，共同遺言の禁止などの制限もある。

▶ 1. 遺言能力

遺言が意思表示であることから，遺言を行うには一定の能力が必要である。民法は，遺言ができる年齢等について次のように定めている（961条〜963条）。

> ① 満15歳に達した者は，遺言をすることができる。
> ② 民法5条（未成年者の法律行為），9条（成年被後見人の行為能力），13条（被保佐人の行為能力），および17条（被補助人の行為能力）の規定は，遺言に適用しない。
> ③ 遺言者は，遺言をする時においてその能力を有しなければならない。

▶ 2. 遺言事項

民法は，遺言によっても（通常の生前行為によっても）できる行為と遺言によってのみできる行為について，次のように定めている。

(1) 遺言によってもできる行為

① 財産処分（964条）

遺贈（遺言に示された財産が遺言に示された相手方（受遺者）に遺言の効力発生と同時に移転すること）がこれに該当する。遺贈は，贈与と同様に原則として無償であるが，負担付遺贈もある（1002条）。

重要用語

受遺者

② 認知（781条2項）

民法は，遺言によって認知をすることを認めている。

③ 相続人の廃除（893条）

民法は，被相続人が推定相続人の相続権を喪失させる制度を廃

除として定めているが，遺言によっても廃除は可能である。ただし，廃除の有無は最終的には家庭裁判所が決めることになるから，遺言に廃除が明記されていても，当該相続人が必ずしも廃除されるとは限らない。

(2) 遺言によってのみできる行為

① 未成年後見人または未成年後見監督人の指定（839条・848条）

最後の親権者は，自らの死亡後に備え，遺言で未成年の子の後見人と後見監督人の指定をすることができる。

② 相続分の指定または指定の委託（902条1項）

遺言者は，相続分の指定または指定の委託をすることができる。

③ 遺産分割方法の指定または指定の委託（908条）

遺言者は，遺産分割方法の指定または指定の委託をすることができる。

④ 遺産分割の禁止（908条）

遺言者は，遺産分割を禁止することができる。ただし，相続開始時から5年を超えることはできない。

⑤ 相続人の相互の担保責任の指定（914条）

共同相続人間においては，相互にその相続分に応じて担保責任を負う（911条）とされている。この担保責任の規定について，遺言者は，遺言によって異なる定めをすることができる。

⑥ 遺言執行者の指定または指定の委託（1006条）

遺言者は，遺言によって遺言執行者を指定し，または指定の委託をすることができる。遺言執行者は，相続財産の管理，その他遺言執行に必要な一切の権利義務を有する者である。

⑦ 祭祀承継者の指定（897条1項）

系譜，祭具および墳墓については，慣習に従って祖先の祭祀を主宰すべき者が承継するが，被相続人は遺言によって祭祀承継者

を指定することができる。

▶ 3. 共同遺言の禁止

　民法は，2人以上の者が同一の証書で遺言を行うことができない と定めている（975条）。したがって，夫婦2人が同じ書面に遺言をすることはできず，このような遺言は無効とされる。

3　遺言の効力

▶ 1. 原　則

　遺言者は，遺言によって相続分を指定することができる（902条1項）。遺言によって指定された相続分は，法定相続分に優先する。つまり，遺言があれば，遺言者の意思が民法より優先されることになる。ただし，これには次の例外がある。

▶ 2. 例　外

　遺言が効力を有するには，当該遺言が有効でなければならない。遺言は要式行為であるから，法定の要式を具備していなければ，そもそもその効力が生じない（960条）。

　また，遺言をするには，遺言能力が必要である（963条）から，遺言能力なき者による遺言は無効である。

　当然ながら，他人によって偽造された遺言は，遺言とは認められない。自筆証書遺言において，遺言の真実性が争われることは少なくないことに注意すべきである。

4　未成年者の遺言能力

▶ 1. 民法における成年

　民法は，「年齢18歳をもって，成年とする」と定めている（4条）。そして，未成年者が契約等の法律行為をするには，原則として両親等の法定代理人の同意を要すると規定している（5条1項）。

🔍　参照
法定相続分については，第1編「4 相続分」参照。

第1編

▶ 2. 遺言能力

　民法総則における大原則は上記▶1.のとおりであるが，他方，民法は「15歳に達した者は，遺言をすることができる」と定めている（961条）。そして，962条は，制限行為能力に関する「第5条，第9条，第13条及び第17条の規定は，遺言については，適用しない」と規定し，民法総則と異なる定めをしている。

　このように未成年者にも遺言能力を認めた趣旨は，遺言が財産行為ではなく，身分行為であって取引法上の能力よりも低い程度で足りると考えられていること，および遺言に示された本人の意思をできる限り尊重するべきであるという点に求められる。

▶ 3. 遺言能力の具備時期

　遺言能力は，遺言時に備わっていなければならない（963条）。特に，自筆証書遺言では，遺言時に遺言能力の有無が問題とされることが多いので，高齢者の遺言では，成年被後見人でないケースでも医師の立会や診断書が必要な場合がある。

5　成年被後見人の遺言に関する規律

▶ 1. 成年被後見人の遺言

　成年被後見人は，「精神上の障害により事理を弁識する能力を欠く常況にある者」として，家庭裁判所から後見開始の審判を受けた者である（7条）。成年被後見人が行った法律行為は，日用品の購入その他日常生活に関する行為を除き，取り消すことができる（9条）。したがって，成年被後見人は制限行為能力者に該当する。

　しかし，遺言については，本人の意思を尊重すべきことから，次の要件のもとで遺言を有効としている（973条）。

🔍 参照

成年後見制度については，第4編「1生前対策」参照。

> ①　事理を弁識する能力を一時回復していること
> ②　医師2人以上の立会があること

　このような要件を加えたのは，遺言者の真意を確保することに

ある。そして，遺言に立ち会った医師は，遺言者が遺言をする時において精神上の障害により事理を弁識する能力を欠く状態になかった旨を遺言書に付記して，これに署名押印しなければならない（973条2項本文）。

ただし，秘密証書による遺言にあっては，その封紙にその旨を記載し，署名押印しなければならない（973条2項ただし書）。

▶ 2. 後見人等の利益になる遺言の無効

⑴ 原 則

未成年者や成年被後見人の遺言の内容について，民法は「被後見人が，後見の計算の終了前に，後見人又はその配偶者若しくは直系卑属の利益となるべき遺言をしたときは，その遺言は，無効とする」と定めて制限している（966条1項）。

後見人は，その任務が終了したときは，2ヵ月以内にその管理の計算をしなければならない（870条）。そこで，民法は後見人が事務を終えてから計算が終了するまで，つまり後見人としての職務遂行中は，後見人の被後見人に対する影響力等を鑑み，後見人やその関係者が利益を受ける遺言を無効としたのである。

⑵ 例 外

上記⑴の原則には例外があり，直系血族（被後見人の父母（祖父母等を含む），子（孫等を含む）），配偶者，または兄弟姉妹が後見人である場合には適用されない（966条2項）。したがって，近親者が後見人の場合には，後見人の利益となる遺言も有効である。

6 意思無能力者の遺言

　遺言は，意思能力を前提としているから，意思能力なき者の遺言は無効である。意思能力とは事理弁識能力であって，成年被後見人の遺言の有効要件につきその能力を回復しているとされていることから，意思能力なき者は遺言をすることができない。

遺言については民法総則とは異なる規定がされているので，注意が必要だよ！

理解度チェック

❶ 遺言は，成年に達しなければ行うことができない。

❷ 夫婦であっても，同一の証書で遺言をすることはできない。

❸ 被相続人は，相続開始時から５年を超えない期間であれば，遺言で遺産分割を禁止することができる。

解答 ❶ ×　遺言は，15歳に達すれば行うことができる。
　　　 ❷ ○
　　　 ❸ ○

9 自筆証書遺言

自筆証書遺言とは，遺言者が遺言の全文，日付および氏名を自書し，これに押印して完成させる遺言である（968条1項）。なお，平成31年1月13日から，相続財産目録については自書を要しないとされている（同条2項）。

1 自筆証書遺言の成立要件

遺言は，要式行為とされており，遺言が有効に成立するためには，民法に規定された方式・要件に則る必要がある。

自筆証書によって遺言をするには，遺言者が，その全文，日付および氏名を自書し，これに印を押さなければならない（968条1項）。ただし，自筆証書にこれと一体のものとして添付する相続財産（相続財産に属さない権利を含む）の全部または一部の目録については，自書することを要しない。この場合，遺言者は，その目録の毎葉（全頁）に署名し，印を押さなければならない（同条2項）。

すなわち，自筆証書遺言が有効に成立するためには，相続財産目録以外の全文・日付・氏名の自書と押印が要件となる。

▶ 1. 全文自書

自筆証書遺言は，遺言者が相続財産目録以外の全文を実際に自分で書かなければならない。

(1) 全文自書の趣旨

相続財産目録以外の全文自書を必要とする趣旨は，「筆跡によって本人が書いたものであることを判定でき，それ自体で遺言が遺

📖 重要用語
自筆証書遺言

関連過去問題
✎ 2024年3月
　問5・問10
✎ 2023年10月
　問10・問43
✎ 2023年3月
　問6・問10
✎ 2022年10月
　問7

第1編

言者の真意に出たものであることを保障することができるからにほかならない。そして、自筆証書遺言は、他の方式の遺言とは異なり証人や立会人の立会を要しないなど、最も簡易な方式の遺言であるが、それだけに偽造、変造の危険が最も大きく、遺言者の真意に出たものであるか否かを巡って紛争の生じやすい遺言方式であるといえるから、自筆証書遺言の本質的要件ともいうべき「自書」の要件については厳格な解釈を必要とする」（最判昭和62・10・8）とされている。

　要するに、本人の真意の遺言であることを担保するために、相続財産目録以外の全文自書が要件とされているのである。

⑵　自書能力

　相続財産目録以外の全文自書が自筆証書遺言の成立要件であることから、遺言者には自書能力がなければならない。

重要用語

自書能力

　自書能力については、上記⑴の最高裁判例で「遺言者が文字を知り、かつ、自筆で書くことができる能力」であるとされている。したがって、遺言者が文字を知らなければ遺言できない。

　ここで問題となるのは、読み書きができた者が病気や事故等により、筆記について他人の補助を要することとなった場合であるが、上記の最高裁判例では、このような場合においても、特段の事情のない限り自書能力は失われないと判断し、いわゆる添え手による自筆証書遺言も有効であるとした。

　ただし、「他人の添え手が、単に始筆若しくは改行にあたり若しくは字の間配りや行間を整えるための遺言者の手を用紙の正しい位置に導くにとどまるか、又は遺言者の手の動きが遺言者の望みに任されており、遺言者は添え手をした他人から単に筆記を容易にするための支えを借りただけであり、かつ、添え手が右のような態様のものにとどまること、すなわち添え手をした他人の意思が介入した形跡のないことが、筆跡のうえで判定できる場合には、

「自書」の要件を充たすものとして有効である」としている。したがって，添え手はあくまでも補助にとどまるものであることを要する。

　これに対し，本文がカーボン紙による複写を用いて記載されている自筆証書遺言は有効とされている（最判平成5・10・19）。カーボン紙による複写は本人の筆跡が残り，かつ，加除変更の危険も少ないので自書にあたると解されているのである。

▶ 2. 日 付

　自筆証書遺言における日付は，成立要件であり，厳格に解釈されている。したがって，正確な自書による記載が求められる。

　原則として，「令和元年5月1日」または「2019年5月1日」のように，年月日を記載すべきである。ただし，過去の裁判例では，「自分の満70歳の誕生日」「50回目の結婚記念日」などの記載は認められている。

　しかし，たとえば「2020年3月吉日」という記載は特定の日を表示するものではないことから，特定を欠くものとして遺言自体が無効になると解されている（最判昭和54・5・31）。

▶ 3. 氏 名

　自筆証書遺言における氏名は，遺言者本人を特定する目的で成立要件とされている。したがって，戸籍上の氏名を正確に記載しなくとも，通称，ペンネーム，芸名などでも有効である。もちろん，遺言が効力を発揮するのは遺言者の死亡後であり，相続手続に戸籍謄本が必要となるので，戸籍上の氏名を記載することが望ましい。

▶ 4. 押 印

(1)　押印の趣旨

　わが国では，公式な文書には押印がされる慣行があり，実印制度もあることから，自筆証書遺言における押印は，遺言者本人の

真意を担保するために要件とされている。

　押印される印章は，実印でなくてもよいが，実印であればより遺言者の真意を担保できるであろうから，実印であることが望ましいであろう。

⑵　拇　印

　押印は，「拇印（指印）」でもよいとされている。自筆証書遺言が効力を発揮するのは遺言者の死亡後であるから，一般的には，遺言者の拇印か否かが不明確であるが，もともと自筆証書遺言に使用される印章についても特に制限はないことから，拇印も同様と解されている（最判平成元・2・16）。

　なお，平成28年6月3日の最高裁判決は，花押（戦国武将や大臣が書面に記載するサイン）を遺言書の押印と認めることはできないと判示している。

▶ 5. 相続財産目録

　相続財産目録については，自筆以外の他人の手書きやワープロ等によって作成されたもののほか，不動産の登記事項証明書や預金通帳のコピーを目録として添付することも認められている。この場合，遺言者本人が全頁に署名と押印をしなければならない。

2　自筆証書遺言の変更

▶ 1. 変更の意義

　遺言は，撤回することも可能であり（1022条），時間的な先後関係からすれば，後の遺言が有効（1023条1項）であるから，新たに自筆証書遺言をすれば，前の遺言を変更するまでもないが，すでにある遺言を変更することも可能である。ただし，自筆証書遺言は偽造や変造がされやすいとの観点から，変更の要件は次の▶2.のとおり厳格である。

　自筆証書遺言および財産目録の加除・変更は，遺言者がその場所を指示し，これを変更した旨を付記して特にこれに署名し，かつ，変更した場所に押印しなければ効力を生じない (968条3項)。

⑴　変更箇所の指示

　遺言者が自筆証書遺言を変更する場合には，変更する箇所を指示する必要がある。具体的には，別紙にて「遺言変更書」を作成し，その中で原遺言の第●条（項）の何行目の「不動産」との文言というように特定すべきである。

⑵　変更内容の付記

　変更内容の付記は，上記⑴の「不動産」を「建物」に変更する等の記載をする。

⑶　署　名

　遺言者は，遺言変更書に自署をする。

⑷　変更箇所への押印

　遺言者は，原遺言の変更箇所に押印する。印章については特に定められていないものの，原遺言に押印した印章を使用するほうがよいであろう。

3 自筆証書遺言と検認手続

▶ 1. 検認手続の意義

　公正証書遺言以外の遺言には偽造や変造のおそれがあることから，家庭裁判所において遺言書の現状を保全するための検認手続が制度化されている。

　公正証書遺言以外の遺言書の保管者は，相続の開始を知った後，遅滞なく，当該遺言書を家庭裁判所へ提出して検認を請求しなければならない（1004条1項・2項）。

　したがって，自筆証書遺言などに基づいた手続を開始するには，

第1編

📖 重要用語

検認

家庭裁判所の検認を必要とする。ただし，検認を受けたからといって，当該遺言書の有効性が認証されるわけではなく，遺言書の効力に影響を及ぼすものでもない。

　なお，検認を受けずに遺言の執行に着手した者や家庭裁判所以外で遺言書を開封した者には，5万円以下の過料（行政罰）が科せられる（1005条）。

▶ 2. 具体的な手続

(1) **検認の申立て**

　検認は，自筆証書遺言書等の保管者または相続人が家庭裁判所へ検認の申立てを行うことから開始する（1004条1項）。

(2) **検認期日**

　検認が申し立てられた場合，家庭裁判所は，検認期日を定め，申立人，相続人，利害関係人等に呼出状を通知する。

　検認期日には，遺言書の方式に関する事実を検認する。具体的には，裁判官が遺言書を読み上げ，かつ，すべての当事者に遺言書をみせて，遺言者の自筆か否か，印鑑に見覚えがあるかを尋ねる。そして，家庭裁判所書記官が遺言書検認調書を作成し，当該遺言書を複写して，検認済みの認印を付した遺言書を申立人に返還する。

　なお，「封印のある遺言書」については，家庭裁判所において相続人またはその代理人の立会がなければ開封することができないとされている（1004条3項）。

4　自筆証書遺言の保管制度

📖 重要用語
自筆証書遺言の
保管制度

　令和2年7月10日から始まった自筆証書遺言の保管制度は，法務局における遺言書の保管等に関する法律（以下，「遺言書保管法」という）に基づき，法務局が自筆証書遺言に係る遺言書を預かり，それをデータ化して保管するものである。

遺言書の保管申請は，法務省令の定める様式に従って作成した申請書によって行い（遺言書保管法４条２項），その申請書には遺言書の作成年月日，遺言者の氏名・生年月日・住所および本籍，受遺者がいる場合はその者の氏名・住所等の所定の項目を記載する必要がある（同条４項）。申請は，遺言者が自ら法務局に出向いて行わなければならない（同条６項）。

なお，保管の対象となった自筆証書遺言については，家庭裁判所の検認手続が不要である（遺言書保管法11条）。

金融機関は，法務局に保管された遺言書については，当該法務局から出された遺言書情報証明書や遺言書保管事実証明書等を確認して対応する。具体的には，金融機関が遺言書情報証明書を持参した関係相続人等について，家庭裁判所による検認の事実を確認することなく，当該自筆証書遺言を正当な遺言として扱うことになる。

自筆証書遺言の保管申請手続の概要は，次のとおりである。

① 自筆証書遺言を作成した遺言者は，保管の申請をする遺言書保管所を決めなければならない。保管可能な保管所（法務局）は，遺言者の所在地・本籍地・所有する不動産の所在地のいずれかである。

② 保管所を決めた遺言者は，申請書を作成し，法務局に電話等で保管申請の日時を予約する。当日，遺言者は保管所に遺言書，申請書，添付書類（本籍の記載のある住民票の写し等）および本人確認書類（運転免許証や旅券など顔写真付きのもの）を持参して，保管申請をする。なお，手数料は，申請書に収入印紙を貼付する形式で納付する。

③ 遺言者の保管申請が認められると，保管所は遺言書を預かり，代わりに保管証を遺言者に交付する。

自筆証書遺言の保管制度を利用した遺言者は，遺言書の閲覧の

> ! 注意
> 令和2年7月10日以後は，検認手続を必要とする自筆証書遺言と，検認手続を必要としない自筆証書遺言の2種類が存在する。

 重要用語
遺言書情報証明書

第1編

請求をして遺言書の内容を確認することができる（遺言書保管法6条2項）。また，保管の申請の撤回をして遺言書を返還してもらうこともできる（同法8条）。

相続人等は，遺言者の死亡後に遺言書保管事実証明書の交付を請求し，遺言書が保管されているか否かを確認する（遺言書保管法10条）。遺言書が保管されている場合には，遺言書情報証明書の交付を請求して，保管されている遺言書の内容の証明書を取得する（同法9条）。遺言書情報証明書は，登記や各種手続に利用することができる。

! 注意

閲覧の方法は，モニターによる遺言書の画像等の閲覧，または遺言書の原本の閲覧となる。

5 自筆証書遺言のメリットとデメリット

自筆証書遺言は，自筆能力があれば，誰でも簡便に作成することができ，費用もかからないというメリットがある。

一方で，その要件が厳格で自筆証書遺言に関する法的知識がないと無効とされる可能性があるほか，偽造や変造のリスクがあり，検認を必要とするというデメリットもある。

ただし，自筆証書遺言の保管制度を利用した自筆証書遺言については，遺言書保管官が保管時に本人確認等を行うことから偽造や変造のリスクが低減するとともに，家庭裁判所の検認手続も不要となるので，保管制度を利用すればメリットが高くなるものと思われる。

10 公正証書遺言

公正証書遺言とは，公証人が遺言者から口授された遺言の内容を公正証書の形式で作成する遺言である（969条）。

公証人は，国（法務局または地方法務局）に所属する公務員で，法務大臣の任命によって主に法曹資格者（元裁判官または元検察官）から選任される。公証人は，市中にある公証役場に勤務しているため，公正証書遺言の作成は公証役場で行われることになる。

公正証書遺言の原本は，作成した公証役場で20年間保管され，正本が遺言者に交付される（公証人法施行規則27条1項）。

昭和64年1月1日以降，公証人は，公正証書によって遺言した嘱託人の氏名や生年月日等を公証人連合会に報告しており，公証人連合会では，遺言検索システムを使った遺言の検索が可能となっている。

 重要用語

公正証書遺言

関連過去問題
- 2024年3月問5
- 2023年10月問43
- 2023年3月問6

第1編

1 公正証書遺言の成立要件

公正証書遺言の方式は，次の▶1.〜▶5.のとおり定められている（969条）。

▶ 1. 証人の立会

⑴ 証人の欠格事由

公正証書遺言を行うには，証人2人以上の立会が必要であるが，証人が公正証書遺言の作成経過およびその内容が遺言者の真意に基づくことを担保するために必要とされた趣旨に鑑み，民法は次のとおり証人になることができない者（欠格者）を定めている（974条）。

重要用語

証人

> ① 未成年者
> ② 推定相続人および受遺者ならびにこれらの配偶者および直系血族
> ③ 公証人の配偶者，四親等以内の親族，書記および使用人

これらの欠格者が証人として立ち会った公正証書遺言は，無効となる。

(2) その他の留意点

証人は，公正証書遺言の作成手続の最初から最後まで立ち会う必要があり，遺言者の公証人に対する口授や公証人の読み聞かせ等を聞いていなければならない。

▶ 2. 遺言者の口授

重要用語
口授

公正証書遺言では，遺言者がその内容を公証人に対して口授しなければならない（969条2号）。

口授とは，口頭で伝えることであるが，通常の公正証書遺言の作成実務では，本人または代理人が公証人に対して事前に遺言内容を明記した書面を提出し，公証人がこれをもとに公正証書遺言の原稿を作成したうえで作成期日に臨み，これを遺言者に確認してもらうことが大半である。

その意味で口授自体は形骸化しているとも解されるものの，判例は，全体として公正証書遺言の方式を踏まえていれば，その遺言は有効であるとしている（最決平成16・6・8）。

▶ 3. 公証人の筆記および読み聞かせ等

公証人は，遺言者の口授内容を筆記したものを，遺言者と証人に読み聞かせまたは閲覧させる（969条3号）。

公証役場において公正証書遺言を作成する期日には，あらかじめ公証人が筆記した公正証書遺言書案を準備していることが多いが，これによって公正証書遺言が無効になることはない。

▶ 4. 遺言者および証人の署名押印

遺言者および証人は，公証人が作成した公正証書遺言書案を確認のうえ，それぞれ署名押印をする（969条4号本文）。ただし，遺言者が署名できない場合には，公証人がその理由を付記することで，署名に代えることができる（同号ただし書）。

この場合の印章は，法律では特に制限していないが，朱肉を使用する印章でなければならないという事実上の制限がある。

▶ 5. 公証人の署名押印

最後に，公証人が，その証書が法令で定められた方式に従って作成されたものであることを付記して，これに署名押印をする（969条5号）。これで公正証書遺言が完成する。

2 公正証書遺言の方式の特則

公正証書遺言が有効に成立するには，遺言者の口授が要件とされているが，「口がきけない者」については，通訳人の通訳または自書をもって口授に代えることができる（969条の2）。

また，遺言者または証人が「耳のきこえない者」である場合には，読み聞かせに代えて，通訳人の通訳を遺言者または証人に伝える方法，または閲覧させる方法でもよいとされる。

3 公正証書遺言のメリットとデメリット

公正証書遺言は，偽造や変造のリスクがなく，検認を不要とするほか，公証人が作成するため成立要件に欠けることがないというメリットがある。

一方，利害関係のない証人2人が必要となり，費用がかかるほか，遺言をしたことが他人に知られるというデメリットもある。

11 | 秘密証書遺言

重要用語

秘密証書遺言

　秘密証書遺言とは，遺言者が遺言書に署名押印し，それを封書に入れて遺言書に押印したものと同一の印章で封印のうえ，その封書を公証人1人と証人2人の面前に提出し，自分の遺言書であることおよび遺言者の住所・氏名を述べ，公証人がそれを封書に記載して，公証人と証人が封書に署名押印する遺言である。

　秘密証書遺言は，内容を秘密にしつつ，遺言書の存在を公証させることによって，遺言が遺言者の真意に出たことを明確にするものであり，自筆証書遺言と公正証書遺言の中間に存在する遺言であると解される。

　秘密証書遺言は，自己の生存中はその内容を秘密にできるというメリットがあるものの，利用実績がほとんどないため，本書での解説は簡潔なものとする。

1 秘密証書遺言の成立要件

補足

ワープロ等で作成して印刷したものも有効な遺言である。

参照

証人の欠格者については，第1編「10公正証書遺言」参照。

　秘密証書遺言の方式は，次のとおり定められている（970条1項）。

① 遺言者が，その証書に署名し，印を押すこと
② 遺言者が，その証書を封じ，証書に用いた印章をもってこれに封印すること
③ 遺言者が，公証人1人および証人2人以上の前に封書を提出して，自己の遺言書である旨ならびにその筆者の氏名および住所を申述すること
④ 公証人が，その証書を提出した日付および遺言者の申述

を封紙に記載した後，遺言者および証人とともにこれに署名し，印を押すこと

2 検認手続

秘密証書遺言についても，自筆証書遺言の場合と同様，家庭裁判所の検認手続が必要である（1004条）。

3 秘密証書遺言のメリットとデメリット

秘密証書遺言は，全文自書が要件ではないので，自筆能力のない者も作成が可能であること，遺言内容を秘密にしておくことができるほか，作成過程に公証人等の第三者が関与するため，遺言者の真意を担保できること，公証人が関与しているので偽造や変造のリスクが少ないことなどのメリットがある。

他方，遺言の存在が明らかになること，遺言書作成費用がかかること，検認手続が必要であることのほか，公正証書遺言と異なり，無効とされる可能性もあるというデメリットがある。

！ 注意

「口がきけない者」が通訳人の通訳によって申述したときは，公証人はその旨を封紙に記載しなければならない。

🔍 参照

自筆証書遺言については，第1編「9自筆証書遺言」参照。

第1編

秘密証書遺言の場合，署名・押印は成立の要件だけど，自筆は成立の要件ではないよ！

12 | 遺言の撤回・無効および取消し

重要用語

遺言の撤回

関連過去問題

✎2023年10月
　問6

1　遺言の撤回

　遺言の撤回とは，遺言者が，自ら行った遺言の効果を将来にわたって消滅させることである。遺言は，遺言者の自由な発意で行われるものであるから，その撤回の自由も保障されている。

▶ 1. 遺言撤回に関する原則

(1)　遺言撤回の自由

　遺言者は，生存中であれば，いつでも，遺言の方式に従って遺言を撤回することができる（1022条）。撤回の方法が遺言の方式に従うと限定されていることに留意すべきである。

(2)　遺言撤回権の放棄の禁止

　遺言の撤回の自由を徹底するため，民法は，「遺言者は，その遺言を撤回する権利を放棄することができない」と規定している（1026条）。

　したがって，遺言者が受遺者との間の契約で，遺言を撤回しないことを約しても，そのような契約条項は無効である。

(3)　遺言の撤回の方法

　遺言の撤回は，新たな遺言を行うことによってのみ可能である。遺言者が相続人等に内容証明郵便を送付して「遺言を撤回する」と宣言しても，遺言を撤回したことにはならない。

　撤回前と撤回後の遺言の方式は同じである必要はなく，自筆証書遺言，公正証書遺言，秘密証書遺言のいずれかであればよい。

　なお，次の(4)②のとおり，遺言者が故意に遺言を破棄すること

によって，撤回が擬制されることに留意すべきである。

(4) 遺言の撤回の擬制

　遺言を撤回する場合，遺言者が意識的に「私の平成●年●月●日の遺言を撤回し，新たな遺言を行う」というような文言があることが多いが，このような意識的な文言がなくても，前の遺言に抵触するような遺言がされた場合を想定して，民法は遺言の撤回の擬制について定めている。

📖 重要用語

遺言の撤回の擬制

第1編

① 内容的に抵触する遺言または生前処分

　前の遺言が後の遺言と抵触するときは，その抵触する部分については，後の遺言で前の遺言を撤回したものとみなされる（1023条1項）。たとえば，自宅の不動産を長男に相続させるとしていた遺言を，後の遺言で長女に相続させるとしたような場合である。

　この規定は，遺言が遺言後の生前処分その他の法律行為と抵触する場合についても準用される（1023条2項）。たとえば，自宅を長男に相続させるとの遺言があったにもかかわらず，その自宅を長女に生前贈与したような場合にも，遺言が撤回されたとみなすことになる。

② 遺言または遺贈の目的物の破棄

　遺言者が故意に遺言書や遺贈の目的物を破棄したときは，その破棄した部分については，遺言を撤回したものとみなされる（1024条）。

　最高裁平成27年11月20日判決は，被相続人が生前に自ら記した自筆証書遺言につき，故意にその文面自体の左上から右下にかけて赤色ボールペンで1本の斜線を引いたことをもって，1024条前段の「故意に遺言書を破棄したとき」に該当すると判示した。

　なお，公正証書遺言の原本は公証役場で保管されているから，遺言者が交付を受けた正本を破棄しても遺言を撤回したことにはならない。

▶ 2. 遺言撤回の効力

(1) 原 則

撤回された遺言は，その撤回の行為が，撤回され，取り消され，または効力を生じなくなるに至ったときであっても，その効力を回復しないとされている（1025条本文）。

すなわち，Aが第一遺言をした後，これを撤回する第二遺言をした場合，第二遺言を撤回したときでも，第一遺言が復活することはない。このことは，第二遺言が取り消され，または第二遺言が効力を生じなくなった場合でも同じである。

なお，「効力を生じなくなるに至ったとき」とは，たとえば，自宅の不動産を長男に相続させる旨の第一遺言をした後，当該不動産を次男に相続させる旨の第二遺言をした後，次男が先に死亡したような場合である。

(2) 例 外

上記(1)の原則には例外があり，その行為が錯誤，詐欺または強迫による場合は，この限りでないと定められている（1025条ただし書）。

たとえば，自宅の不動産を長男に相続させるとの第一遺言を撤回する第二遺言が，錯誤・詐欺・強迫による場合には，第一遺言が復活することになる。

遺言を撤回するときは，新しい遺言を作成する必要があるよ！

2 遺言の無効と取消し

　民法総則に定める無効および取消事由（錯誤・詐欺・強迫）は，身分行為である遺言には適用されない。ただし，意思無能力および公序良俗違反については，この限りではない。

　民法の相続編に定める遺言の無効事由には，次のものがある。

重要用語

遺言の無効事由

> ① 遺言能力なき者の遺言（961条・963条）
> ② 方式に違反した遺言（960条・967条以下）
> ③ 後見人等に有利な遺言（966条1項）。ただし，この規定
> 　は，直系血族，配偶者または兄弟姉妹が後見人である場合
> 　には，適用しないとされている（同条2項）

　民法総則で定める無効および取消事由は，遺言には適用されないよ！

理解度チェック

❶ 遺言者は，その遺言を撤回する権利を放棄することができない。

❷ 遺言者が自己の保管する公正証書遺言の正本を破棄した場合は，遺言を撤回したものとみなされる。

❸ 遺言者が故意に遺贈の目的物を破棄した場合，その破棄した部分については遺言を撤回したものとみなされる。

解答　❶ ○
　　　❷ × 　公正証書遺言の原本が公証役場で保管されている限りは，正本を破棄しても遺言の撤回の効力は生じない。
　　　❸ ○

13 遺言の執行

 重要用語

遺言執行者

関連過去問題
- 2024年3月 問6
- 2023年10月 問5
- 2023年3月 問7
- 2022年10月 問5・問9

🔍 参照

公正証書遺言以外の遺言は，原則として相続開始により遺言を執行するに際して，家庭裁判所の検認手続が必要である（第1編「9 自筆証書遺言」参照）。

📖 重要用語

保存行為
現状を維持するための行為

遺言事項により，その内容を実現するための執行行為を要する場合がある。たとえば，遺贈の実現（不動産登記手続等）においては，現実に不動産を引き渡し，登記名義人を変更する必要がある。そのような執行行為を行うため，民法は遺言執行者を定めている。

1 遺言執行者の資格等

▶ 1. 欠格事由

民法は，未成年者と破産者を遺言執行者の欠格事由としている（1009条）が，欠格事由に該当しない者については，広く遺言執行者となり得る。法人や利害関係者である相続人であっても問題はないとされている。

▶ 2. 共同遺言執行者

遺言執行者は，複数であってもよい。民法は，遺言で数人の遺言執行者を指定すること（1006条），および遺言執行者が数人ある場合の意思決定方法等について規定している（1017条）。

複数の遺言執行者が存在する場合，その任務の執行は過半数で決するとされている（1017条1項本文）。ただし，遺言者がその遺言に別段の意思を表示した場合は，この限りではない（同項ただし書）。また，保存行為は，各遺言執行者が単独で行うことができる（同条2項）。

2 遺言による指定または選任

遺言執行者は，遺言者による指定または家庭裁判所による選任によって就職する。

▶ 1. 指　定

遺言者は，遺言で1人または数人の遺言執行者を指定し，またはその指定を第三者に委託することができる（1006条1項）。

遺言執行者に指定された者は，当然に諾否の自由を有するが，就職を承諾した場合には，直ちにその任務を行わなければならない（1007条1項）。

遺言執行者がその任務を開始したときは，遅滞なく遺言の内容を相続人に通知しなければならない（1007条2項）。

遺言執行者の指定の委託を遺言書にて受けた第三者は，遅滞なく，その指定をして，これを相続人に通知しなければならない（1006条2項）。もし，委託を拒否する場合には，遅滞なくその旨を相続人に通知しなければならない（同条3項）。

なお，相続人その他の利害関係人は，遺言執行者に対し，相当の期間を定めて，その期間内に就職を承諾するかどうかを確答すべき旨の催告をすることができる。そして，その期間内に遺言執行者から確答がない場合には，就職を承諾したものとみなされる（1008条）。

▶ 2. 選　任

家庭裁判所は，遺言執行者がないとき，またはなくなったときには，利害関係人の請求により，これを選任することができる（1010条）。

3 遺言執行者の権限と義務

▶ 1. 相続財産目録の作成交付

　遺言執行者は，遅滞なく相続財産目録を作成して，相続人に交付しなければならず（1011条1項），相続人の請求があるときは，相続人を立ち会わせて財産目録を作成し，または公証人に作成させなければならない（同条2項）。

▶ 2. 遺言執行者の権利義務

　遺言執行者は，遺言の内容を実現するため，相続財産の管理その他遺言の執行に必要な一切の行為をする権利義務を有する（1012条1項）。すなわち，遺言執行者は遺言の執行について包括的な権限と義務を有しているのであって，広く法律行為および事実行為を行うのみならず，自ら原告となって訴えを提起し，または利害関係人から訴えを提起された場合に応訴するなどの訴訟追行権を有している。

📖重要用語

訴訟追行権

💡補足

遺言執行者には，委任に関する民法644条から647条までおよび650条の規定が準用されている。

　また，遺言執行者がいる場合には，遺贈の履行は，遺言執行者のみが行うことができる（1012条2項）。

　遺贈は，被相続人である遺言者が遺言で行う他人への贈与であるが，遺贈について遺言執行者がいる場合には，遺言執行者が遺贈義務者となり，遺言執行者がいない場合には，相続人が遺贈義務者となる。

　遺言の執行には善良な管理者としての注意義務が必要であり，相続人の請求がある場合には，遺言執行の状況を報告しなければならず，受領物等の引渡義務，金銭消費についての責任等が義務とされている。

▶ 3. 特定財産に関する遺言の執行

「特定の遺産を特定の相続人に相続させる」旨の遺言を，特定財産承継遺言という。

相続を原因とする不動産の所有権移転登記は，相続人が単独で申請することができる（不動産登記法62条）。ただし，遺言執行者がいる場合で，特定財産承継遺言により相続分を超える権利の承継をするときは，当該遺言執行者が対抗要件を備えるために必要な行為をすることができる（1014条2項）。

また，特定財産承継遺言の対象とする財産が預貯金債権である場合には，対抗要件を備えるために必要な行為のほか，当該預貯金債権の払戻請求や解約の申入れをすることができる（1014条3項）。

▶ 4. 遺言執行者の復任権

遺言者の別段の意思表示がない場合には，遺言執行者に自由な復任権が認められている（1016条1項）。さらに，やむを得ない事由がある場合の復任については，遺言執行者の責任を軽減し，その選任と監督のみについて責任を負うとされている（同条2項）。

4　報酬と費用

▶ 1. 報　酬

遺言執行者の報酬は，遺言に定めがある場合はそれに従い，定めがない場合には，家庭裁判所が相続財産の状況その他の事情を勘案して定める（1018条1項）。

▶ 2. 費　用

遺言の執行に関する費用は，相続財産の負担とされている。ただし，これによって遺留分を減ずることはできない（1021条）。なお，遺言執行者が支出した費用の償還請求については，委任の規定に従うことになる（1012条3項・650条）。

重要用語
特定財産承継遺言

補足
解約の申入れは，その預貯金債権の全部が特定財産承継遺言の対象とされている場合に限る。

重要用語
復任権
代理人を選任できる権限

第1編

5 解任と辞任

遺言執行者の解任と辞任には，いずれも「正当な事由」が必要である。

▶ 1. 解 任

家庭裁判所は，遺言執行者がその任務を怠ったと認められる場合など，正当な事由があるときは，利害関係人の請求に基づき，解任することができる（1019条1項）。

▶ 2. 辞 任

遺言執行者は，正当な事由があるときは，家庭裁判所の許可を得て，その任務を辞することができる（1019条2項）。

理解度チェック

❶ 遺言執行者がないまたはなくなった場合，家庭裁判所は，利害関係人の請求により遺言執行者を選任することができる。

❷ 遺言で遺言執行者に指定されている場合であっても，その就職を謝絶することができる。

❸ 就職した遺言執行者は，相続人，受遺者全員に通知することで，遺言執行者を辞任することができる。

解答 ❶ ○
　　 ❷ ○
　　 ❸ ×　遺言執行者に就職した後は，正当な事由がある場合に家庭裁判所の許可を得て辞任する。

14 | 遺 贈

遺贈とは，遺言者（遺贈者）が遺言により，他人（受遺者）に自己の財産の全部または一部を与えることである。

遺贈は，遺言によって行われることから遺言者の単独行為であり，死亡を原因として被相続人が他人に財産を贈与する死因贈与契約とは異なる。

重要用語

遺贈

関連過去問題

2023年10月 問8
2022年10月 問5

第1編

1 遺贈の当事者

遺言者は，包括または特定の名義で，その財産の全部または一部を処分することができる（964条）。

▶ 1. 遺贈者

遺言で遺贈を行う者である（遺言者である被相続人）。

▶ 2. 受遺者

遺贈により相続財産の全部または一部を受ける者である。

受遺者には，自然人（個人）はもとより，法人もなり得る。遺贈者は，学校法人等に財産を寄附することができる。

受遺者には，相続人の欠格事由が準用される（965条）。したがって，一定の行為をした者には，受遺者となる資格がない。

胎児も受遺者となり得る。胎児は，相続については，すでに生まれたものとみなされるが，胎児が死産であったときは，受遺者とはなり得ない（965条・886条）。

参照

相続人の欠格事由については，第1編「3相続人の欠格・廃除」参照。

参照

胎児については，第1編「2相続人の範囲と順位」を参照。

▶ 3. 遺贈義務者

遺贈の効力は，遺贈者が死亡した時に発生する。したがって，財産の引渡しや登記名義の変更（遺贈による移転登記は，登記義

務者と登記権利者の共同申請となる）など財産を移転するために一定の行為を要する場合には，これを実施する者，すなわち遺贈義務者が必要となる。

遺贈義務者は，相続人の場合もあるが，遺言執行者がいる場合には遺言執行者のみとされている（1012条2項）。

2 遺贈の種類

遺贈には，特定遺贈と包括遺贈のほか，負担付遺贈がある。

▶ 1. 特定遺贈

特定遺贈とは，遺贈の目的物（財産的利益を含む）が特定された遺贈である。たとえば，「自宅の不動産を友人Aに与える」「甲会社の株式10万株のうち，5万株をBに与える」「乙銀行の普通預金の70％をCに与える」等が特定遺贈である。

▶ 2. 包括遺贈

包括遺贈とは，遺産の全部または一定割合で明示された一部を受遺者に与える遺贈である。たとえば，「全財産をDに与える」「財産の半分をE学校法人に与える」等が包括遺贈である。

▶ 3. 負担付遺贈

負担付遺贈とは，受遺者に一定の行為をさせることを内容とした遺贈である。たとえば，個人で貴金属店を営むFが遺言で「店舗不動産，什器備品，在庫商品等のすべてを娘婿であるGに与える。ただし，Gは自分の妻Hが存命である限り，その生計費等の一切を負担し，面倒をみなければならない」と記載すれば，負担付遺贈となる。

3 遺贈の効果

　遺贈は，遺言をした遺贈者が死亡し，相続が開始した時に効力が発生する。各種遺贈の効果は次のとおりである。

▶ 1. 特定遺贈

　特定遺贈は，特定の財産を受遺者に与える遺贈であるから，遺言執行者や相続人が遺贈義務者として，引渡しや登記名義の移転などの対抗要件の具備等を行って完了する。

▶ 2. 包括遺贈

　包括受遺者は，相続人と同一の権利義務を有する（990条）。すなわち，包括遺贈については，遺贈の効力の発生と同時に，権利だけではなく義務を含めて，受遺者に移転する。

　包括受遺者は，相続人と同一の権利義務を有することから，相続人と同様に，遺贈の単純承認または限定承認もしくは放棄をすることができる。つまり，包括遺贈については，遺贈の放棄・承認を定めた986条以下の規定は適用されない。加えて，包括受遺者が相続人と同一の権利義務を有することから，遺産分割を行うには，包括受遺者を交えて協議しなければならず，包括受遺者が協議に加わっていない遺産分割協議は無効となる。

　ただし，包括受遺者は相続人ではないから，代襲の問題はなく，遺留分もない。

▶ 3. 負担付遺贈

　負担付遺贈を受けた者は，遺贈の目的の価額を超えない限度においてのみ，負担した義務を履行する責任を負うと規定されており，与えられた遺産以上の責任を負うことはない（1002条1項）。

4 遺贈の承認・放棄

　包括遺贈については986条以下の規定が適用されず，相続人と同様に承認や放棄が問題となる。

　これに対し，特定遺贈については次のような特別の規定があり，負担付遺贈にも特則が定められている。

▶ 1. 特定遺贈

(1) **放棄の自由と限界**

　特定遺贈の受遺者は，遺言者（遺贈者）の死亡後，いつでも，遺贈の放棄をすることができる（986条1項）。

　ただし，利害関係人の地位を安定させるため，民法は「遺贈義務者その他の利害関係人は，受遺者に対し，相当の期間を定めて，その期間内に遺贈の承認又は放棄をすべき旨の催告をすることができる。この場合において，受遺者がその期間内に遺贈義務者に対してその意思を表示しないときは，遺贈を承認したものとみなす」という規定を置いている（987条）。

(2) **放棄の方式**

　遺贈の放棄は，相手方のある単独行為であるから，受遺者が遺贈義務者に対し，通知等の方法で意思表示をすることにより行う。相続の放棄と異なり，家庭裁判所で行う必要はない。

(3) **放棄の効果**

　遺贈の放棄は，遺言者の死亡の時にさかのぼってその効力を生ずると定められており（986条2項），遺贈の放棄には遡及効がある。

(4) **遺贈の承認および放棄の撤回および取消し**

　遺贈の承認および放棄は撤回することができない（989条1項）が，制限行為能力，錯誤，詐欺および強迫による場合には取り消される余地がある（同条2項・919条2項・3項）。

▶ 2. 負担付遺贈

負担付遺贈においては，「受遺者が遺贈の放棄をしたときは，負担の利益を受けるべき者は，自ら受遺者となることができる。ただし，遺言者がその遺言に別段の意思を表示したときは，その意思に従う」という特則が定められている（1002条2項）。

前記「**2**遺贈の種類」▶3.の事例で，受遺者であるGが遺贈を放棄した場合には，妻H自らが受遺者となることができ，受遺者Hが貴金属店のすべてを承継することになる。

5 遺贈の無効・取消し

遺贈は，遺言によってなされる意思表示であるから，遺言の無効または取消しに関する一般論による。たとえば，遺言に方式違反等があれば無効となり，意思能力なき者の遺贈も無効である。

これに対し，遺贈には，特有の無効事由や取消事由がある。

▶ 1. 受遺者の死亡による無効

遺贈は，遺言者の死亡以前に受遺者が死亡したときは，その効力を生じない（994条1項）。また，停止条件付きの遺贈について，受遺者がその条件の成就前に死亡したときも，その効力を生じない（同条2項）。

▶ 2. 遺贈の目的物が相続財産に属していない場合の無効

遺贈は，遺贈の目的物が遺言者の死亡の時に相続財産に属していなかった場合は，その効力を生じない（996条）。

▶ 3. 負担付遺贈に係る遺言の取消し

負担付遺贈の受遺者がその義務を履行しない場合，相続人は相当の期間を定めてその履行を催告することができ，その期間内に履行がないときは，相続人は負担付遺贈に係る遺言の取消しを家庭裁判所に請求することができる（1027条）。

15 ｜ 遺 留 分

重要用語

遺留分

関連過去問題

- 2024年3月
  問43・問44
- 2023年10月
  問45・問46
- 2023年3月
  問45・問46
- 2022年10月
  問42

遺留分とは，相続人のために法律上留保されるべき相続財産の割合をいう。本来，遺産は被相続人の財産であるから，公序良俗に反しない限り，遺言でどのように処分することも可能なはずである。しかし，被相続人の妻子などの一定の相続人については，被相続人との関係や被相続人の遺産に対する期待などがあり，民法はこれを保護することにしたのである。

したがって，遺留分に関する規定は，当事者によって排除することができない強行規定である。ただし，遺留分は，権利であるから放棄することができるし，行使しないことも可能である。

1 遺留分権利者と遺留分の割合

▶ 1. 遺留分権利者

重要用語

遺留分権利者

遺留分権利者は，兄弟姉妹以外の相続人である（1042条1項）。すなわち，配偶者，直系卑属，直系尊属である。ただし，これらの相続人であっても，相続欠格や廃除，放棄によって相続する権利を喪失した者は，遺留分権利者ではない。

兄弟姉妹以外の相続人の代襲相続人も，遺留分権利者である。相続欠格および廃除においても代襲相続は発生するから，代襲相続人は遺留分を有する。しかし，相続の放棄の場合には，はじめから相続人でなかったことになり（939条），代襲相続にならないから，遺留分も認められない。

● 遺留分の割合

条件	遺留分
直系尊属のみが相続人である場合	被相続人の財産の3分の1
上記以外の者が相続人である場合	被相続人の財産の2分の1

▶ 2. 遺留分の割合

遺留分の割合は，直系尊属のみが相続人の場合は3分の1，それ以外の場合は2分の1と定められている（1042条1項）。

重要用語

遺留分の割合

遺留分の割合は，相対的な割合であり，相続人全体で有する遺留分を意味する。すなわち，直系尊属のみが相続人である場合には，被相続人の財産の3分の1が遺留分として相続人に割り当てられ，それ以外の者が相続人である場合には，被相続人の財産の2分の1が遺留分として相続人に割り当てられる。

たとえば，1億円の現預金を保有する被相続人が死亡し，すべての遺産を相続人ではない第三者に遺贈するとの遺言がされていたケースで，配偶者と子2人の合計3人が相続人の場合には，相続人全体で2分の1にあたる5,000万円が遺留分となる。各相続人は，この2分の1（5,000万円）の遺留分を法定相続分の割合で保有する（個別的遺留分）。したがって，個別具体的な遺留分は，配偶者が2分の1（2,500万円），子が各4分の1（1,250万円）となる（1042条2項）。

2 遺留分を算定するための財産の価額

▶ 1. 遺留分を算定するための財産の価額の算出方法

民法は，遺留分を保障するために被相続人の基礎財産を定め，遺留分を侵害する遺贈や贈与について「遺留分を算定するための財産の価額は，被相続人が相続開始の時において有した財産の価額にその贈与した財産の価額を加えた額から債務の全額を控除した額とする」と定めている（1043条1項）。

重要用語

遺留分を算定するための財産の価額

これをまとめると，次のようになる。

相続開始時の財産の価額＋贈与した財産の価額－債務全額
＝遺留分を算定するための財産の価額

▶ 2. 贈与財産

(1) 原　則

　遺留分を算定するための財産の価額に加えられる「贈与した財
産の価額」であるが，民法は「贈与は，相続開始前の１年間にし
たものに限り，前条の規定によりその価額を算入する」と定めて
いる（1044条１項）。

　この場合の「贈与」には，贈与契約（549条）以外にも，たと
えば，一般社団法人への財産の拠出などが含まれている。また，
１年間にした贈与であるが，契約等を行った日を基準に考える。

(2) 例　外

　遺留分を算定するための財産の価額を計算するにあたって，贈
与は相続開始前の１年間にしたものに限るという時間的な制限が
あるが，これには次の例外がある。

　①　当事者双方が遺留分権利者に損害を加えることを知って贈
　　　与したとき

　遺留分権利者に損害を加えることを知ってされた贈与について
は，１年前の日より前にしたものについても，その価額を遺留分
を算定するための財産の価額に算入する（1044条１項）。この場
合，「損害を加えることを知って」いる必要があり，遺留分を侵害
することを知っていただけでは足りないことに留意すべきである。

　②　特別受益

　共同相続人に対する贈与については，贈与が行われた時期を相
続開始前の10年間に限定するとともに，価額を婚姻もしくは養子
縁組のためまたは生計の資本として受けた贈与の価額に限るとし，

🔍 参照
特別受益につい
ては，第１編「4
相続分」参照。

特別受益に該当することを要件としている（1044条3項）。

③ 負担付贈与

負担付贈与がされた場合における「贈与した財産の価額」は，その目的の価額から負担の価額を控除した額である（1045条1項）。たとえば，500万円の贈与について200万円相当の負担がある場合には，300万円が遺留分を算定するための財産の価額に算入される。

④ 不相当な価額による有償行為

不相当な価額による有償行為については，当事者双方が遺留分権利者に損害を与えることを知って行ったものに限り，当該対価を負担の価額とする負担付贈与とみなされる（1045条2項）。したがって，対価を控除した価額が遺留分を算定するための価額に算入される。

▶ 3. 債務全額の控除

遺留分を算定するための財産の価額の計算にあたって，債務全額を控除するのは，債務も相続人に承継されるからである。

3 遺留分侵害額請求権の行使方法と効果

▶ 1. 遺留分侵害額請求権の内容

遺留分権利者およびその承継人は，受遺者（特定財産承継遺言により財産の承継または相続分の指定を受けた相続人を含む）または受贈者に対し，遺留分侵害額に相当する金銭の支払を請求することができる（1046条1項）。この侵害された遺留分を取り戻す権利を，遺留分侵害額請求権という。

金融実務においては，被相続人の預貯金債権について遺留分の侵害を気にすることなく，遺言に従った解約・払戻しに応じることができる。

 重要用語

遺留分侵害額請求権

遺留分侵害額の算出方法は，次のとおりである。

重要用語
遺留分侵害額

> ① 遺留分を算定するための財産の価額×遺留分割合×各相続人の法定相続分＝各相続人の遺留分額
> ② 各相続人の遺留分額－遺留分権利者が受けた特別受益の額－遺産分割の対象財産のうち具体的相続分に応じて取得すべき遺産の価額＋遺留分権利者が承継する相続債務の額＝各相続人の遺留分侵害額

4 受遺者または受贈者の負担額

▶ 1. 具体的な負担額

遺留分を侵害した受遺者または受贈者が遺留分権利者に負担する金銭債務については，次のとおり定められている（1047条1項）。

> ① 受遺者と受贈者がいるときは，受遺者が先に負担する。
> ② 受遺者が複数いるとき，または受贈者が複数いる場合においてその贈与が同時にされたものであるときは，受遺者または受贈者がその目的の価額の割合に応じて負担する。ただし，遺言者がその遺言に別段の意思を表示したときは，その意思に従う。
> ③ 受贈者が複数いるとき（上記②の場合を除く）は，後の贈与に係る受贈者から順次前の贈与に係る受贈者が負担する。

特別受益者が贈与を受けた財産の価額が，受贈者の行為によって滅失または価格が増減している場合は，相続開始時の原状のままであるとみなされる（1047条2項・904条）。

条件付きまたは存続期間の不確定な権利は，家庭裁判所が選任した鑑定人の評価に従って価格が定められる（1047条2項・1043

条2項)。

また，負担付贈与であれば負担を控除し，不相当な対価をもってした有償行為であれば当該対価の額を控除して価額が算定される（1047条2項・1045条）。

▶ 2. 受遺者等が相続債務を負担した場合

各相続人の遺留分侵害額の算出にあたっては，相続債務が加算される。遺留分侵害額の請求を受けた受遺者または受贈者が，遺留分権利者から承継した債務について弁済その他の債務を消滅させる行為をしたときは，消滅した債務の額を限度として，遺留分権利者に対する意思表示によって上記 ▶ 1. の負担額を消滅させることができる。これによって遺留分権利者に対して取得した求償権は，消滅した当該債務の額の限度において消滅する（1047条3項）。

たとえば，被相続人が個人事業主で受遺者または受贈者が当該事業を承継しているような場合には，受遺者等が当該事業から発生した債務の弁済等をすることも想定できる。このような場合には，相続債務を消滅させた受遺者等の請求により，遺留分侵害額を減額することができる。

▶ 3. 受遺者等の無資力

受遺者または受贈者の無資力によって生じた損失は，遺留分権利者の負担に帰する（1047条4項）。

▶ 4. 受遺者等に対する弁済期限の許与

状況に応じて裁判所は，受遺者および受贈者を保護するため，債務の弁済期限を許与することができる（1047条5項）。

5 遺留分侵害額請求権の請求期間

　遺留分侵害額請求権は，遺留分権利者が相続の開始および侵害する贈与または遺贈があったことを知った時から１年間行使しないときは，時効によって消滅する。また，相続開始の時から10年を経過したときも消滅する（1048条）。

6 遺留分の放棄

　遺留分は権利であるから，放棄することができる。

　ただし，相続開始前に放棄をするには，家庭裁判所の許可を受けたときに限り有効である（1049条１項）。なお，家庭裁判所は，放棄の許可をした後，事情の変化等によって放棄を維持することが相当ではない場合には，職権で許可審判を取り消すことや変更することができる（家事事件手続法78条）。

　相続開始後においては，家庭裁判所の許可を得ることなく，自由に遺留分を放棄することができる。

理解度チェック

❶ 相続預金の受遺者が遺言に基づき預金の払戻請求をしてきた場合，金融機関には，相続人全員に対して遺留分侵害額請求権を行使するか否かを確認する義務がある。

❷ 遺留分を侵害した者が受遺者と受贈者であるときは，受遺者が先に遺留分権利者への金銭債務を負担する。

❸ 被相続人が友人にした生前贈与は，相続開始前の１年前にしたものに限り遺留分侵害額の請求をすることができる。

解答　❶ ×　金融機関には，相続人に対して遺留分侵害額請求権を行使するか否かを確認する義務はない。
　　　❷ ○
　　　❸ ○

16 配偶者の居住の権利

　配偶者の居住の権利とは，被相続人の死亡によって残された配偶者が，被相続人の死亡時に住んでいた建物を無償で使用できる権利をいう。

　配偶者の居住の権利には，長期的な保護が可能となる「配偶者居住権」と，短期的な保護を可能とする「配偶者短期居住権」の2種類がある。

1 配偶者居住権

　配偶者居住権は，被相続人名義の不動産に居住する配偶者の居住権を保護するため，遺産分割協議，遺贈または家庭裁判所の審判によって，生存配偶者が原則として終身の間，当該居住不動産に居住し続けることができるものである（1028条～1036条）。

　配偶者居住権が認められる場合には，登記することもできるので（1031条），登記後は第三者に対しても居住権を主張することが可能となっている。

　配偶者居住権は譲渡することができず（1032条2項），居住する配偶者は，居住建物の使用および収益について善良な管理者としての注意義務を負うことになる（同条1項本文）。

関連過去問題
- 2024年3月 問9
- 2023年10月 問9
- 2023年3月 問9
- 2022年10月 問2

重要用語

配偶者居住権

第1編

2 配偶者短期居住権

重要用語

配偶者短期居住
権

　配偶者短期居住権は，配偶者の居住権を短期的に保護するものであり，原則として，次のいずれか遅い日までの期間について，配偶者の居住権を保護する（1037条〜1041条）。

① 遺産分割により居住建物の帰属が確定した日
② 相続開始時から6ヵ月を経過した日

　配偶者短期居住権は，配偶者居住権と同様に譲渡することができず（1041条・1032条2項），居住する配偶者は，居住建物の使用および収益について善良な管理者としての注意義務を負うことになる（1038条1項）。また，配偶者短期居住権は，配偶者居住権と異なり登記することができない。

配偶者は，遺産分割または遺贈などによって配偶者居住権を取得することができるよ！

17 相続登記の手続

　不動産を所有していた被相続人が死亡して相続が開始すると、その不動産の所有権は、相続分に応じて相続人に移転することになる。もっとも、その不動産の登記簿上の所有者（名義人）の記載は自動的に変更されるわけではなく、名義変更のためには相続人らが相続登記の手続を行う必要がある。

　このような「相続」を登記原因とする権利の移転の登記を、相続登記という。

関連過去問題

✏ 2024年3月
　問11
✏ 2022年10月
　問10

第1編

1 相続に関する登記の種類

　相続に関する登記の種類には、相続登記のほか、遺産分割を登記原因とする「遺産分割による所有権移転登記」、遺贈を登記原因とする「遺贈による所有権移転登記」がある。

▶ 1. 法定相続分どおりに相続する場合の相続登記（共同相続登記）

(1) 意　義

　被相続人が死亡して相続が開始すると、たとえその後に遺産分割が予定されていたとしても、共同相続人は、法定相続分に従って相続登記をすることができる（共同相続登記）。

💡 補足

登記原因とは、登記の原因となる事実または法律行為のこと（不動産登記法5条2項）。

📖 重要用語

共同相続登記
共同相続人が法定相続分どおりにする相続登記

●相続に関する登記の種類

登記上の「登記原因」の記載	登記
相続	相続登記
遺産分割	遺産分割による所有権移転登記（遺産分割登記）
遺贈	遺贈による所有権移転登記（遺贈登記）

しかし，登記実務上，この共同相続登記は省略されることが多い。共同相続登記は，たとえば，共同相続人間で相続財産である不動産を売却することについて合意できているが，遺産分割協議がなかなかまとまらない場合に，いったん共同相続登記を行ったうえで売却するときなどで利用されている。

(2) **登記申請**

登記申請は，登記権利者（登記名義を取得する者）と登記義務者（登記名義を失う者）の共同申請によるのが原則である（登記共同申請の原則。不動産登記法60条）。

しかし，相続登記は，登記権利者である相続人が単独で申請することができる（不動産登記法63条2項）。これは，登記義務者である被相続人がすでに死亡しているためである。

なお，相続人が複数いる場合には，共同相続人全員が申請人となって相続登記の申請をすることができるほか，共同相続人の中の1人が全員のために相続登記を申請することもできる。しかし，共同相続人の中の1人が自己の相続分のみについて相続登記の申請をすることはできない。

▶ **2. 遺産分割がなされた場合の相続登記または遺産分割登記**

遺産分割の前に共同相続登記を行うか否かで，なすべき登記の種類とそれに伴う登記申請の方法が異なっている。

(1) **共同相続登記を行わず遺産分割がなされた場合の相続登記**

登記実務上は，共同相続登記を行わないまま遺産分割を行い，遺産分割結果に従って相続登記がなされることが多い。この場合の登記は，上記▶1.と同じ相続登記であり，登記申請者についても，相続人の単独申請が可能である。

また，登記原因の日付は，これが「相続」を登記原因とする相続登記であるため相続した日となる。そして，この相続した日とは，遺産分割は相続開始のときにさかのぼってその効力を生じる

ことから，相続開始日，つまり被相続人が死亡した日となる。

(2) 共同相続登記後に遺産分割がなされた場合の遺産分割登記

相続開始後，いったん暫定的な共同相続登記がされた後で遺産分割がなされる場合がある。この場合，すでに相続登記がなされていることから，本来は，所有権移転登記としての遺産分割登記がなされることになり，その登記申請は，登記共同申請の原則により，登記名義人となっている他の相続人との共同申請による必要がある。

もっとも，これでは手続的負担が重いことから，実務上は，この場合に「更正の登記」（登記内容を訂正する旨の登記）によることが可能とされており，登記権利者（遺産分割により持分が増加した相続人）は単独で登記申請することができる（ただし，登記上の利害関係を有する第三者がいるときは，その第三者の承諾が必要である）。この場合の登記原因は「遺産分割」とされ，その年月日は遺産分割が成立した日となる。

▶ 3. 遺言がある場合の相続登記または遺贈登記

被相続人の遺言がある場合は，その内容に応じて相続登記または遺贈登記をすることになる。

(1) 相続させる旨の遺言がある場合の相続登記

被相続人の遺言があり，それが相続分の指定であるか，または，特定の相続人に特定の財産を相続させる旨の遺言（特定財産承継遺言）である場合には，上記▶1.や▶2.(1)と同様，相続登記がなされることになる。

登記申請者についても，相続人の単独申請が可能である。

(2) 遺贈する旨の遺言がある場合の遺贈登記

被相続人の遺言があり，それが遺贈である場合には，「遺贈」を登記原因とする遺贈登記がなされることになる。

遺贈登記の登記申請は，登記共同申請の原則に従い，受遺者を登記権利者，遺贈者の相続人全員（遺言執行者がいる場合には遺

Q 参照

遺産分割については，第1編「5 遺産分割」参照。

第1編

言執行者）を登記義務者として，登記権利者・登記義務者の共同申請によるべきものとされている。もっとも，相続人に対する遺贈登記については，登記権利者（受遺者である相続人）が単独で申請することができる（不動産登記法63条３項）。

2 相続登記の申請義務

　相続が発生したにもかかわらず，不動産の登記名義人がいつまでも被相続人のままにされていると，その間に相続人に新たな相続が発生して相続人がさらに増えるなど，相続財産をめぐる権利関係が複雑化するおそれがある。また，相続登記がされないことは，所有者不明土地の発生原因にもなる。そこで，相続登記の申請義務が課されている。

▶ 1. 基本的義務

　相続（遺言を含む）により不動産の所有権を取得した相続人は，自己のために相続の開始があったことを知り，かつ，その不動産の所有権を取得したことを知った日から３年以内に相続登記の申請をすることが義務付けられている（不動産登記法76条の２第１項）。

　また，このような相続登記の申請義務に伴い，「相続人申告登記」という登記が設けられている（不動産登記法76条の３）。これは，相続登記を申請しようとする場合には，被相続人の出生から死亡に至るまでの戸除籍謄本などの書類を収集して法定相続人の範囲を確定する必要があるなど手続的な負担が大きく，期限内（３年以内）に相続登記の申請をすることが難しい場合もあることから，簡易に相続登記の申請義務を履行できるようにするためのものである。なお，この相続人申告登記は，不動産についての権利関係を公示するものではないため，相続した不動産を売却するような場合には，別途，相続登記の申請をする必要がある。

▶ 2. 遺産分割成立時の追加的義務

　上記の基本的義務とは別に，被相続人の財産について遺産分割が成立した場合には，遺産分割が成立した日から３年以内にその内容を踏まえた所有権の移転の登記を申請することが義務付けられている（不動産登記法76条の２第２項・76条の３第４項等）。

　なお，上記▶1.で述べた相続人申告登記で履行することができるのは基本的義務のみであり，遺産分割成立時の追加的義務については相続人申告登記で履行することはできない。

3　相続による不動産の権利の承継と登記（第三者対抗要件）

▶ 1. 遺贈の場合

　遺贈により不動産を取得した受遺者が，その取得の事実を第三者に対して対抗するためには，その旨の登記を具備する必要があると解される（177条）。したがって，受遺者が遺贈により取得した不動産の登記よりも先に，第三者がその不動産の登記を具備した場合，受遺者は第三者に対して対抗できない（最判昭和46・11・16）。

▶ 2. 遺産分割の場合

　遺産を構成する不動産について，遺産分割により法定相続分と異なる権利を取得した相続人は，その旨の登記を経なければ，遺産分割後に当該不動産につき権利を取得した第三者に対し，法定相続分を超える部分について，自己の権利の取得を対抗することができない（899条の２第１項）。

▶ 3. 特定財産承継遺言，相続分の指定の場合

　特定財産承継遺言や相続分の指定といった「相続」を原因とする権利変動によって不動産を取得した相続人は，登記を具備しなければ法定相続分を超える権利の取得を第三者に対抗することができない（899条の２第１項）。

4 登記申請に必要な書類（添付情報）

　登記申請にあたっては，所定の情報（登記の目的，登記原因，申請人の住所・氏名，不動産の表示など）を記載した登記申請書を提出する必要があるほか，これと併せて，その他必要な書類（添付情報）を提出しなければならない。ここでは基本的なものを示すが，必要な書類は状況によって異なることから，以下はあくまでも参考としてご覧いただきたい。

▶ 1. 登記原因証明情報

⑴　被相続人の出生から死亡までの戸籍謄本・除籍謄本等

　被相続人（登記名義人）が死亡した事実，申請人が被相続人の相続人である事実，および他に相続人がいない事実をそれぞれ証するために提出が求められている。

⑵　被相続人の除住民票または戸籍の附票等

　不動産の登記名義人と被相続人が同一人であることを証する必要があるが，戸籍には住所が記載されていないため，これらの書面によって住所・氏名を照合して確認がなされる。

⑶　相続人の現戸籍謄本

　登記申請書に登記権利者として記載されている者が被相続人の相続人であることを認定するためには，その者が被相続人の死亡当時に生存していたことや，廃除者でないことを確認する必要があり，そのために必要な書類である。

⑷　相続人の住民票

　戸籍には住所の記載がないことから，相続人についても，その同一性を証するものとして，住民票の提出が必要となる。

⑸　遺産分割を証する書類（遺産分割がなされた場合のみ）

　遺産分割協議による場合は遺産分割協議書（および相続人全員の印鑑証明書），家庭裁判所の調停・審判の場合には調停調書・審

判書（審判確定証明書付き）の提出が必要となる。

⑹　**遺言書（遺言がある場合のみ）**

⑺　**特別受益証明書（特別受益者がいる場合のみ）**

⑻　**相続放棄申述受理証明書（相続放棄した者がいる場合のみ）**

⑼　**相続関係説明図**

　これは相続関係を図式化して説明した図であり，これを提出することにより，戸籍謄本・除籍謄本等の原本還付を受けることができる。

⑽　**法定相続情報証明制度**

　法定相続情報証明制度は，全国にある法務局のいずれかに上記⑴〜⑷および⑼の各書類を提出すれば，法務局（登記官）が当該被相続人に係る相続人の証明書を交付するものであり，遺産である不動産が全国に散在する場合などに各法務局に戸籍謄本等をすべて提出することなく，証明書のみで手続が可能となる制度である。

▶ **2. 住所証明情報**

　実体と異なる不真正な登記名義が作出されることを防止するために，登記名義人となる相続人の住民票の提出が求められている。

▶ **3. 代理権限証明情報**

　司法書士等の代理人によって登記申請する場合には，委任状を提出する必要がある。

▶ **4. その他**

　不動産の固定資産評価証明書は，法令で提出が要求されているものではないが，登録免許税を計算するために，これを提出するのが実務上の取扱いとなっている。

第2編

相続と金融実務

1 相続発生時の初動対応

1　相続発生の事実の把握

関連過去問題
- 2024年3月
  問21
- 2023年10月
  問21
- 2023年3月
  問21
- 2022年10月
  問21

　金融機関としては，相続発生の事実を把握した直後に相続人の範囲，遺言書や遺産分割協議の成立の有無等を正確に把握することは困難である。

　そこで，金融機関は，相続人等からの連絡により，預金者等の死亡に伴い相続が発生した事実を把握した場合，直ちに預金者等の取引の有無および内容を調査し，取引停止の措置（口座凍結，貸金庫の利用停止等）を講じる必要がある。

　また，預金者等の死亡の事実については，渉外活動中の行職員が町内会の掲示板に掲載されている死亡通知に気付く，葬儀に遭遇する，町内会の行事で情報を得る，他の取引先との面談において情報を得たりすることがある。預金者等が著名人であれば，新聞の記事やテレビの報道等で死亡の事実を把握することもある。このような場合にも，相続発生の事実を把握した以上，相続人等からの連絡の有無にかかわらず，取引停止の措置を講じる必要がある。

🔍 **参照**

受領権者としての外観を有する者に対する弁済については，第2編「2相続預金の払戻し」参照。

　金融機関は，相続発生の事実を把握していたにもかかわらず，遺産分割協議の成立の有無や遺言の有無を確認せずに，漫然と特定の相続人に預金を払い戻した場合には，後日，当該払戻しは無効とされ，受領権者としての外観を有する者に対する弁済（478条）の保護も受けられない可能性がある。この場合，金融機関は，他の相続人や受遺者への払戻義務が生じ，「二重払い」のリスクが

あることに留意する必要がある。

2　相続人等が来店した場合の初動対応

▶ 1. 相続人が来店した場合

　金融機関は，相続人が来店した場合，次の①〜④を確認する必要がある。

> ①　戸籍謄本・除籍謄本により，被相続人の死亡の事実
> ②　戸籍謄本（改製原戸籍）や法定相続情報一覧図の写しにより，来店した者が法定相続人であることおよび相続人の範囲
> ③　遺言書，遺産分割協議書，遺産分割調停調書・審判書等の有無
> ④　今後の連絡先

▶ 2. 遺言執行者が来店した場合

　遺言執行者が来店した場合，上記▶1.の事実の確認に加え，遺言書または家庭裁判所による遺言執行者選任の審判書謄本の確認のほか，本人確認書類により来店者が遺言執行者本人であることを確認する必要がある。また，遺言書に記載された遺言執行者の権限を確認する必要がある。

▶ 3. 委任を受けた弁護士が来店した場合

　相続人，受遺者および遺言執行者から委任を受けた弁護士が来店した場合，上記▶1.の確認の前提として，そもそも当該弁護士が有効な代理人であるか否かを確認する必要がある。

　来店者が相続人等の有効な代理人であるか否かは，相続人等の実印で押印された委任状に，代理人として選任すること，および相続手続に必要な事項が委託されていることを確認する必要がある。また，弁護士会が発行している身分証明書等により，弁護士本人であることの確認も必要である。

来店した代理人が税理士，司法書士および行政書士であった場合には，税理士等が相続手続につき他人を代理する行為の内容によっては，税理士法，司法書士法，行政書士法の業務規制の範疇であるかが問題となることから，注意が必要である。

3 窓口で受けるその他請求

相続発生時の初動対応では，このほかに，相続人からの取引経過開示請求や残高証明書の発行依頼，遺産分割前の預金の払戻し等が問題となることがある。

相続発生の事実を把握したときは，直ちに預金者等との取引を停止しよう！

理解度チェック

❶ 預貯金の相続手続の際には，家庭裁判所の遺産分割調停が成立した場合の「遺産分割調停調書」を確認する。

❷ 新聞記事により取引先の相続開始の事実を知った場合には，その相続人より取引先の死亡に係る届出を受けてから，取引停止の措置を講じる。

❸ 渉外活動中に取引先の葬儀に遭遇して相続の開始があったことを知った行職員は，直ちに自店に連絡し，取引停止の措置を行うべきである。

解答 ❶ ○
　　 ❷ ✕　新聞記事により取引先の相続開始の事実を知った場合は，相続人からの届出がなくても取引停止の措置を講じるべきである。
　　 ❸ ○

2 | 相続預金の払戻し

1 相続預金の共同相続

▶ 1. 普通預金・通常貯金・定期貯金

従前の判例では，法定相続人が複数いる場合，相続預金は可分債権であることから，各法定相続人は，相続の発生と同時に相続分の範囲内で預金債権を分割して取得することになり（最判昭和29・4・8，最判平成16・4・20），金融機関は，共同相続人の1人から，相続分の範囲内で相続預金の払戻請求をされた場合，これに応じる必要があると考えられていた。

しかし，相続財産が預貯金の多くの割合を占めるとなると，一部の相続人に多額の特別受益等が存在する場合であっても，相続人全員の同意がない限り，預貯金は法定相続分の限度で当然に分割されているとして，特別受益を考慮した遺産分割の実現がなされず，相続人間の実質的な公平が図られないような事態も存在していた。

そうした中，普通預金，通常貯金および定期貯金に係る共同相続に関し，最高裁平成28年12月19日大法廷決定が下され，従前の判例の考え方を覆した。

この大法廷決定においては，共同相続された普通預金債権，通常貯金債権および定期貯金債権は，いずれも，相続開始と同時に当然に相続分に応じて分割されることはなく，遺産分割の対象となるものと解するのが相当であると判示された。

関連過去問題
- 2024年3月 問26・問42
- 2023年10月 問26
- 2023年3月 問26・問28
- 2022年10月 問26・問27

第2編

▶ 2. 定期預金・定期積金

定期預金・定期積金の相続については，最高裁平成29年４月６日第１小法廷判決において，上記▶1.の大法廷決定の定期貯金に係る決定と同様の考え方により，共同相続された定期預金債権および定期積金債権は，いずれも，相続開始と同時に当然に相続分に応じて分割されるものではないと判示された。

▶ 3. 定額郵便貯金

補足

郵便貯金法は郵政民営化に伴い平成19年10月１日に廃止されたが，現存する定額郵便貯金については，現在でも同法が適用され，独立行政法人郵便貯金・簡易生命保険管理機構に移管されている。

定額郵便貯金とは，旧郵便局の取扱商品であり，一定の据置期間を定め，分割払戻しをしない条件で一定の金額を一時に預入する貯金である（郵便貯金法７条１項３号）。

定額郵便貯金は，上記▶1.の大法廷決定以前から，相続によって当然に分割されるものではないと判示されていた（最判平成22・10・8）。

2 金融機関の対応

金融機関は，共同相続人の１人からの相続預貯金（普通預金，定期預金，定期積金，通常貯金，定期貯金，定額郵便貯金等）の払戻しについては，以下のように対応するべきである。

▶ 1. 相続人全員が署名し実印で押印した遺産分割協議書や金融機関指定の相続届を提出できない場合

共同相続人の１人からの相続預貯金の払戻しは，遺産分割協議の成立が確認できないことを理由に拒絶するべきである。

「共同相続人の１人が自身の借金等により夜逃げして行方不明であり，遺産分割協議ができない」といわれた場合，当該相続人が生存している可能性があるので，不在者の財産管理制度や失踪宣告制度を利用して対応するよう促すべきである。

▶ 2. 有効な遺言書が存在する場合

遺言書の内容に従い，相続した相続人，受遺者または遺言執行

者に払い戻す必要がある。

遺産分割調停調書や確定した判決書等に従い，相続する特定の相続人に払い戻す必要がある。

相続放棄の申述受理証明書や限定承認の審判書を徴求し，相続人の範囲および遺産分割協議の成立を確認のうえ，確定した相続人または相続財産清算人に払い戻す必要がある。

遺産分割協議書が提出されたとしても，隠し子や養子縁組の有効性をめぐる争いの存在が判明した場合は，後日に相続人が変化して遺産分割協議をやり直す可能性があることから，当該争いが解決するまでは相続人への払戻しを留保せざるを得ない。

3 受領権者としての外観を有する者に対する弁済

▶ 1. 保護の対象とされる場合

共同相続人の１人が相続発生の事実を金融機関に告げずに相続預金の払戻請求を行い，金融機関がそれを知らずに当該相続人に対して相続預金の払戻しを行った場合，他の相続人から，当該払戻しが無効であると主張される可能性がある。

このような場合，金融機関が478条の「受領権者としての外観を有する者に対する弁済」の規定により，相続預金の払戻しについて免責されるのかが問題となる。

「受領権者としての外観を有する者に対する弁済」とは，弁済の相手方が正当な権利者ではなくとも，受領権者としての外観があるケースにおいて，当該外観を信頼することが正当である場合（受領権者ではないことにつき善意無過失の場合）は，弁済を有効とする規定である。この「善意無過失」とは，受領権者ではないこ

重要用語

受領権者としての外観を有する者に対する弁済

と（相続があったこと等の事実を含む）を知らず，かつ，知らないことに過失がないことである。

　上記の例では，共同相続人の１人が有効な預金通帳と取引印を押印した払戻請求書を持参して来店していれば，正当な権利者との外観が存在する。また，金融機関が相続発生の事実を知らず，知らないことについて過失がなければ，「善意無過失」として有効な弁済とされ，金融機関は免責される可能性がある。

▶ 2. 保護の対象とされない場合

　相続預金を払い戻した支店が相続発生の事実を知らなくても，他の店舗や行職員が相続発生の事実を把握していた場合には，「受領権者としての外観を有する者に対する弁済」として有効な払戻しと認められないリスクがある。

4　遺産分割前の預貯金の払戻し

　金融機関は，共同相続人の１人から，遺言書がなく，遺産分割手続が完了していない段階で，被相続人の葬式費用の支払，被相続人の債務の返済，当面の生計費の支出のために相続預貯金を払い戻したいとの依頼を受けるケースがある。

　しかし，預貯金債権等が遺産分割協議の対象とされた以上は，遺産分割前の共同相続人の１人からの預金の払戻しには応じられないのが原則である。

　そこで，このようなケースに対応し得る制度として，次の①②が設けられている。

> ①　遺産分割前における預貯金債権の行使（909条の２）
> ②　遺産分割前の預貯金債権の仮分割の仮処分（家事事件手続法200条３項）

▶ 1. 遺産分割前における預貯金債権の行使

遺産分割前における預貯金債権の行使の制度とは，家庭裁判所

での手続や判断を経ずに，一定額の預貯金の払戻しを認める制度
である。この制度により，遺産分割前であっても，共同相続人の
１人が単独で金融機関に預貯金債権のうちの一定額の払戻しを求
めることができる。

上記の一定額は，相続開始時の預貯金債権額の３分の１に各共
同相続人の法定相続分を乗じた金額とされ，同一の金融機関から
の払戻しは150万円が限度とされている。たとえば，相続人が妻
と子３人，預貯金債権額が1,800万円の場合，遺産分割前であっ
ても，金融機関は共同相続人の子１人に対し，1,800万円×1/3
×1/6＝100万円を限度として払戻しに応じることができる。

この制度によって遺産分割前に払い戻された預貯金債権につい
ては，払戻しを受けた共同相続人の１人が遺産の一部を分割によ
り取得したものとみなされる。

> **2. 遺産分割前の預貯金債権の仮分割の仮処分**

遺産分割前の預貯金債権の仮分割の仮処分とは，遺産分割の調
停や審判が家庭裁判所に係属中に共同相続人の１人から申立てが
あった場合，相続債務の弁済や相続人の生計費の支弁等の事情に
つき仮払いの必要性があると裁判所が判断したときは，他の共同
相続人の利益を害しない範囲で，預貯金債権の一部を当該申立人
に仮に取得させることができる制度である。

金融機関としては，共同相続人の１人が仮分割の仮処分の決定
に基づき支払を求めてきた場合，家庭裁判所の仮処分決定書の原
本を確認のうえ，預貯金債権の一部の支払に応じることができる。

5 亡くなった顧客が外国人であった場合

外国籍の預金者等の死亡に伴う相続手続については，日本の国
際私法の規定に従って，相続の準拠法（相続に適用される法律）
が判断される。

！ 注意

この限度額150
万円は１つの金
融機関から払戻
しができる金額
であり，別の金
融機関の預貯金
債権については
別途請求が可能
である。

第２編

日本の国際私法の通則である「法の適用に関する通則法」によれば，相続については，被相続人の本国法によると規定されている（法の適用に関する通則法36条）。

　したがって，金融機関は，死亡した外国籍の預金者等の相続人から連絡があった場合，まずは預金者等の国籍を確認することが重要である。預金者等の国籍が確認できた場合，具体的な相続手続については在日公館や各国の相続手続に詳しい弁護士に照会することが有用である。

　なお，相続に関して，外国籍の被相続人の本国法で「常に居住している国の法律によるべき」旨が規定されている場合，この預金者の相続手続は日本法に基づいて行うことが可能である。

　金融機関は，通常の必要書類に追加または代替して，在日公館が発行する死亡や相続に関する証明書，日本の戸籍謄本等に相当する書類（たとえば，韓国国籍の預金者の場合には家族関係証明書等の登録事項別証明書，中国国籍の預金者の場合には親族関係証明書等を公証処（日本の公証役場に相当）において認証した公証書）を徴求する必要がある。

　このほか，外国に居住する外国籍の相続人が存する場合の相続手続には公証人の認証が必要となったり，また，外国籍の預金者の相続人が外国籍で日本に常居所がある場合，「在留カード」や「特別永住者証明書」の提出を受けて本人確認を行ったりすることになる。

　なお，遺言の準拠法については，遺言の成立および効力や取消しは，遺言者の本国法によるとされている（法の適用に関する通則法37条）。

6 死亡した在外邦人の預金について

在外邦人が死亡した場合における相続法の適用については，「相続は，被相続人の本国法による」との規定に基づき，日本法が適用されることになる（法の適用に関する通則法36条）。それゆえ，在外邦人が死亡した場合における相続手続は，通常の相続手続と同様に取り扱えば足りる。

外国籍の預金者の死亡の確認は，当該預金者の本国の駐日外国公館が発行する「死亡証明書」等の提出を受けて行うよ！

理解度チェック

❶ 判例によれば，共同相続された預金債権は，相続開始と同時に当然に法定相続分に応じて分割される。

❷ 外国籍の預金者が作成した遺言の成立および効力は，当該遺言の作成時の居所地法によるものとされている。

❸ 遺産分割前に共同相続人の1人が払戻しを受けた預貯金債権については，その者が遺産の一部を分割により取得したものとみなす。

解答　❶ ×　共同相続された預金債権は，遺産分割の対象となり，相続開始と同時に当然に法定相続分に応じて分割されない。

　　　❷ ×　遺言の成立および効力は，その遺言の成立の当時における遺言者の本国法による。

　　　❸ ○

3 | 相続預金払戻しの際の必要書類

1　一般的な必要書類

関連過去問題
/ 2024年3月
　問22・問40
/ 2023年10月
　問44
/ 2023年3月
　問40・問43・
　問44
/ 2022年10月
　問11・問40

　金融機関が相続手続を進めるうえで，相続開始の事実や相続内容についての各相続人の意思を確認するために不可欠な書類が相続手続依頼書である。相続人には，相続手続依頼書の必要事項を記載してもらうとともに，自署し，実印で押印してもらう必要がある。

　この相続手続依頼書のほかに，次の▶1.〜▶3.を確認するための書類も必要となる。

▶ 1. 死亡の事実（相続開始日）の確認

　亡くなった預金者の戸籍謄本・除籍謄本等により確認する。

▶ 2. 相続人の特定と生存の確認

⑴　相続人の特定

①　相続人が配偶者・子・親の場合

　被相続人の出生から死亡に至るまでの連続した戸籍謄本・除籍謄本，改製原戸籍謄本等により相続人を特定する。

②　相続人が代襲相続人の場合

　上記①の必要書類に加え，先に死亡した相続人の出生から死亡に至るまでの連続した戸籍謄本・除籍謄本，改製原戸籍謄本等により相続人を特定する。

③　兄弟姉妹が相続人の場合

　上記①の必要書類に加え，被相続人の両親の出生から死亡に至るまでの連続した戸籍謄本・除籍謄本，改製原戸籍謄本等により

相続人を特定する。

(2) 相続人の生存の確認

　相続人の現在の戸籍謄本や印鑑登録証明書（通常は，発行から3ヵ月以内のものを徴求する）により，相続人が生存していることを確認する。

▶ 3. 被相続人の最後の住所地の確認

　被相続人の住民票の除票により，亡くなった預金者の最後の住所地を確認する。金融機関によっては，相続人の住民票を確認することもある。

2　相続の事案に応じて必要となる書類

▶ 1. 遺言書が存在する場合

　公正証書遺言の場合には公証人が発行する公正証書遺言の謄本，自筆証書遺言や秘密証書遺言の場合には家庭裁判所の検認調書の添付された自筆証書遺言書（ただし，遺言書保管制度を利用した自筆証書遺言を除く）や秘密証書遺言書により，預金等を承継する相続人や相続内容を確認する。

(1) 遺言執行者が遺言により指定または家庭裁判所の審判により選任されている場合

　遺言書や家庭裁判所の審判書により遺言執行者の存在を確認したうえ，印鑑登録証明書等により遺言執行者の本人確認を行う。

(2) 遺言執行者が存在しない場合

　印鑑登録証明書等により，受遺者の本人確認を行う。

▶ 2. 遺産分割協議書が存在する場合

　相続人全員が署名押印（実印）した遺産分割協議書により，預金等を承継する相続人および承継内容を確認する。

▶ 3. 遺産分割調停や審判手続に至っていた場合

　共同相続人の間において遺産分割争いが発生し，家庭裁判所の

遺産分割調停や審判手続にまで至っている場合には，遺産分割調停調書や遺産分割審判書（確定証明書も含む）により，預金等を承継する相続人や承継内容を確認する。

▶ 4. 相続放棄や限定承認がなされている場合

相続を放棄した相続人がいる場合や相続人全員が限定承認をした場合には，相続放棄の申述受理証明書や限定承認の審判書により，相続放棄や限定承認の事実を確認する。

3 戸籍謄本・除籍謄本の読み方

戸籍とは，日本国民の身分関係を登録・証明するものである。

戸籍には，氏名，出生年月日，戸籍に入った原因・年月日，実父母の氏名・続柄，養子の氏名および養親との続柄，夫または妻の区分，従前戸籍等が記載されている（戸籍法13条）。戸籍は，1組の夫婦とその子ごとに作成され，本籍地の市区町村で管理される。

▶ 1. 戸籍の種類等

(1) 戸籍の種類

戸籍には，「現在戸籍」「除籍」「改製原戸籍」の3種類がある。

① 現在戸籍

現在戸籍とは，現在使用され，在籍している者が存在する戸籍である。筆頭者の本籍地にあたる市区町村の戸籍簿に綴られて保管されている。

② 除籍

除籍とは，1つの戸籍に在籍した者が，婚姻，死亡等により全員いなくなった戸籍である。除籍には，婚姻や死亡により戸籍から除かれるとの意味もあるので注意が必要である。

③ 改製原戸籍

戸籍の様式が法令等によって改められた場合，従前の戸籍を新

しい様式に改めるための編製替え（改製）が行われるが，改製原戸籍とは，この編製替え（改製）前の戸籍である。改製原戸籍については，現戸籍との区別から，「カイセイハラコセキ」と呼ばれることが多い。平成6年以降に戸籍が順次電子化されていることから，それ以前の戸籍には改製原戸籍と記載されている。

(2) 戸籍謄本・除籍謄本

　戸籍謄本とは，市区町村に保管されている戸籍の原本のすべて（全員の記載事項）を写した書面をいう。

　除籍謄本とは，本来，除籍を写した書面を指すが，金融機関においては，死亡した者の除籍の記載のある現在戸籍（配偶者や子がいる場合）も「除籍謄本」と呼ぶことがある。

　電子化した後の戸籍謄本は「戸籍全部事項証明書」と，除籍謄本は「除籍全部事項証明書」という。

▶ 2. 相続人の特定手順

　相続人を特定するための手順は，次の①〜⑥のとおりである。

---

①　被相続人の死亡の記載のある戸籍謄本・除籍謄本の戸籍事項をみて，戸籍の編製日または改製日を確認する。

②　1つ前の戸籍につき，戸籍の消除日または除籍日と上記①の戸籍の編製日または改製日を照合し，戸籍の連続性を確認する。なお，転籍（本籍地の変更）があった場合には，転籍前の戸籍も確認する必要がある。

③　さらに1つ前の戸籍につき，上記②と同様の作業により，戸籍の連続性を確認する。

④　上記①〜③の作業により，被相続人の出生から死亡までの戸籍を確認する。

⑤　連続を確認した戸籍から相続人を特定する。

⑥　上記⑤で特定した相続人の生存を相続人の戸籍謄本により確認する。

● 戸籍の連続性の確認

（図表1）

除　籍		全部事項証明
本　籍	○○○○○○	
氏　名	山田太郎	
戸籍事項 　戸籍改製 　戸籍消除	平成15年1月18日 平成26年4月4日	
戸籍に記録されている者 　　除　籍	【名】太郎	
身分事項 　出　生 　婚　姻 　死　亡	昭和26年8月15日 昭和45年7月10日 平成26年4月4日	

(1) 山田太郎さんの死亡事実記載の戸籍（図表1）を入手
(2) （図表1）の事項記載欄を見て，戸籍の作成日を確認
　→平成15年1月18日に改製されている。
(3) 改製前の戸籍（改製原戸籍，図表2）を入手
(4) 2つの戸籍を見比べ，改製日と消除日が同じかを確認
　→改製日も消除日も平成15年1月18日なので，（図表1）と（図表2）の戸籍は連続している。

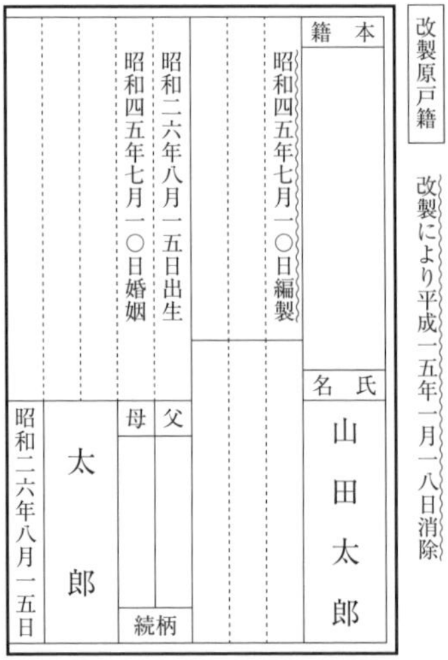

(5) （図表2）の戸籍事項欄を見て，戸籍の作成日を確認
　→昭和45年7月10日に戸籍が編製されている。
(6) 編製前の戸籍（ここでは除籍謄本，図表3）を入手し，太郎さんの身分事項欄をチェック
(7) 2つの戸籍を見比べ，編製日と除籍日が同じかを確認

（図表2）

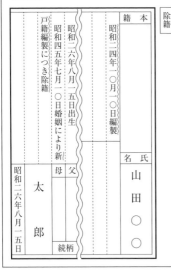

→編製日も除籍日も昭和45年7月10日である。
(8) （図表3）の戸籍事項欄を見て，戸籍の作成日を確認
　→昭和24年10月10日に戸籍が編製されている。
（太郎さんは昭和26年8月15日生まれで，昭和24年10月10日の戸籍編製後に生まれている。これで太郎さんの出生から死亡までの戸籍がそろう）

（図表3）

出典　上原敬『図解でわかる 戸籍の見方・読み方』

なお，戸籍の連続性の具体的な確認手順については，前頁の図表等を参照されたい。

▶ 3. 戸籍の確認方法の留意点

　戸籍の確認方法については，次の①〜③に留意する。

> ①　戸籍の筆頭者が死亡しても，その戸籍に記載された者がすべて除籍されない限り，その死亡した筆頭者は，筆頭者のまま変わらない。
>
> ②　新戸籍が編製された場合，父が婚外子を認知したときの父の戸籍における認知の事項，また，再婚して新たに戸籍筆頭者となったときの従前の離婚に関する事項は，新戸籍には移記されない。
>
> ③　離婚により，新たに編成された母（親権者）の戸籍に未成年の子を移す場合，家庭裁判所に審判を申し立てる必要がある。

▶ 4. 法定相続情報証明制度

　法定相続情報証明制度とは，相続人が，登記所（法務局）に，被相続人の戸籍謄本・除籍謄本および住民票の除票，相続人全員の現在の戸籍謄本または戸籍抄本，申出人の住所・氏名が記載された公的書類などの一定の書類を提出し，法定相続情報一覧図を作成して登記所へ申出をしておくことにより，法務局の証明がある法定相続情報一覧図の写しの交付を無料で受けることができるものである。

　相続人は，法務局から法定相続情報一覧図の写しを取得すれば，その後の登記手続はこの写しを利用すればよいことになる。戸籍謄本等の一式を何度も出し直す必要がなくなったほか，金融機関によっては，戸籍謄本等の提出に代えて，「法定相続情報一覧図の写し」（法務局の発行する認証文付きの書類原本）の提出で足りることも多い。

重要用語
法定相続情報証明制度

補足
法定相続情報一覧図の保管期間は，5年間である。

● 法定相続情報一覧図の作成例

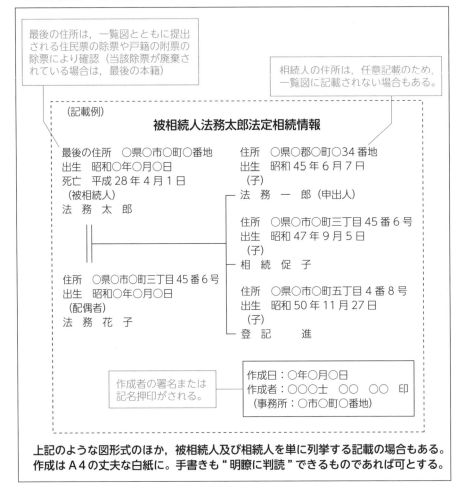

最後の住所は，一覧図とともに提出される住民票の除票や戸籍の附票の除票により確認（当該除票が廃棄されている場合は，最後の本籍）

相続人の住所は，任意記載のため，一覧図に記載されない場合もある。

（記載例）

被相続人法務太郎法定相続情報

最後の住所　〇県〇市〇町〇番地
出生　昭和〇年〇月〇日
死亡　平成 28 年 4 月 1 日
　（被相続人）
　法　務　太　郎

住所　〇県〇郡〇町〇34 番地
出生　昭和 45 年 6 月 7 日
　（子）
法　務　一　郎（申出人）

住所　〇県〇市〇町三丁目 45 番 6 号
出生　昭和 47 年 9 月 5 日
　（子）
相　続　促　子

住所　〇県〇市〇町三丁目 45 番 6 号
出生　昭和〇年〇月〇日
　（配偶者）
　法　務　花　子

住所　〇県〇市〇町五丁目 4 番 8 号
出生　昭和 50 年 11 月 27 日
　（子）
登　記　　　進

作成者の署名または記名押印がされる。

作成日：〇年〇月〇日
作成者：〇〇〇士　〇〇　〇〇　印
　（事務所：〇市〇町〇番地）

上記のような図形式のほか，被相続人及び相続人を単に列挙する記載の場合もある。
作成は A 4 の丈夫な白紙に。手書きも " 明瞭に判読 " できるものであれば可とする。

出典　東京法務局

● 法定相続情報一覧図の写しの例

（記載例）　　　　法定相続情報番号　0000-00-00000

被相続人法務太郎法定相続情報

一覧図は，登記所において唯一の番号により保管・管理される。

最後の住所　○県○市○町○番地
出生　昭和○年○月○日
死亡　平成 28 年 4 月 1 日
（被相続人）
法　務　太　郎

住所　○県○郡○町○34 番地
出生　昭和 45 年 6 月 7 日
（子）
─ 法　務　一　郎（申出人）

住所　○県○市○町三丁目 45 番 6 号
出生　昭和 47 年 9 月 5 日
（子）
─ 相　続　促　子

住所　○県○市○町三丁目 45 番 6 号
出生　昭和○年○月○日
（配偶者）
法　務　花　子

住所　○県○市○町五丁目 4 番 8 号
出生　昭和 50 年 11 月 27 日
（子）
─ 登　記　　　進

以下余白

作成日：○年○月○日
作成者：○○○士　○○　○○　印
（事務所：○市○町○番地）

✓ **法定相続情報一覧図の写しは，偽造防止措置の施された専用紙で作成される。**

以下のとおり，申出日を含んだ認証文，一覧図の写しの発行日，登記所名等，登記官印，注意事項が印字される。

頁番号および総頁数が振られる。相続人が多く，法定相続情報一覧図が 2 枚以上にわたる場合も想定

これは，令和○年○月○日に申出のあった当局保管に係る法定相続情報一覧図の写しである。

令和○年○月○日
○○法務局○○出張所

登記官　　　　○○　○○　[職印]

注）本書面は，提出された戸除籍謄本等の記載に基づくものである。相続放棄に関しては，本書面に記載されない。また，相続手続以外に利用することはできない。

整理番号　S00000　1／1

4 戸籍証明書等の広域交付制度

　令和元年5月24日の戸籍法の一部改正により，本籍地以外の市区町村の窓口において，戸籍全部事項証明書や除籍全部事項証明書（以下，総称して「戸籍証明書等」という）の取得の手続ができる広域交付制度が開始した（令和6年3月1日より施行）。従前，戸籍謄本を取得する場合，戸籍のある市区町村から取り寄せる必要があり，転居をしている人等には，戸籍の収集は負担が少なくなかったといえるが，今回の改正により，戸籍や除籍が電子化されている場合，いずれの市区町村の窓口においても（郵送請求は認められていない），まとめて戸籍証明書等を取得できるようになった。広域交付制度が利用できるのは，本人，配偶者，直系尊属または直系卑属に限定されており，第三者や弁護士等の代理人による請求は認められていない。

　相続手続においては，たとえば，被相続人が直系尊属であった場合，相続人である子が最寄りの市区町村において，相続手続に必要な直系尊属の戸籍証明書等の全部または一部を一括して取り寄せることが可能になり，相続人らの負担が軽減するほか，金融機関にとっても，相続手続に必要な戸籍謄本等の取得に関し，利用者により簡便な制度を説明できるようになったといえる。

4 遺産分割協議と相続預金の払戻し

1 遺産分割協議書等に基づく払戻し

　金融機関は，相続人が相続預金の払戻しのために来店した場合，遺言書や遺産分割協議書の有無を確認する必要がある。遺言書がなく，遺産分割協議書等の提出により遺産分割協議の成立が確認できない場合には，来店した相続人に，遺産分割協議を成立させたうえ，再度，相続預金の払戻手続を行ってほしい旨を説明しなければならない。

関連過去問題
2023年10月
問23

　相続人より，遺産分割協議書が存在する旨を告げられた場合には，相続人全員の自署および実印で押印された遺産分割協議書の原本を徴求し，相続預金を承継する相続人および承継内容を確認する。

　また，共同相続人間において遺産分割争いが発生し，遺産分割調停や審判に至っていた場合，金融機関は，遺産分割調停調書や遺産分割審判書の謄本に基づき，その定められた内容に従って相続預金の払戻しに応じる必要がある。

　遺産分割協議書については，次の①〜④を確認する（戸籍謄本等の必要書類を除く）。

①　相続人全員の自署，実印での押印
②　訂正箇所がある場合には，訂正印の押印の有無
③　印鑑登録証明書の印影，氏名・住所の照合
④　相続預金や投資信託の記載に不備がないか

2 遺産分割協議書の効力に疑義がある場合

▶ 1. 遺産分割協議書の記載に問題があることが判明した場合

遺産分割協議書に「第○条　●●銀行△△支店　普通預金　口座番号○○（死亡時残高□□円）は★★が相続する」と記載されていれば問題ないが，当該金融機関の相続預金の記載が漏れていた場合には，再度，相続人から補充された遺産分割協議書を徴求する必要がある。

ただし，遺産分割協議書に「全財産」または「その他預貯金一切」と記載されている場合には，通常，相続預金も含まれていると考えるのが合理的であるから，当該遺産分割協議書に基づく相続預金の払戻しに応じても問題はないであろう。

▶ 2. 持ち回り方式で遺産分割協議がなされたことが判明した場合

遺産分割協議の方式については民法上の規定はなく，相続人の一部が作成した遺産分割協議書を持ち回りで承認する方式であっても遺産分割協議は有効に成立するとされている。

もっとも，持ち回り方式の遺産分割協議については，持ち回りで分割協議をなす相続人に対して確定した分割内容が提示され，当該相続人が遺産分割に係る合意内容を了解したうえで承諾する必要があるとされている（仙台高判平成4・4・20）。

それゆえ，金融機関は，持ち回り方式による遺産分割協議に応じた相続人が存在することが疑われるときは，念のため，当該相続人が遺産分割協議の内容について真意に基づき了解していたのかを確認したほうがよい。

▶ 3. 相続人間において遺産分割協議につき債務不履行解除の主張や錯誤無効の主張がなされていることが判明した場合

(1) 債務不履行による遺産分割協議の解除

共同相続人間において遺産分割協議が成立した後に，一部の相

続人が遺産分割協議で負担することになった債務を履行しなかった場合でも，他の相続人は債務不履行（541条）に基づき遺産分割協議を解除することはできないとされている（最判平成元・2・9）。

それゆえ，金融機関が遺産分割協議に基づいて相続預金を払い戻した後に，相続人の1人から，遺産分割協議の債務不履行解除を理由に遺産分割協議に基づく相続預金の払戻しの効力を争われたとしても，当該払戻しが無効とされることはない。

(2) 錯　誤

共同相続人間における遺産分割協議において特定の相続人が預金を承継する旨を合意し，当該相続人が相続預金の払戻しを受けた後，別の相続人に相続預金を「相続させる」旨が記載された自筆証書遺言が発見され，上記相続人が当該遺言書の存在を理由に遺産分割協議が要素の錯誤により無効であると主張した場合，遺産分割協議の意思表示に要素の錯誤があるとして無効とされる余地がある（最判平成5・12・16）。

上記のような事案において，金融機関は，後日，他の共同相続人から，遺産分割協議の意思表示は錯誤により無効であり，従前の相続預金の払戻しが無効であると主張されたとしても，遺産分割協議書の内容を適切に確認していれば，特段の事情がない限り，受領権者としての外観を有する者に対する弁済（478条）として保護される可能性は高いであろう。

しかし，金融機関は，遺産分割協議に基づく相続預金の払戻し前に錯誤に関連する事情を確知した場合には，後日のトラブルに巻き込まれないよう，相続人全員に照会等を行い，後日に問題となるような事情がないことを確認したうえで相続預金の払戻しに応じる必要がある。

3　遺言内容と異なる遺産分割協議に基づく払戻し

▶ **1. 相続人全員が遺言の存在を知っていた場合**

相続人全員が遺言の存在および内容を適切に認識したうえで，当該遺言と異なる遺産分割協議を行うことは可能とされている。

共同相続人は，遺言と異なる遺産分割協議に合意しておきながら，後日，遺言の内容と異なることを理由に遺産分割協議の効力を争うことはできない。

相続人全員が遺言の存在を知ったうえで，別途，遺産分割協議に合意した場合には，金融機関は，当該遺産分割協議に基づき相続預金を払い戻しても特段問題はないであろう。

▶ **2. 遺言において遺産分割が禁止されていることや第三者への遺贈がなされていること等が判明していた場合**

遺言において，被相続人が相続開始の時から5年を超えない期間を定めて遺産分割を禁止する旨を定めていた場合（908条）や第三者への遺贈がなされていた場合には，相続人は当該遺言と異なる遺産分割協議を行うことはできない。

また，遺言において，相続分の指定を伴う遺産分割方法が具体的に指定され，遺言執行者も指定されていた場合には，相続人は当該遺言と異なる遺産分割協議を行うことはできないとされている（東京地判平成元・2・27）。

それゆえ，金融機関は，上記のような場合には，相続人による遺産分割協議ではなく，遺言の内容に基づき相続預金の払戻しに応じる必要があることに留意すべきである。

5 遺言と相続預金の払戻し

1 遺言に基づく払戻し

▶ 1. 遺言についての確認事項

遺言に基づく相続預金の払戻しに際しては，遺言書につき，次の①～⑤を確認する必要がある（戸籍謄本等の必要書類を除く）。

関連過去問題

✎ 2023年10月
問23

① 遺言書の方式（通常は，公正証書遺言か自筆証書遺言）

② 自筆証書遺言の場合，遺言書の原本を確認のうえ，自筆での署名，押印，作成日に不備がないか。遺言書保管制度を利用した自筆証書遺言を除く自筆証書遺言につき家庭裁判所の検認調書が添付されているか

③ 公正証書遺言の場合，正本または認証付謄本の遺言書を確認のうえ，遺言者，証人（2人），公証人の署名押印，作成日等に不備がないか

④ 遺言執行者の指定の有無および権限の範囲（指定がない場合には，家庭裁判所の審判により遺言執行者が選任されていないか）

⑤ 相続預金の記載に漏れ・不備がないか。自筆証書遺言における加除その他変更については，訂正箇所に押印があり，訂正内容と遺言者の自署があるか

！ **注意**

いわゆる花押は，「押印」の要件を満たさない（第1編「9自筆証書遺言」参照）。

▶ 2. 遺言書が複数存在した場合

遺言書が複数存在し，前の遺言と後の遺言が矛盾する場合には，抵触する部分については後の遺言で撤回されたものとみなされる（1023条1項）。

第2編

それゆえ，複数の遺言書が存在する場合，内容が抵触する部分については日付の新しい遺言（後の日付の遺言）が優先することになる。

金融機関は，複数の遺言書が発見された場合には，内容を確認し，内容が抵触する部分については後の日付の遺言に基づき相続預金の払戻しに応じる必要がある。

2　遺言書に基づかない払戻し

▶ 1. 遺言内容と異なる相続預金の払戻しに応じた場合

金融機関が，共同相続人の全員の同意のもと，共同相続人の1人に相続預金の全額を払い戻した後に，受遺者が公正証書遺言を持参して相続預金の払戻しを求めてきた場合，本来，共同相続人の1人に対する相続預金の払戻しは無効である。

もっとも，金融機関が善意無過失で共同相続人の1人に対して預金を払い戻していれば，受領権者としての外観を有する者に対する弁済（478条）に該当し，免責される可能性がある。

「受領権者としての外観を有する者に対する弁済」に関する金融機関の善意無過失については，遺言の存否に関する調査義務の範囲が問題となる。

金融機関の遺言の調査義務については，被相続人の唯一の相続人が相続預金の払戻請求をした場合に，その者が正当な相続人であることを確認するほか，特段の事情のない限り，被相続人の遺言の有無については当該唯一の相続人に一応確かめれば足りるとする判例（東京高判昭和43・5・28）がある。

したがって，共同相続の場合は，原則として，払戻請求をしてきた相続人に遺言書の有無を確認し，当該相続人の説明内容その他の事情から遺言書の存在が疑われるときは，相続人全員に遺言が存在しないことの確認書を提出してもらう，当該相続人に日本

公証人連合会が提供している公正証書遺言の遺言検索システムによる公正証書遺言の有無の照会結果を報告してもらう等の措置を講じることが有益である。上記のような確認後に，その記録を残したうえで払戻しに応じた場合には，後日に遺言が発見されても，当該払戻しが無効とされることはまずないであろう。

▶ 2. 遺言に基づく預金の払戻し後に新しい遺言が発見された場合

遺言に基づく相続預金の払戻し後に新しい遺言（従前の遺言の作成日よりも後の日付のもの）が発見され，新しい遺言において相続預金を別の相続人や受遺者が承継する旨が定められていた場合，当該払戻しは無効となるのが原則である。

しかし，上記の対応に準じて，遺言書が1通であること等を確認したうえで相続預金の払戻しに応じていれば，受領権者としての外観を有する者に対する弁済として保護されるものと考えられる。

3 遺言書の記載・取扱いで留意すべき点

▶ 1. 遺言書の記載に問題がある場合

遺言書において，「第○条　●●銀行△△支店の普通預金（口座番号○○）は★★に相続させる（遺贈する）」と記載されていれば問題ないが，銀行名や預金の種別の記載が欠けている場合には，遺言の効力について慎重に判断する必要がある。もっとも，「遺産のすべて」「預貯金」「その他一切の財産」等の記載がある場合には，当該相続預金につき明確な記載がなくても，上記文言に含まれていると考えるのが合理的である。

自筆証書遺言の文面全体が遺言者により故意に斜線が引かれていた場合には，1024条の「故意に遺言書を破棄したとき」に該当するとして遺言は撤回されたものとみなされる（最判平成27・11・20）。

▶ 2. 遺言能力が争われている場合

金融機関は，共同相続人の1人や受遺者から遺言に基づき相続預金の払戻請求を受けた後に，他の相続人から遺言者の遺言能力を争うことを理由に，相続預金の払戻しを行わないよう通知を受けることがある。

遺言者が遺言作成時に遺言能力がなかった場合，遺言は無効となる。金融機関は，遺言能力に関する争いを確知しながら，漫然と遺言に基づく相続預金の払戻しに応じた場合，後日，遺言が無効であることが確定すると，当該払戻しは無効となり，受領権者としての外観を有する者に対する弁済としての保護も受けられない可能性がある。

それゆえ，金融機関は，遺言者の遺言能力に関する争いを確知した場合，関係者全員の間で締結された合意書，判決書（和解調書）等により，紛争の解決内容を確認のうえ払戻しに応じるべきである。

▶ 3. 遺言書の偽造等が問題となっている場合

金融機関は，共同相続人の1人や受遺者から自筆証書遺言に基づき相続預金の払戻請求を受けた後に，他の相続人から，遺言書の偽造を理由に，相続預金の払戻しを行わないよう通知を受けることがある。

自筆証書遺言書の偽造については，一見して偽造であることが明白である場合は別として，金融機関において偽造の有無を判断することには限界があり，最終的には筆跡鑑定により判断することとなる。

それゆえ，金融機関としては，遺言書の偽造が問題となっている場合には，相続預金の払戻しをいったん留保する必要がある。

金融機関は，後日，関係者全員で締結された合意書，判決書（和解調書）等により，紛争の解決内容を確認のうえ預金の払戻しに

応じるべきである。

▶ 4. 自筆証書遺言について留意すべき点

　自筆証書遺言の財産目録については，当該目録がパソコン等で作成・添付されている場合には，最初や最後の頁だけではなく，当該目録のすべての頁に遺言者の署名押印がなされているかを確認のうえ，預金の払戻しに応じるべきである。

　なお，平成31年1月13日よりも前に作成された自筆証書遺言については，財産目録も自書により作成されていなければならないので，金融機関は，預金の払戻しにあたり，財産目録の作成が自書であることを確認する必要がある。

4　代襲相続人からの遺言に基づく払戻請求

　遺言において，相続預金につき「相続させる」旨の記載がなされた推定相続人が遺言者よりも前に死亡していた場合において，代襲相続人からの相続預金の払戻請求の可否が問題となる。

　この点については，遺言者が，推定相続人の代襲者その他の者に遺産を相続させる旨の意思を有していたとみるべき特段の事情がない限り，遺言の効力は生ずることはないと解するのが相当であると判示された（最判平成23・2・22）。

　それゆえ，金融機関は，遺言者よりも前に推定相続人が死亡していた場合には，遺言書において代襲相続人に相続させる旨の記載等がなされていない限り，推定相続人の代襲相続人に対して相続預金の払戻しに応じることはできない。

6 | 遺言執行者への相続預金の払戻し

1 遺言執行者の存在および権限の範囲の確認

▶ 1. 遺言執行者の存在の確認

関連過去問題
✏2023年3月
問7

　遺言執行者が相続預金の払戻請求をしてきた場合は，公正証書遺言や自筆証書遺言において，遺言執行者が指定されているかを確認する。

　遺言書に遺言執行者の指定に関する記載がない場合には，家庭裁判所による遺言執行者選任に関する審判書を徴求し，遺言執行者の選任の有無を確認する必要がある。

▶ 2. 遺言執行者の権限の範囲

(1) **遺言書に遺言執行者の預金の払戻権限が明記されている場合**

　遺言書に遺言執行者の預金の払戻権限が明記されている場合には，特定遺贈であるか特定財産承継遺言（いわゆる「相続させる遺言」）であるかを問わず，当該遺言執行者に預金の払戻権限が認められる。

　したがって，金融機関としては，上記遺言の場合，遺言執行者からの預金の払戻請求に応じて問題はない。

(2) **遺言書に遺言執行者の預金の払戻権限が明記されていない場合**

　預金債権の特定財産承継遺言については，遺言執行者に預金の払戻し・解約権限が認められているため（1014条3項本文），金融機関は，当該遺言執行者からの預金の払戻請求に応じることができる。ただし，解約については預金債権の一部しか特定財産承

継遺言の目的となっていない場合は，解約の申入れには応じることができない（同項ただし書）。

　一方，預金債権の特定遺贈については，特定財産承継遺言に係る上記規定に相当する規定がない。特定遺贈の場合における遺言執行者への預金の払戻しについては，金融機関ごとに対応が分かれるところであろうが，弁護士等の専門家や信託銀行が遺言執行者の場合には払戻しに応じる，それ以外の場合には遺言執行者と受遺者の連署を求める等の対応が考えられる。

▶ 3. 遺言執行者の存在を知らずに相続預金の払戻しに応じた場合

　遺言執行者の存在については，遺言における指定または家庭裁判所による選任の有無を払戻しに来店した者に確認する必要がある。

　金融機関が遺言執行者の存在を知らされずに相続人に対して預金の払戻しに応じた場合，本来，当該払戻しは遺言の執行を妨げる行為として無効であるが（1013条2項本文），上記事情につき善意である金融機関の払戻しは有効となる（同項ただし書）。

2　遺言執行者が就職を拒絶した場合

　遺言において指定された遺言執行者は，必ずしも遺言執行者に就職する必要はなく，就職を拒否することができる。

　遺言執行者が相続人等からの就職の催告に対して相当期間内に確答しない場合には，遺言執行者に就職することに承諾したものとみなされる（1008条）。

　遺言執行者が上記相当期間内に就職を拒絶しない限り，当該遺言執行者が遺言執行者に就職を承諾したものとみなされる以上，金融機関は，上記の者を遺言執行者として相続手続に対応すればよい。

　一方，金融機関としては，遺言執行者が就職を拒絶したことが

判明した場合には，相続人や受遺者に家庭裁判所により選任された遺言執行者の有無を確認のうえ，遺言執行の余地がなければ，相続人や受遺者に対して相続預金を払い戻せば足りる。

3 遺言執行者に相続預金を払い戻した後の問題

　金融機関が遺言執行者に対して相続預金を適切に払い戻した後に，遺言執行者が当該払戻金を横領していたことが発覚したとしても，当該払戻しの効力が覆されることはなく有効である。したがって，金融機関は，相続人や受遺者に対して再度払戻しを行う必要はなく，何ら責任を負うことはない。

未成年者と破産者以外は遺言執行者になれるので，信託銀行が遺言執行者に指定されていることもあるよ！

理解度チェック

❶ 預金債権の特定財産承継遺言については，遺言執行者に預金の解約権限が認められている。

❷ 遺言執行者に指定された者は，これを拒否することができない。

❸ 遺言書に遺言執行者の指定に関する記載がない場合は，家庭裁判所による遺言執行者選任に関する審判書を徴求し，遺言執行者の選任の有無を確認する。

解答 ❶ ○
　　　 ❷ × 遺言執行者に指定されたからといって必ずしも就職する必要はなく，これを拒否することもできる。
　　　 ❸ ○

7 | 遺留分の侵害と相続預金

1 遺留分を侵害する内容の遺言の効力

　遺留分とは，相続人のために法律上留保されるべき相続財産の割合をいう。

　遺言において，特定の相続人や受遺者に対して多くの遺産を相続させるまたは遺贈するとされ，他の相続人の遺留分が侵害されていた場合には，遺留分を侵害されていた相続人は遺留分侵害額請求権を行使して遺産の一部を取り戻すことができる。

Q 参照

遺留分侵害額請求権については，第1編「15遺留分」参照。

▶ 1. 遺留分の侵害の有無を調査する義務の存否

　たとえば，妻と子1人が相続人である場合，「妻に全財産を相続させる」との遺言であれば，子の遺留分を侵害していることが明白である。

　しかし，通常，遺産の正確な範囲や評価額等は不明であり，金融機関が遺留分侵害の有無を調査することには限界がある。また，プライバシー侵害の観点からも，上記調査には問題がある。

　それゆえ，一般に，金融機関には，遺言について遺留分の侵害の有無を調査する義務まではないと考えられている。

▶ 2. 遺言の効力

　遺留分を侵害する内容の遺言については，当然に無効とされるものではなく（最判昭和25・4・28），遺留分侵害額請求権の行使により，遺留分侵害の限度で金銭の支払が必要とされるにすぎない。

　遺留分侵害額請求権を行使するか否かは遺留分権利者の自由で

あるから，金融機関は，相続人に対して遺留分侵害額請求権を行使するか否かを確認する義務はない。

2 紛争が発生している場合の対応

　遺留分侵害額の請求は，遺留分権利者が受遺者（特定財産承継遺言により財産を承継した相続人を含む）または受贈者に対し，遺留分侵害額に相当する金銭の支払請求を行う制度である（1046条）。

　したがって，遺留分権利者は，金融機関に対し，預金の払戻請求権を有しないことになる。金融機関としては，遺留分侵害額請求権の行使がなされた事実が判明したとしても，遺言執行者や預金を承継する相続人からの預金の払戻しに応じて問題はない。

遺留分侵害請求権は，遺留分侵害額に相当する金銭の支払を請求することができる権利だよ！

8 相続預金についての取引経過開示請求・残高証明書の発行依頼

1 相続人からの取引経過の開示請求

　相続事案において，相続人間の関係が良好ではなく，遺産の範囲に争いがあるような場合には，相続人から金融機関に対して，被相続人の預金の過去一定期間の入出金に関する取引を記載した取引経過の開示請求がなされることが多い。

▶ 1. 共同相続人の1人からの取引経過の開示請求等

　共同相続人の1人が他の共同相続人の同意なく被相続人の預金の取引経過の開示請求を行うことができるかについては，「金融機関は，預金契約に基づき，預金者の求めに応じて預金口座の取引経過を開示すべき義務を負う」とされ，「預金者が死亡した場合，共同相続人の1人は，共同相続人全員に帰属する預金契約上の地位に基づき，他の共同相続人の同意がなくても，被相続人名義の預金口座についてその取引経過の開示を求める権利を単独で行使することができる（264条）」と判示された（最判平成21・1・22）。

　したがって，金融機関は，共同相続人の1人から被相続人の預金の取引経過の開示請求があった場合には，これに応じる必要がある。

▶ 2. 遺言によって預金を一切取得しない相続人からの開示請求

　遺言によって預金を一切取得しない相続人から被相続人の預金の取引経過の開示請求があった場合，上記最高裁判例からすると，当該相続人は，被相続人の預金契約上の地位を承継しないため，

関連過去問題
- 2024年3月　問24
- 2023年10月　問25
- 2023年3月　問25
- 2022年10月　問24

第2編

📖 重要用語

取引経過の開示請求

取引経過の開示請求を求める権利を有しないことになる。

　それゆえ，金融機関は，遺言によって預金を一切取得しない相続人からの取引経過の開示請求には応じるべきではない。

　なお，遺留分権利者は，遺留分侵害額請求権を行使しても預金債権を取得しないため，遺言によって預金を取得しない相続人が遺留分侵害額請求権を行使したとしても，そのことを理由に，当該相続人からの預金の取引経過の開示請求に応じる必要はない。

2 被相続人の死亡時に解約されていた預金

　遺産相続において争いがある場合，被相続人の死亡時には解約されていた預金についても解約前の取引経過を把握するべく，相続人から取引経過の開示請求がなされることがある。

　この点については，「預金契約について，金融機関は，預金契約の解約後，元預金者に対し，遅滞なく，従前の取引経過および解約の結果を報告すべき義務を負うと解することはできるが，その報告を完了した後も，過去の預金契約につき，預金契約締結中と同内容の取引経過開示義務を負い続けると解することはできない」と判示した例がある（東京高判平成23・8・3）。

　それゆえ，金融機関は，被相続人の死亡時点で解約されていた預金についての取引経過の開示請求に応じる義務はない。

　もっとも，金融機関は，相続人の開示請求の理由が明確で，取引経過が残存している場合には，取引経過の開示請求に応じても特段の問題はないであろう。

3 残高証明書の発行依頼

重要用語
残高証明書

　残高証明書については，相続人の間において争いがある場合はもとより，争いがない場合であっても，預金通帳の在処不明や相続税の申告に必要な資料として，相続人から発行依頼がなされる

ことが多い。

　金融機関としては，相続争いが発生していることが判明していたとしても，共同相続人の１人から残高証明書の発行依頼を受けた場合には，その依頼に応じて問題はない。

共同相続人の１人から被相続人の預金についての取引経過開示請求や残高証明書の発行依頼があった場合，原則として応じる必要があるよ！

理解度チェック

① 遺産分割協議が成立し，預金債権を承継しない相続人から取引経過の開示請求があったときには，金融機関はこれに応じる義務がある。

② 相続開始時にすでに解約されていた預金について，共同相続人全員からの取引経過の開示請求があった場合，金融機関はこれに応じる義務はない。

③ 共同相続人の１人から残高証明書の発行依頼があった場合，他の共同相続人の同意がなくても，金融機関はこれに応じて差し支えない。

解答　① ✕　遺産分割協議によって預金債権を承継しない相続人は，取引経過の開示
　　　　　　　　請求をする権利を有しないため，金融機関がこれに応じる義務はない。
　　　② ○
　　　③ ○

9 | 共同相続人の1人からの金融商品の解約請求・名義書換請求

1 預貯金の名義変更

関連過去問題
📎2024年3月
問25
📎2023年10月
問27
📎2023年3月
問27
📎2022年10月
問25

相続預金は，相続人が解約して払い戻すことが多いが，被相続人の名義を相続人の名義に変更することも可能である。

名義変更は，預貯金を相続する者が，公正証書遺言，検認済みの自筆証書遺言（自筆証書遺言の保管制度を利用したものも含む），遺産分割の調停調書や確定済みの遺産分割審判書を金融機関に提示して，手続をする。

2 投資信託についての対応

▶ 1. 共同相続人の1人からの委託者指図型投資信託の解約請求

共同相続人の1人からの委託者指図型投資信託の解約請求については，「投資信託受益権は，委託者指図型投資信託（投資信託及び投資法人に関する法律2条1項）に係る信託契約に基づく受益権であるところ，この投資信託受益権は，口数を単位とするものであって，その内容として，法令上，償還金請求権及び収益分配請求権（同法6条3項）という金銭支払請求権のほか，信託財産に関する帳簿書類の閲覧又は謄写の請求権（同法15条2項）等の委託者に対する監督的機能を有する権利が規定されており，可分給付を目的とする権利でないものが含まれている。このような上記投資信託受益権に含まれる権利の内容及び性質に照らせば，共同相続された上記投資信託受益権は，相続開始と同時に当然に相続分に応じて分割されることはない」と判示された（最判平成

26・2・5）。

(1) 解約請求への対応

　金融機関としては，上記▶1.の最高裁判例に従い，共同相続人の1人からの相続分の範囲内での投資信託の解約請求については，これを拒絶する必要がある。

　なお，投資信託受益権につき相続開始後に発生した元本償還金等が販売会社における被相続人名義口座に預り金として入金された場合，共同相続人の1人は，自己の相続分に相当する金員の支払を請求することはできない（最判平成26・12・12）。

(2) 名義変更への対応

　投資信託口座を開設していない相続人が，被相続人の投資信託を名義変更して引き継ぐには，当該相続人が投資信託の口座を開設する必要がある。ただし，NISA（少額投資非課税制度）口座については，相続人自身のNISA口座に移管することはできず，特定口座または一般口座に移管する。

3　株式，個人向け国債についての対応

　共同相続人の1人からの，株式や個人向け国債の相続分の範囲内での名義書換請求や解約請求については，次のとおり判示された（最判平成26・2・5）。

▶1. 株　式

　最高裁は，「株式は，株主たる資格において会社に対して有する法律上の地位を意味し，株主は，株主たる地位に基づいて，剰余金の配当を受ける権利（会社法105条1項1号），残余財産の分配を受ける権利（同項2号）などのいわゆる自益権と，株主総会における議決権（同項3号）などのいわゆる共益権とを有するのであって……，このような株式に含まれる権利の内容及び性質に照

重要用語
投資信託の解約請求

重要用語
NISA（少額投資非課税制度）口座

第2編

らせば，共同相続された株式は，相続開始と同時に当然に相続分に応じて分割されることはないものというべきである」とし，株式についても不可分債権性を認めた。

それゆえ，金融機関としては，共同相続人の1人からの相続分の範囲内での**株式の名義書換請求**については，これを拒絶する必要がある。

▶ **2. 個人向け国債**

最高裁は，「個人向け国債は，法令上，一定額をもって権利の単位が定められ，1単位未満での権利行使が予定されていないものというべきであり，このような個人向け国債の内容及び性質に照らせば，共同相続された個人向け国債は，相続開始と同時に当然に相続分に応じて分割されることはないものというべきである」とし，不可分債権性を認めた。

それゆえ，金融機関は，共同相続人の1人からの相続分の範囲内での**個人向け国債の解約請求**については，これを拒絶する必要がある。

理解度チェック

❶ 被相続人がNISA（少額投資非課税制度）口座で保有していた公募株式投資信託は，相続人のNISA口座に移管することができない。

❷ 共同相続された個人向け国債は，相続開始と同時に当然に相続分に応じて分割されることはない。

❸ 遺産分割協議によって複数の相続人が委託者指図型投資信託の受益権を取得することとなった場合，共同相続された投資信託受益権は，相続開始と同時に当然に相続分に応じて分割される。

解答 ❶ ◯
　　　 ❷ ◯
　　　 ❸ ✕　共同相続された投資信託受益権は，相続開始と同時に当然に相続分に応じて分割されることはないとされている。

10 当座勘定取引先の死亡

1 当座勘定取引契約の法的性質と取引先の死亡

当座勘定取引契約は，手形・小切手の支払委託契約と当座預金契約の混合契約である。支払委託契約は委任契約（643条）であり，当座預金契約は消費寄託契約（666条）である。

そして，委任契約は，当事者の死亡によって終了する（653条1号）から，当座勘定取引は取引先の死亡によって終了し，当座預金については死亡時に相続人に帰属することになる。

重要用語
当座勘定取引契約

関連過去問題
2023年10月
問29

2 振出人の死亡と振出手形（小切手）の帰趨

▶ 1. 支払委託契約

当座勘定取引契約では，金融機関が取引先の当座預金の支払事務を行うことを受任している。すなわち，金融機関は，取引先が振り出した手形や小切手について，当座預金を通して支払う事務を行っている。一般的に，金融機関が電子交換所から持ち帰った手形や小切手の証券イメージおよび証券データに基づき，取引先の当座預金残高から引き落として決済することになる。

▶ 2. 小切手法の規定

ところで，取引先の死亡は委任契約である当座勘定取引契約の終了を意味するから，振出済みの手形・小切手の支払も不可能になるように思われるが，小切手法33条は，「振出の後振出人が死亡し意思能力を喪失又は行為能力の制限を受くるも小切手の効力に影響を及ぼすことなし」（原文はカタカナ）と規定している。

補足
令和4年11月に手形交換所が廃止され，新たに電子交換所が設立された。

すなわち，振出人である取引先が死亡しても，振出済みの小切手の効力には影響がないとされているのである。

したがって，金融機関は振出済みの小切手については，支払事務を行い，決済することができる。そして，手形法には規定がないものの，実務上同様に考えられている。

▶ 3. 当座勘定規定

これに対し，当座勘定規定は，「この取引が終了した場合には，その終了前に振出された約束手形，小切手または引受けられた為替手形であっても，当行はその支払義務を負いません」と規定している。すなわち，取引先が死亡した場合，当座勘定取引契約が終了するところ，終了以前に振り出された手形・小切手について，金融機関は支払義務を免れるというのである。

金融機関が当座勘定規定に従って支払を拒絶する場合には，支払呈示された手形や小切手につき，不渡りとして手形・小切手を持出銀行へ返還することができる。この不渡事由は「振出人等の死亡」として0号不渡事由に該当するから，電子交換所システムに係る情報を登録（不渡情報登録）する必要はない（電子交換所規則40条1項，電子交換所規則施行細則33条1項1号）。

▶ 4. 実務における対応

上記▶2.と▶3.の規定からすれば，金融機関は，当座勘定取引契約の取引先が死亡した場合，振出済みの手形・小切手につき，支払うことも，支払を拒絶することも可能ということになる。

振出済みの手形・小切手が存在するケースにおいて，振出人である取引先が死亡した場合，実務では，相続人の意向を聞いて決済をするか否かを決めている。すでに振出済みであって，いずれにしても相続人が負担すべき債務だから，決済可能であれば支払を延期するまでもないからである。

この場合，相続人全員の同意によることが望ましく，同意書を

徴求すべきであるが，たとえば，被相続人の個人事業を共同経営していたような相続人がおり，その者の同意が得られるのであれば，その者から書面を徴求したうえで支払に応じることも考えられるであろう。

3　当座預金の払戻し

▶ 1. 払戻手続

当座預金は，当座勘定取引契約に基づく預金であるから，取引先の死亡によって終了することになる。

相続人から当座預金の払戻請求がされた場合，金融機関としては，相続人全員から当座預金の解約申出書を徴求したうえで払戻しに応じることになろう。実際には，当座預金の基礎となる当座勘定取引契約は終了しているものの，次の▶2.のとおり手形用紙・小切手用紙の回収などがあることから，相続人との間で合意解約することが無難である。

▶ 2. 手形用紙・小切手用紙の回収

当座勘定取引契約の取引先が死亡した場合は，悪用されることを防止するため，未使用の手形用紙または小切手用紙を回収すべきである。当座勘定規定も取引先の返却義務について定めており，判例も金融機関に回収を請求する権利があることを認めている（最判昭和59・9・21）。ただし，回収する権利は認められているが，回収する義務はない。したがって，回収できない場合にも，それによって法的な責任を負うことはない。

▶ 3. 相続人による取引の継続

たとえば，個人事業主だった取引先が死亡し，共同で経営をしていた相続人である長男が事業を承継することになった場合には，被相続人との間の当座勘定取引契約は，死亡により終了しているから，長男と新たな当座勘定取引契約を締結することになる。

当座勘定取引契約は，取引先が振出等を行った手形・小切手の支払資金として預け入れた当座預金にて決済するものであるから，取引先について十分な信用調査を行う必要がある。

手形・小切手の振出後に取引先が死亡した場合は，相続人に意向を確認したうえで決済または不渡返還しよう！

理解度チェック

❶ 当座勘定取引先の死亡によって，当座勘定取引は当然に終了し，当座預金の残高は相続開始時に相続人に帰属する。

❷ 当座勘定取引先が生前に振り出した約束手形が，死亡届受理後に交換呈示された場合，支払銀行は支払を拒絶して「振出人等の死亡」の不渡事由（0号不渡事由）により不渡返還することができる。

❸ 当座勘定取引先が死亡した場合，金融機関には，未使用の手形用紙・小切手用紙を回収する義務がある。

解答 ❶ ○
　　 ❷ ○
　　 ❸ × 金融機関には未使用の手形用紙・小切手用紙の返還を請求する権利はあるが，回収しなければならないという義務まではない。

11 異議申立預託金の提供者の死亡

1 異議申立手続

　電子交換所規則は，異議申立について規定している。不渡事由には，「0号不渡事由」「第1号不渡事由」「第2号不渡事由」の3種類がある（電子交換所規則施行細則33条）。

　0号不渡事由には「適法な支払呈示ではないもの」が，第1号不渡事由には「資金不足または取引なし」が該当し，それ以外のものは第2号不渡事由となる。

　第2号不渡事由については，その内容となる事実に紛争の余地があるものがほとんどである。このような事由によって，すべての事案について不渡処分とすることには問題がある。そこで，電子交換所規則は，不渡りの回避について定めている。

　すなわち，支払銀行は，第2号不渡情報登録の対象となった振出人等から異議申立依頼書の提出および手形金額と同額の異議申立預託金の預入れを受けたうえで，交換日の翌々営業日の午後3時までに異議申立書を電子交換所に提出することにより，振出人等は当該手形の不渡処分を免れることになる（電子交換所規則45

📖 重要用語
異議申立

📖 重要用語
不渡事由

📖 重要用語
不渡処分

📖 重要用語
異議申立預託金

第2編

●不渡事由の種類

種類	内容
0号不渡事由	形式不備，期日未到来
第1号不渡事由	資金不足，取引なし
第2号不渡事由	契約不履行，詐欺，紛失，盗難，印鑑相違，偽造，変造，取締役会承認等不存在

条1項・2項，電子交換所規則施行細則38条）。

振出人等が支払銀行に異議申立を依頼するために差し入れる異議申立預託金は，振出人等の信用力を証明するものである。

2　異議申立預託金の提供者の死亡

▶ 1. 異議申立手続の法的性質

振出人等が不渡りを回避するために異議申立手続を支払銀行に依頼することは，委任契約の申込みであり，異議申立手続は，受任者である支払銀行にとって委任事務の遂行である。

したがって，振出人等が異議申立預託金を支払銀行に預託するのは，委任事務処理の前払費用（649条）に該当する。

ところで，振出人等が死亡した場合，取引停止処分の対象である当事者がいなくなり委任契約も終了することから，「当該振出人等が死亡した場合」は異議申立預託金の返還許可事由となっている（電子交換所規則46条1項5号）。

▶ 2. 実務上の措置

電子交換所に異議申立書を提出して，異議申立手続を行った支払銀行は，異議申立手続の委任者である振出人等が死亡したことを知った場合，相続人に事情を説明して，死亡を証明する除籍謄本を徴求する。

支払銀行は，戸籍謄本等を添付のうえ，電子交換所に対し異議申立預託金返還許可申立書を提出し，預託金の返還許可の申立てを行う（電子交換所規則施行細則44条1号）。支払銀行が電子交換所から異議申立預託金の返還の許可（電子交換所規則46条1項5号）を受けた時点で，異議申立預託金の弁済期が到来すると解されているので，他の預金と同様に相続預金として取り扱うこととなる。

12 | 口座引落し・家賃の振込等

1 公共料金等の引落し

電気・水道・ガス等の公共料金や家賃については，金融機関の預金口座から自動引落し（口座振替）がなされていることが多い。

口座振替については，預金者の金融機関に対する口座振替事務の委託であり，準委任契約にあたると考えられている。

準委任契約は委任者の死亡により契約が終了することから（656条・653条1号），委託者である預金者が死亡すると，口座振替契約も終了することになる。

もっとも，金融機関としては，相続発生の事実を把握できなければ口座振替の停止措置をとることができない以上，預金者の死亡後もしばらくの間は口座振替を継続しているのが実情であろう。

この点については，税金の口座振替の委任契約が成立し，預金者の死亡後に，預金者死亡を確認した銀行によって，口座振替に基づき税金の引落しがなされた場合における当該引落しの有効性について，委任者の死亡後に引落ししない旨の特約が存在するなど特別な事情がない限り，委任者の死亡後でも事務管理として行い得る行為であるとして，当該引落しは有効であるとした裁判例がある（東京地判平成10・6・12）。

なお，金融機関は，同居している相続人から口座振替の継続の要請を受けた場合には，相続人全員の同意を条件に被相続人の従前の預金口座についての口座振替を認めるか，相続人の1人に新たな口座振替の手続をとるよう促すべきである。

関連過去問題
- 2024年3月 問28
- 2022年10月 問28

重要用語

準委任契約
準委任契約は，法律行為ではない事務の処理等を委託する契約であり，法律行為の委託である委任契約とは異なる。

第2編

2　振込依頼を受けた後の依頼人の死亡

　振込依頼人が振込を依頼した後に死亡した場合，金融機関は，当該振込依頼人の相続人から当該振込を解除してほしいと要請を受けたとしても，これに応じることはできない。

　振込に関する契約関係（法的性質）は，委任契約であり，委任者である依頼人の死亡により契約が終了する以上（653条1号），依頼人の相続人といえども契約を解除する権限はないことが理由である。

3　年金等の振込

　国民年金，厚生年金については，金融機関の預金口座宛ての振込により支給（受給）されることが多い。国民年金，厚生年金の受給は年金受給者の死亡によって停止されることになるが，相続人が適切に手続をしなかった場合には，年金受給者の死亡後もしばらく年金が振り込まれてしまう可能性がある。

　この点については，金融機関が関与すべき問題ではないので，相続人から相談を受けた場合にも，日本年金機構等に連絡をとるよう促すべきである。ただし，年金受給者の死亡を知った金融機関は，年金受入口座について速やかに取引停止の手続をとるべきである。

　なお，年金受給者の死亡登録後に被相続人の普通預金口座に年金が振り込まれた場合，金融機関は年金受給者死亡として年金支給機関に返金することが要請されている。

4　家賃等の振込

▶ 1. 賃貸不動産の所有者が死亡した後の家賃の振込

　賃貸不動産の所有者は，借主（賃借人）との間で，指定口座に

家賃を振り込む形式で賃貸借契約を締結していることが多いが，所有者が死亡すると，金融機関によって当該指定口座が凍結（取引停止）されるため，借主は家賃を振り込むことができなくなる。

この点については，相続人全員の合意に基づき，借主に対して新たな預金口座を家賃の振込口座にする旨の連絡がなされれば特段問題は生じないが，相続人の間で争いがあり，遺産分割協議がまとまらない場合には，相続人も借主に対して新たな振込口座の指定ができないケースがある。

このようなケースにおいて，家賃の振込につき相談を受けた金融機関は，基本的には，相続人と借主の間での問題であり，金融機関としては何もすることができない旨を説明のうえ，法務局に家賃を供託する方法があることを助言するのが望ましいであろう。

▶ 2. 賃貸不動産の所有者の相続開始後の家賃の帰属

賃貸不動産の所有者の相続開始後，遺産分割により当該不動産の所有者が決まるまでの家賃の帰属が問題となる。金融機関との関係では，相続開始から取引停止までに時間を要した場合，その間の家賃相当額の払戻しを誰に対して，いかなる範囲で行うかが問題となる。

相続開始から遺産分割までの間に発生した賃料債権については，遺産とは別個の財産であり，各共同相続人がその相続分に応じて分割単独債権として確定的に取得するものと解するのが相当であり，後にされた遺産分割の影響を受けないとされている（最判平成17・9・8）。

もっとも，相続預金の共同相続に関する最高裁平成28年12月19日大法廷決定では，「普通預金債権及び通常貯金債権は，いずれも，1個の債権として同一性を保持しながら，常にその残高が変動し得るものである。そして，この理は，預金者が死亡した場合においても異ならないというべきである」としていることから，

賃料が被相続人名義の預貯金口座に振り込まれた場合には、通常の預貯金と同様、相続人らの準共有となり、遺産分割の対象になるものと考えられる。その結果、遺産分割協議等が成立していない限り、共同相続人の1人からの自己の相続分の限度での家賃の払戻しについては、拒絶する必要があることになる。

トラブルが起こらないよう相続人と協議して適切に対応しよう！

理解度チェック

❶ 金融機関が振込依頼を受けた後に当該振込依頼人が死亡した場合において、依頼人の共同相続人全員の合意による当該振込の解除依頼があれば、金融機関はこれに応じなければならない。

❷ 年金受給者の死亡登録後にその者の普通預金口座に年金が振り込まれた場合、金融機関は年金受給者死亡として年金支給機関に返金する。

❸ 被相続人の預金口座から税金の口座振替が設定されていた場合、被相続人が生前に納税すべき税金であったときは、共同相続人全員からの要請に基づき当該口座から税金の引落しをすることができる。

解答 ❶ × 振込依頼人が振込の依頼をした後に死亡した場合、依頼人の相続人から当該振込を解除してほしいと要請を受けても、金融機関はこれに応じることはできない。

　　❷ ○

　　❸ ○

13 | 貸金庫契約者の死亡

1 貸金庫利用者に相続が開始した場合の対応

　金融機関の貸金庫の利用者は，自宅での保管が不安であるとして，重要な預金通帳，実印，不動産の契約書および遺言書等を貸金庫に保管していることが多い。

　それゆえ，金融機関は，相続発生の事実を把握した場合には，相続人の１人が貸金庫の格納物を他の相続人の同意なく持ち出さないよう，直ちに貸金庫についてのサービスの提供を停止し，相続人に必要な手続を行うよう促す必要がある。

　金融機関は，貸金庫の開扉については，原則として，相続預金の払戻しと同様の必要書類を徴求のうえ，可能な限り相続人全員の立会のもと貸金庫の開扉に応じるべきである。

2 共同相続人の1人からの開扉請求

▶ 1. 貸金庫契約の法的性質

　貸金庫契約については，貸金庫（貸金庫の契約スペース）の賃貸借契約と解されている。貸金庫の借主（契約者）が死亡しても直ちに契約は終了せず，貸金庫契約に関する契約上の地位は，被相続人から相続人に承継される。相続人が複数いる場合には，借主たる地位が共同相続人に不可分に帰属することなり，その結果，貸金庫の賃借権は共同相続人に準共有されている状態になる（264条）。

　貸金庫規定（ひな型）10条２項では，貸金庫の借主について相

重要用語

貸金庫

関連過去問題

- 2024年3月
  問27
- 2023年10月
  問28
- 2023年3月
  問29
- 2022年10月
  問29

第2編

重要用語

貸金庫の開扉

重要用語

準共有
準共有とは，所有権以外の財産権（債権も含む）を複数人で有する場合をいう。

続の開始があったときは，貸金庫に係る契約の解約事由に該当する旨が定められており，ほとんどの金融機関の貸金庫規定においても同様の条項が定められている。もっとも，金融機関がこの条項を利用するのは，相続人が行方不明のために連絡がつかない場合等，貸金庫の解約処理の関係上，やむを得ないケースが多いであろう。

▶ 2. 格納物の確認

金融機関は，共同相続人の1人より，貸金庫を開扉し，格納物に遺言書等がないか確認したいとの要請を受けることがある。

この点については，貸金庫の開扉行為は，準共有における保存行為（252条5項の準用）であり，共同相続人の1人が単独で開扉を求めることができるとも思われる。

しかし，共同相続人の1人に貸金庫を開扉させ格納物の確認を認めたところ，当該相続人が金融機関に無断で格納物の一部を持ち出した場合，金融機関は，後日，他の共同相続人から善管注意義務違反等の責任を追及されるリスクが高い。

それゆえ，金融機関は，格納物の確認が緊急性を要するような事柄に関連する場合は別として，他の共同相続人の同意がない限り，格納物の確認にも応じるべきではない。

▶ 3. 格納物の持出し

金融機関は，共同相続人の1人から貸金庫の格納物について持ち出したいとの要請を受けた場合にも，後日のトラブルを防止するため，他の共同相続人の同意がない限り拒絶するべきである。

また，契約者が貸金庫契約締結時に代理人届を提出し，当該代理人が貸金庫の開扉や格納物の出し入れを行うようにしておくことがある。共同相続人の1人が代理人の立場に基づき貸金庫の開扉を要請してきた場合，貸金庫についての契約者と代理人との間の委任または準委任契約は，契約者の死亡により終了し（653条1号），代理権も消滅する以上，金融機関はこれを拒絶するべきである。

3　貸金庫に関する遺言の記載

▶ 1. 遺言書の記載

　遺言書が存在する場合には，金融機関は，遺言書において「貸金庫の開扉，解約および内容物の取出しについては，相続人（または遺言執行者）に権限を与える」との記載があれば，当該遺言に従って対応すればよい。

　遺言書に貸金庫に関する記載がない場合には，金融機関は，相続人全員の立会のもと（少なくとも，立ち会わない相続人から同意を得たうえ），貸金庫の開扉に応じるべきである。

▶ 2. 遺言執行者の権限

　遺言書において遺言執行者に貸金庫の開扉等の権限を認める記載がない場合には，当該遺言執行者に直ちに貸金庫の開扉の権限が認められるわけではないため，金融機関は，当該遺言執行者からの開扉請求に安易に応じてはならない。

　なお，遺言に貸金庫に関する記載はなかったものの，包括遺贈がなされていた場合において，遺言執行者に貸金庫の開扉権限が認められた決定があることに留意が必要である（神戸地決平成11・6・9）。

4　一部の相続人が貸金庫の開扉に協力しない場合

　金融機関は，一部の相続人が協力しないために貸金庫の開扉ができない場合には，他の相続人に対し，公証人による事実実験公正証書（公証人法35条）の利用を提案することが考えられる。

　貸金庫の開扉についての事実実験公正証書とは，公証人が，相続人から，相続財産の把握のために被相続人名義の金融機関の貸金庫の中身を点検・確認する旨の嘱託を受けて貸金庫を開扉し，その内容物を点検し，その内容についての公正証書を作成するこ

📖 **重要用語**

事実実験公正証書

とをいう。

　事実実験公正証書を作成する場合には，できる限り多くの相続人の立会のもとで貸金庫を開扉し，公証人に貸金庫の格納物についての事実実験公正証書を作成してもらう必要がある（格納物の詳細なリストが作成される）。

　そのうえで，相続人には，後日，開扉に協力しない一部の相続人に当該公正証書を送付して，貸金庫の格納物の取出しに協力してもらうよう助言すべきである。

5 　貸金庫契約の解約と相続人の同意

　貸金庫契約の借主の地位は相続人に準共有されることから，貸金庫契約の解約は，相続人全員の同意を得て行ってもらう必要がある。金融機関としては，貸金庫の開扉の際に，後日，一部の相続人が解約に同意しなかった場合のトラブルを回避するべく，貸金庫契約の解約手続まで行っておいたほうがよい。

理解度チェック

❶ 相続開始前に被相続人から開扉手続について代理人届が提出されている場合，金融機関は当該被相続人の死亡後も代理人からの開扉請求に応じることができる。

❷ 遺言執行者がその権限により貸金庫の開扉請求をしてきた場合でも，相続人全員の同意がなければ，金融機関はこの開扉請求に応じることはできない。

❸ 共同相続人の一部が協力しないために貸金庫の開扉ができない場合，公証人に事実実験公正証書の作成を嘱託し，公証人の立会のもとで貸金庫の開扉をしてその内容物を点検することができる。

解答　❶ ×　貸金庫の契約者の死亡により代理人との間の委任契約が終了し代理権も消滅するので，被相続人の死亡後に代理人から開扉請求がなされても，金融機関はこれに応じてはならない。
　　　　❷ ×　遺言執行者により貸金庫の開扉請求がなされた場合，金融機関はこの請求に応じることができる。
　　　　❸ ○

14 | 融資の相続

1 債務者の死亡と債務の相続

▶ 1. 単独相続の場合

　民法は，「相続人は，相続開始の時から，被相続人の財産に属した一切の権利義務を承継する」（896条）と定め，債務も相続により包括承継されることを明らかにしている。

　相続人が1人の単独相続の場合，当該相続人が，債務者である被相続人の債務を承継することになる。

▶ 2. 共同相続の場合

　相続人が複数いる共同相続の場合，金銭その他の可分債権（債務）は，法律上当然に分割され，相続開始と同時に，各共同相続人がその相続分に応じて権利を承継するというのが判例（最判昭和29・4・8，最判昭和34・6・19）の立場である。その結果，貸付債権のような金銭債権の債権者は，債務者の各相続人に対し，それぞれが承継した債務の範囲でしか請求できなくなるのが原則である。

　この点，金銭債務のような可分債務が，共同相続において各相続人にどのように相続されるかは学説上争いがあるが，判例は上記立場を明確にしており，実務上は分割債務となることを前提に対処する必要がある。

　たとえば，1,500万円の融資債務を，A・B・Cがそれぞれ平等の相続分の割合で相続した場合，各相続人はそれぞれ500万円ずつ独立の債務を負担することになる。その結果，仮に，相続人

関連過去問題

- 2024年3月
  問29
- 2023年10月
  問31
- 2023年3月
  問30
- 2022年10月
  問31・問32

第2編

の１人であるＡが無資力の場合，Ａが相続した500万円の債務を
ＢまたはＣから回収することはできないのが原則であり，相続人
の無資力のリスクは債権者が負うことになる。

▶ 3. 連帯債務の相続

　それでは，金銭債務の連帯債務者に相続が発生した場合はどの
ように考えればよいか。この点，判例は，連帯債務者の１人が死
亡し，その相続人が数人ある場合には，相続人は各自その相続分
に応じて分割承継し，その承継した範囲内で他の債務者と連帯債
務者となるとした（最判昭和34・6・19）。

　たとえば，債権者Ａに対して1,000万円の連帯債務を負ってい
るＢとＣのうちＢが死亡し，Ｂの相続人は子ＤとＥの２人である
場合，ＤとＥは，各自が500万円の債務として分割承継したうえ
で，債権者Ａに対し，各自500万円についてＣと連帯して弁済す
る責任を負うことになる。

2　個人向け融資の種類と融資ごとの対応

　相続の対象となり得る個人向け融資としては，「証書貸付」「手
形貸付」「カードローン」「総合口座貸越」等がある。

　これらの融資に係る債務が相続人に承継された場合，債権者は，
死亡による期限の利益の喪失の有無を確認のうえ，対応方針を決

● 個人向け融資の種類

種類	内容
証書貸付	貸付の証拠および支払確保の手段として，金銭を貸し付ける際に借用証書の差入れを受けて行う融資
手形貸付	金銭を貸し付ける際に，借用証書の代わりに貸付先から手形の差入れを受けて行う融資
カードローン	カードの利用や払戻請求書の提出により，一定の金額（極度額）までの範囲内で金銭を貸し付ける融資
総合口座貸越	普通預金の残高が不足した場合に，総合口座に預け入れられている定期預金等の一定額までの範囲内で不足額を自動的に貸し付ける融資

定する必要がある。

　具体的には，証書貸付は，約定の弁済期の到来とともに相続人に弁済義務が生じ，手形貸付は約束手形の満期日の到来により相続人に弁済義務が生じる。これに対し，カードローンや総合口座貸越は，相続の開始があったときに直ちに弁済期が到来する旨の条項があるのが一般的なので，早期に債権の回収方法を検討する必要がある。

　なお，主債務者が期限の利益を喪失した場合，債権者は，保証人（法人を除く）に対し，その利益の喪失を知った時から2ヵ月以内にその旨を通知しなければならない（458条の3）。

3　融資先に相続が開始したときの対応

　融資債権の債務者が死亡した場合，相続人が何もしない限り，その債務は相続人が包括承継するのが原則である（921条）。しかし，民法は，相続人の意思で承継を拒否したり制限したりすることができるよう，相続人に「単純承認」「限定承認」「相続放棄」の3つの選択肢を与えている。

　なお，熟慮期間である3ヵ月以内に限定承認または相続放棄をしなかった場合には，単純承認をしたものとみなされ，原則どおり相続人が相続財産を包括的に承継する（法定単純承認。921条2号）。

　そのため，相続放棄や限定承認がなされない間は，誰が債務を承継するのかが確定しないことになり，債権者としては，融資債権回収のために，各相続人の相続方法を見極める必要がある。

　各相続人が融資債務を分割承継する場合には，融資債務は法律上当然に各相続人に分割承継されるため，法律上は特段の手続を必要としない（実務上は，債権管理の確実性や明確性という観点から，すべての相続人から相続届の提出を受け，債務の承継を承

Q　参照

相続の承認，法定単純承認については，第1編「6相続の承認・放棄」参照。

認させる必要がある)。

　しかし，融資債権が相続を原因として複数の相続人に分割された場合，債権者としては債権管理の負担が増大するという問題がある。また，被相続人が個人事業主であり，相続人の１人が被相続人の事業を承継する場合等，相続人の１人に債務を集約することが望ましい場合もある。そのため，債権者としては，相続人の人数や資産状況，事業の承継状況等を踏まえて債権の回収方法を相続人との間で協議する必要がある。

　なお，金銭債務は法律上当然に分割されるとはいえ，共同相続人が同意すれば，これを協議分割や調停分割の対象財産とすることは差し支えない。

　また，被相続人の遺言により，法定相続分と異なる割合で相続分の指定をする場合も，債権者の承諾なしには法定相続分と異なる相続分の指定を債権者に対抗することはできない（902条の２）。

参照

相続分の指定については，第1編「4 相続分」参照。

4 単純承認への対応

　単純承認は相続の原則的な形態といえ，単純承認がなされると，相続人は無限に被相続人の権利義務を承継する（920条）。

　相続人が単純承認をした場合，融資債務は法定相続分の割合で分割承継されることから，分割されたままで債権管理をする，相続財産の中から弁済を受ける，資力のある特定の相続人に債務を引き受けさせる等の債権回収方法を確定することになる。

　相続人が単純承認をするとの意思表示をしない場合であっても，法定単純承認に該当する行為をしたときは単純承認をしたものとみなされる（921条）。

　問題となるのは，相続人が，被相続人の死亡と自己が相続人であることを知ってから３ヵ月経過後に，被相続人が債務を負担していることが判明した場合である。

この点について，判例は，上記原則を維持しつつ，相続人が熟慮期間内に限定承認または相続の放棄をしなかったのが①被相続人に相続財産がまったく存在しないと信じたためであり，かつ，②被相続人の生活歴，被相続人と相続人との間の交際状態その他諸般の状況からみて当該相続人に対し相続財産の有無の調査を期待することが著しく困難な事情があって，相続人において上記のように信ずるについて相当な理由があると認められるときには，相続開始の原因たる事実およびこれにより自己が法律上相続人となった事実を知った時に熟慮期間を起算すべきとするのは相当でないとした。そのうえで，このような場合は，熟慮期間は相続人が相続財産の全部または一部の存在を認識した時または通常これを認識し得るべき時から起算すべきものとしている（最判昭和59・4・27）。

　したがって，熟慮期間内に限定承認または相続の放棄をしなかったときは，当該相続人は単純承認をしたものとみなされるものの，熟慮期間が経過したといえるか否かは個々の事案ごとに個別の判断が必要となる。

! 注意

相続人が未成年者または成年被後見人である場合の熟慮期間は，法定代理人がこれらの者のために相続の開始があったことを知った時から起算する（917条）。

5 相続放棄への対応

▶ 1. 相続放棄の効果

　相続人が相続放棄をした場合，当該相続人はその相続に関し，はじめから相続人とならなかったものとみなされる（939条）。その結果，相続放棄をした相続人以外の相続人が被相続人の権利義務を承継することになる。相続放棄した者に関し，代襲相続は問題とならない（887条2項）。

　なお，家庭裁判所への申述を要する相続放棄とは別に，遺産分割協議を利用し，特定の相続人に相続財産を集中させるという方法がとられることがある。この場合，事実上，相続放棄と同様の

状態をつくり出すことができる（事実上の相続放棄）。しかし，家庭裁判所への申述を要する相続放棄がなされた場合と異なり，事実上の相続放棄は，債権者を拘束するものではない。

▶ 2. 未成年の子による相続放棄

相続放棄をなすには行為能力が必要であり，未成年の子が有効に相続放棄をするためには，その法定代理人の同意を得る（5条1項）か，法定代理人が未成年の子を代理して行う（824条）必要がある。

もっとも，法定代理人が未成年の子を代理して相続放棄した結果，法定代理人の相続分が増加する場合，かかる行為は利益相反行為（826条）に該当し，法定代理人の行為が無権代理となる結果，未成年の子にその効果が帰属しないのではないかが問題となる。

たとえば，Aが死亡し，その妻B，未成年の子C・Dが法定相続人である場合，BがCを代理して相続放棄することにより，BとCまたはCとDとの間の利益が相反すると解される余地がある。相続放棄が利益相反行為に該当する場合，特別代理人を選任する必要があり（826条2項），選任せずに行った相続放棄は無権代理となる。この点，利益相反行為に該当するか否かは，行為自体を外形的かつ客観的に考察して判断されなければならない。

そのため，上記の例で，BがCおよびDを代理して相続放棄した結果，Bが相続財産の全部を相続した場合のように，相続放棄の結果B自らの相続財産が増加した場合には当該相続放棄は利益相反行為に該当すると解される。一方，BがCおよびDを代理して相続放棄するのに先立ちまたはそれと同時に，B自らも相続放棄した場合には，CおよびDの相続放棄によりBが利益を受けるという関係にないことから，当該相続放棄は利益相反行為に該当しないと解される。

なお，親権者が共同相続人である子を代理して遺産分割協議を
することは，親権者の意図やその行為の現実の結果のいかんにか
かわらず，利益相反行為にあたるというのが判例（最判昭和48・
4・24）の立場である。

▶ 3. 共同相続人の一部が相続放棄した場合

　共同相続人の1人が相続を放棄した場合，その者がはじめから
相続人とならなかったものとみなされる（939条）。その結果，他
の共同相続人の相続分が変更し，または法定相続の順位に従い別
の者が相続人となる可能性がある。

　そのため，債権者としては，まずは相続人から戸籍謄本等の提
出を受け相続人を確認したうえで，相続人から相続放棄をした旨
の説明があった場合には，放棄の事実を確認するために家庭裁判
所の相続放棄申述受理証明書の原本を確認し，その写しを徴求す
る必要がある。

　なお，共同相続人の一部が法定単純承認に該当する行為を行っ
ていたときは，相続放棄の手続をとっていたとしても，その相続
放棄は無効である。そのため，相続人が法定単純承認に該当する
行為を行った事実があるか否かについても確認することが望まし
い。

▶ 4. 共同相続人の全員が相続放棄をした場合

　共同相続人の全員が相続放棄をした場合，相続人が誰も存在し
ない状態となる。このような場合に備え，民法は相続人不存在制
度を設けている。

　すなわち，民法は相続財産自体を法人（相続財産法人）とした
うえで（951条），相続債権者等の利害関係人の請求により家庭裁
判所が相続財産清算人を選任し（952条1項），相続財産清算人に
相続財産の清算手続（957条）を行わせることとしている。

　相続財産清算人は，家庭裁判所が清算人選任公告と同時に行う

参照

相続人の不存在
については，第1
編「7相続財産
の清算」参照。

第2編

相続人の探索の公告（952条2項）により，相続人が不存在であることを確定させる（958条）とともに，すべての相続債権者および受遺者に対し，債権の申出をすべき旨の公告（957条1項）や各別の催告（957条2項・927条3項）を行い，権利関係を確定させる。そのうえで，相続財産清算人は，相続債権者や受遺者に対する弁済を行い，残余財産がある場合は，特別縁故者に対する分与や残余財産の国庫帰属といった処分を行う（958条の2・959条）。

　共同相続人の全員が相続放棄した結果，相続人が誰も存在しない状態となった場合，相続財産から回収の見込みがあるのであれば，債権者は，自ら相続財産清算人の選任を申し立て，相続財産清算人を相手に債権の回収手続を行う必要がある。

6 限定承認への対応

▶ 1. 限定承認の効果

　限定承認がなされると，相続人は相続によって得た財産の限度において被相続人の債務および遺贈を弁済すべきことを留保して，相続することになる。つまり，相続人の固有財産と相続財産とが区別して取り扱われることになり，相続債権者は原則として被相続人の相続財産からしか自らの債権を回収できなくなる。すなわち，相続人が相続財産を限度とする物的有限責任を負うことになる。

　ただし，被相続人の債務は相続人に承継され，限定承認により消滅するわけではない。そのため，相続人が債権者に対し任意に弁済すればそれは有効な弁済となるうえ，担保権や保証も限定承認の影響を受けない（929条・935条）。

　共同相続の場合には，共同相続人全員で限定承認をした後に相続人の1人または数人が法定単純承認に該当する行為をしていたことが判明するケースが考えられる。この場合，法律関係を安定

させ他の共同相続人の利益を害さないためにも限定承認の効果は覆されない。しかし，債権者が相続財産をもって弁済を受けることができなかった場合（相続人が限定承認を選択する以上，このような状況になるのが通常である），債権者は，弁済を受けることができなかった債権額について，当該行為を行った相続人の相続分に応じて，当該相続人の固有財産をもって弁済を受けることができる（937条）。

　たとえば，Aが500万円の資産（下記株券を除く）とEに対する2,000万円の融資債務を残して死亡し，共同相続人B・C・D（相続分はそれぞれ3分の1）が限定承認をしたとする（債権者はEのみ）。限定承認後に，Bが相続財産中の株券（時価100万円）を私的に消費していたことが判明した場合，債権者Eは限定承認により，本来1,500万円については弁済を受けられないはずであるが，Bの相続分（3分の1）に相当する500万円については，Bの固有財産から弁済を受けることができるという結果になる。

▶ 2. 限定承認と遺贈および死因贈与の関係

(1) **限定承認と遺贈**

　限定承認がなされると，被相続人の債務および遺贈は，相続人が相続によって得た財産の限度でのみ弁済される（922条）。

　もっとも，弁済の順序は，受遺者よりも相続債権者が優先され，相続債権者に対する弁済が終了した後になお残余財産がある場合にのみ受遺者に対して弁済がなされる（929条・931条）。これは，相続債権者の権利が相続前に確定しており，またその多くは対価と引換えに取得されたものであるのに比べ，受遺者の権利は，相続開始後にはじめて確定し，またその多くは対価を伴わずに取得されたものであることから，両者を同順位とすることは相続債権者の地位を不当に害すると考えられるためである。

　したがって，限定承認者は，相続債権者に弁済した後でなけれ

ば受遺者に弁済をすることができず（931条），これに違反して受遺者に先に弁済された場合，限定承認者や悪意の受遺者は賠償責任を負う（934条）。

⑵　死因贈与の受贈者が限定承認者である場合

補足

死因贈与とは，贈与者の死亡により効力を生ずる贈与のこと。

　死因贈与には，遺贈の規定が準用されるため（554条），死因贈与の受贈者は，受遺者と同様の立場に立つものと解される。

　たとえば，Aが死亡し，Aの子B・Cの2人が法定相続人である場合，BとCは限定承認をしたものの，BがAから不動産の死因贈与を受けていたときに，BがAに対する債権者Dに当該不動産の所有権を主張できるかが問題となる。

参照

相続登記の詳細については，第1編「17相続登記の手続」参照。

　この点，不動産の死因贈与を受けたBが限定承認をしていない場合で，相続開始前に死因贈与の仮登記を経由しているときには，相続開始後に登記義務者であるCの協力のもと仮登記に基づく本登記手続を行えば，受贈者であるBは相続債権者に所有権の取得を主張することができる。

　これに対し，不動産の死因贈与を受けたBが限定承認をした場合，限定承認者である受贈者Bは，相続開始前に死因贈与の仮登記を経由していたとしても，相続開始後，相続債権者に所有権の取得を主張することができない。

　判例は，不動産の死因贈与の受贈者が贈与者の相続人である場合において，限定承認がされたときは，死因贈与に基づく限定承認者への所有権移転登記が相続債権者による差押登記よりも先にされたとしても，信義則に照らし，限定承認者は相続債権者に対して不動産の所有権取得を対抗することができないと判示している（最判平成10・2・13）。

　限定承認により残余財産がある場合にはそれを承継する利益を得ておきながら，死因贈与により特定の不動産の所有権の取得を認めるのは，相続債権者との公平を欠くと考えられるからである。

(3) 相続人が限定承認した場合

　融資債権の債務者が死亡し，相続人が限定承認をした場合，債権者としては，債権申出期間内に債権の申出をする必要がある（927条）。債権者が申出期間内に債権の申出をしなかった場合，当該債権者が限定承認者にとって知れたる債権者でなかったときは，相続財産に担保権を有する者を除き，残余財産以外に権利を行使することができなくなるため注意が必要である（935条）。また，担保権や保証は限定承認の影響を受けないため，弁済期到来後，担保権や保証人から積極的な回収を図る必要がある。

　なお，共同相続人の1人または数人が法定単純承認に該当する行為をしていた場合には，限定承認の効果は覆されないが，債権者が相続財産をもって弁済を受けることができなかったときは，債権者は弁済を受けることができなかった債権額について，当該行為をした相続人の相続分に応じて当該相続人の固有財産をもって弁済を受けることができる（937条）。そのため，相続人が法定単純承認に該当する行為を行った事実があるか否かについても確認することが望ましい。

理解度チェック

❶ 債権者は，主債務者が期限の利益を喪失したことを知った日から3ヵ月以内にその旨を保証人に通知しなければならない。

❷ 限定承認者は，相続債権者に弁済をした後でなければ，受遺者に弁済をすることができない。

❸ 親権者が共同相続人である未成年の子を代理して遺産分割協議をすることは，利益相反行為に該当する。

解答　❶ ×　3ヵ月ではなく，2ヵ月である。
　　　　　❷ ○
　　　　　❸ ○

15 | 相続と債権者の介入

1 消極財産について遺言がある場合

　仮に，被相続人が遺言により，金銭債務について法定相続分と異なる割合で共同相続人の相続分を定めたとしても，債務者が債権者の承諾なくして債務を自由に処分することはできないことから，相続人が，かかる相続分の指定を債権者に主張することはできない（902条の2）。

　この場合であっても，債権者のほうから，遺言による相続分の指定や遺産分割協議によって定められた承継割合に従って請求することはできる。

2 消極財産について遺産分割協議がある場合

　相続人が複数いる共同相続の場合，可分債務である金銭債務は法律上当然に分割され，各共同相続人がその相続分に応じて債務を承継する。そのため，当該金銭債務は遺産分割協議の対象にはならないのが原則である。しかし，遺産分割協議において共同相続人が同意すれば，被相続人の金銭債務を協議分割や調停分割の対象財産としても差し支えない。

　そして，協議による分割の場合，協議が成立しさえすればいかなる内容の分割もなすことができるため，相続債権者を害する内容の遺産分割協議がなされる可能性もある。

　しかし，仮に，遺産分割協議において，法定相続分と異なる割合での債務の承継を合意したとしても，当該合意は相続債務の債

権者の関与なくなされたものであるから，相続債権者に対しては
効力が及ばない。

　そのため，相続債権者は，遺産分割協議に従った債務の承継を
承諾しない場合，相続分に応じて分割されたままで債権管理をす
る，相続財産のうちから弁済を受ける，特定の相続人に債務を引
き受けさせるなどの対応方法を直ちに検討し，債権回収方法を確
定しなければならない。

　一方，弁済が期待できる相続人に債務が集中するなど，遺産分
割協議が債権者にとって望ましい内容となった場合，債権者は，
遺産分割協議によって定められた承継割合に従って債務の弁済を
請求することができる。

3　詐害行為取消権

　それでは，相続人の行為により債権者が不利益を受けた場合，
債権者は，より積極的に介入し，当該行為を取り消すことが許さ
れるのか。

　具体的には，相続人が相続放棄をした場合や，共同相続人が遺
産分割協議をした場合に，これらを詐害行為取消権（424条）に
基づき取り消すことができるのかが問題となる。

　詐害行為取消権は，債務者が債権者を害することを知って，積
極的に自己の財産を減少させる行為をした場合，債権者はその行
為の取消しを裁判所に請求することができるという権利である
（424条1項）。

　もっとも，「財産権を目的としない行為」については，詐害行為
取消権の対象とならない（424条2項）。これは，婚姻，縁組，相
続の承認・放棄などのいわゆる身分行為は，債務者の財産状態に
直接関係するものではないうえ，たとえこれらの行為により債務
者の財産状態が悪化したとしても，債権者からの干渉を認めるこ

重要用語
詐害行為取消権

とは不当だからである。

▶ 1. 相続放棄と詐害行為取消権

　　たとえば，融資債権の債務者Aが死亡し，Aには子Bがいる場合，Bが相続を放棄すると，Bははじめから相続人とならなかったものとみなされる。Aに対する1,000万円の融資債権を有するCとしては，Bが相続放棄さえしなければ，Bに対して1,000万円の弁済を求めることができたにもかかわらず，Bの相続放棄によりそれができなくなったことから，Bによる相続放棄の意思表示が，Cを害することを知って行われたものであるとして，裁判所に相続放棄の取消しを求めることが許されるのかが問題になる。

　　この点，相続放棄は，相続人の財産を積極的に減少させるものではなく，消極的に増加を妨げているにすぎないうえ，相続放棄のような身分行為については他人の意思で強制させるべきではない。そのため，相続放棄は「財産権を目的としない行為」（424条2項）に該当し，詐害行為取消権の行使の対象とはならない。判例も，相続放棄のような身分行為については，424条の詐害行為取消権の行使の対象とならないことを明らかにしている（最判昭和49・9・20）。

　　このように，相続人による単純承認，相続放棄および限定承認といった相続方法の選択は，相続人の一身専属の権利であって，他人の意思で強制するべきものではないから，債権者が法的に介入することは許されていない。

▶ 2. 遺産分割協議と詐害行為取消権

(1)　事例1

　　たとえば，Aが死亡し，Aの子B・Cが相続人であるとする。Aの遺産は甲不動産と現金1,000万円だけであったところ，BとCは，CがDに対して多額の債務を負っており，CにAの遺産を相続させてもDに対する弁済に充てられるだけであることを危惧

し，Ｂが甲不動産と現金1,000万円を承継し，Ｃは何も承継しないという内容の遺産分割協議をした場合に，Ｃの債権者であるＤは，当該遺産分割協議がＤを害することを知って行われたものであるとして，裁判所に遺産分割協議の取消しを求めることが許されるのかが問題になる。

　この点，遺産分割協議は，相続の開始によって相続人の共有となった相続財産を，各相続人の単独所有または新たな共有関係とすることで，相続財産の帰属を確定するものといえる。このため，遺産分割は，その性質上，まさに財産権を目的とする行為といえ，遺産分割協議は詐害行為取消権の対象となる。判例も，遺産分割協議が一般的に詐害行為取消権の行使の対象となることを明らかにしている（最判平成11・6・11）。

(2)　**事例2**

　たとえば，Ｅが死亡し，Ｅの子Ｆ・Ｇが相続人であるとする。Ｅの遺産は甲不動産と現金1,000万円だけであったところ，Ｆが甲不動産と現金1,000万円を承継し，Ｇは何も承継しないという内容の遺産分割協議をした場合に，被相続人Ｅの債権者Ｈは，当該遺産分割協議がＨを害することを知って行われたものであるとして，裁判所に遺産分割協議の取消しを求めることが許されるのかが問題になる。

　このような場合，法定相続分に従って債務を相続したにもかかわらず，遺産分割協議によって積極財産をまったく承継しない相続人が生じることになり，当該相続人が固有の財産もない場合には，遺産分割協議により被相続人の債権者が害されることになる。

　このため，そのような詐害的な遺産分割協議が行われた場合は，被相続人の債権者は，当該遺産分割協議を詐害行為取消権で取り消すことができる。

▶ 3. 相続放棄と遺産分割協議の差異

　相続放棄と遺産分割協議とで違いが生じるのは，相続を承認するか放棄するかの判断までは身分行為であって，債権者が口を出すべきことではないが，いったん相続を承認し，遺産の共有状態が成立した後の相続財産に係る権利の移転は，純粋に財産権を目的とする行為といえるためである。

4　債権者を害する遺産分割協議への対応

▶ 1. 被相続人の債権者の対応

　融資債権の債務者が死亡し，その相続人が，金銭債務について法定相続分と異なる割合での相続を定めた場合，債権者としては，まず遺産分割協議の有効性を確認する必要がある。

　そのうえで，相続人の資力や債権管理上の便宜等の事情を考慮し，相続人が遺産分割協議で決めた債務の分割方法を承諾するか否かを判断することとなる。

　相続人が遺産分割協議で決めた債務の分割方法を債権者が承諾しない場合，債権者としては遺産分割協議の決定内容にとらわれることなく，法定相続分に応じて各相続人に債務の弁済を請求することができる。

　また，金銭債務については，法定相続分どおりに承継された場合であっても，積極財産に関する遺産分割協議により被相続人の債権者が害されることになるときは，当該遺産分割協議の詐害行為取消権による取消しを検討することとなる。

▶ 2. 相続人の債権者の対応

　融資債権の債務者が相続人で，当該相続人が過少な財産しか取得しない内容の遺産分割協議を行った場合，やはり債権者としては，まず遺産分割協議の有効性を確認する必要がある。

　そのうえで，遺産分割協議により債権者が害されることになる

場合には，当該遺産分割協議の詐害行為取消権による取消しを検討することとなる。

5 積極財産について遺産分割協議がある場合

　積極財産については，共同相続人が法定相続分や遺言と異なる内容の遺産分割協議をした場合であっても，当該遺産分割協議は有効である。

　そのため，金銭債務が法律上当然に共同相続人に分割承継されたにもかかわらず，遺産分割協議によって積極財産が特定の相続人だけに集中した場合には，積極財産を相続しない相続人からの回収が困難になるなどして，相続債権者が害される結果となる可能性がある。この場合，債権者は，遺産分割協議を詐害行為取消権（424条）に基づき取り消すことができる。

　そこで，債権者は，遺産分割協議の有効性を確認したうえで，積極財産の分割方法次第では，詐害行為取消権の行使により当該遺産分割協議を取り消すことも検討する必要がある。

6 「相続させる」旨の遺言がある場合

▶ 1. 問題の所在

　これまで実務上，登録免許税において相続人に有利な取扱いをする等の目的で，「特定の遺産を特定の相続人（受益相続人）に相続させる」旨の遺言が広く行われてきた。

　このような「相続させる」との遺言の法的意味を「遺産分割方法の指定」と「特定遺贈」のどちらと解すべきなのかについては，従前から下級審裁判例や学説において争われてきたが，最高裁は，特段の事情のない限り「遺産分割方法の指定」と解すべきとした（最判平成3・4・19）。なお，遺産分割方法の指定と特定遺贈のどちらとみるかにより，「登記手続」と「登録免許税額」に相違が

● 遺産分割方法の指定と特定遺贈における各項目の相違点

項目	遺産分割方法の指定	特定遺贈
登記手続	相続による登記のため，受益相続人による単独申請で行う	意思表示による物権変動のため，受遺者と遺贈義務者の共同申請で行う
登録免許税額	不動産価額の1,000分の4	不動産価額の1,000分の20※

※　遺贈の相手が法定相続人である場合は，相続人と同じ扱い（1,000分の4）になるため両者の相違はない。

生じる。

▶ 2. 民法の定め

　民法では，遺産に属する特定の財産を共同相続人の1人または数人に承継させる旨の遺言（特定財産承継遺言）を，遺産の分割方法の指定と整理している（1014条2項参照）。特定財産承継遺言がなされた場合には，それに反するような遺産分割はできなくなり，遺産分割を待つまでもなく遺言の効力発生時にその遺言どおりに特定の財産が特定の相続人に承継されることになる。

　もっとも，特定財産承継遺言により法定相続分を超える部分を承継した場合には，その法定相続分を超える部分については，登記等の対抗要件を備えなければ第三者に対抗することはできない（899条の2）。

相続放棄は詐害行為取消権の対象とならず，遺産分割協議は詐害行為取消権の対象となり得るよ！

16 相続と債務引受

1 共同相続の場合の債権回収方法

　融資先に相続が開始した場合，債権者は，被相続人の債務を承継する相続人および各相続人の相続方法を確認したうえで，債権の回収方法を検討する必要があるが，被相続人の金銭債務が共同相続人に分割承継されると，相続前と比べ債権者による債権管理の負担が増加し，債権回収が困難となる場合が多い。

関連過去問題
／2023年10月
　問33
／2023年3月
　問32
／2022年10月
　問33

　そこで，債権者は，相続により期限の利益が喪失する場合等，早期回収が可能であれば，相続財産のうちから早期に弁済を受けるのが望ましい。

　早期回収を行わない場合には，債権者がとり得る債権回収方法として，次の①と②が考えられる。

> ①　相続人に分割された状態のまま債権管理を行いつつ回収する方法
> ②　特定の相続人にすべての債務を承継させたうえで，当該相続人から回収する方法

　上記①の方法をとる場合，債務の分割は法律上当然に生じるので，法的には特段の手続を必要としない。しかし，債権管理の確実性という観点から，共同相続人全員から相続届の提出を求め，各相続人に相続債務を承認させる必要がある。

　上記②の方法をとる場合，相続により他の相続人に分割された債務を特定の相続人が引き受ける旨の債務引受契約を締結する必要がある。

特定の相続人が債務を承継する債務引受には，併存的債務引受と免責的債務引受の２種類がある。

2 併存的債務引受

▶ 1. 概　要

併存的債務引受とは，従前の債務者の債務を免脱させずに，引受人がこれと同一の債務を負担することをいう。併存的債務引受の結果，引受人は，従前の債務者との関係では連帯債務者になるとされている（470条１項）。

併存的債務引受によっても，従前の債務者は債務を免れず，その地位に変動が生じないため，その実質は一種の保証といえる。

たとえば，1,000万円の融資債務をＡとＢがそれぞれ平等の相続分の割合で相続し，ＡがＢの債務について併存的債務引受をしたとする。この場合，Ａは債権者に対し従前負担していた500万円の債務に加え，Ｂとの連帯債務として500万円の債務を負担することになるのに対し，Ｂは従前と変わらず，債権者に対して500万円の債務を負担することになる。

▶ 2. 特　徴

併存的債務引受契約は，債権者，従前の債務者および引受人の三者間で締結できることはもちろん，従前の債務者の地位に変動が生じないため，従前の債務者の意思に反したとしても債権者と引受人との間で締結することができるほか（470条２項），債務者と引受人になる者との間の契約でもなし得る（同条３項）。後者の場合，債権者が引受人となる者に対して承諾をした時に債務引受の効力が生じる。

特定の相続人が他の相続人の債務を併存的に引き受けることで，当該相続人に対してはその者の法定相続分を超えて弁済を請求することができるため，債権回収に資するといえる。

もっとも，従前の債務者は依然として債務者であり続けるため，債権管理という点では債務引受前と変わりがない。

　また，従前の債務者と引受人は連帯債務者の関係にあり，一方に生じた事由の効力については連帯債務に関する規定の適用を受けることから，債権管理には注意する必要がある。すなわち，連帯債務者の1人について生じた効力は，原則として他の連帯債務者に及ばないので（連帯債務の相対的効力。441条），引受人に対して行った履行の請求は引受人に対してのみ時効の完成猶予・更新の効力が生じ，従前の債務者に対してはその効力が及ばない（147条1項1号・153条1項）。また，引受人が債務の弁済を行っても，引受人の時効が更新するだけであり，従前の債務者の時効は更新されない（152条1項・153条3項）。

3　免責的債務引受

▶ 1. 概　要

　免責的債務引受とは，従前の債務者が債権者に対して負担する債務と同一の内容の債務を引受人が負担し，従前の債務者は自己の債務を免れるものである（472条1項）。

　たとえば，1,000万円の融資債務をAとBがそれぞれ平等の相続分の割合で相続し，AがBの債務について免責的債務引受をしたとする。この場合，Aは債権者に対し従前負担していた500万円の債務に加え，Bが債権者に対して負担する債務と同一の内容の引受債務500万円の合計1,000万円の債務を負担することになる一方，Bは債務を免れることになる。

▶ 2. 特　徴

　免責的債務引受は，併存的債務引受と同様，債権者，従前の債務者および引受人の三者間で契約を締結することができるほか，債務者と引受人になる者との契約による場合は，債権者が引受人

に対して承諾することによってもすることができる（472条3項）が、債権者と引受人になる者との契約による場合は、債権者が債務者に契約した旨を通知した時に効力が発生するとされている（同条2項）。

免責的債務引受により債務は同一性を失わずに移転するものの、債務者が変更されることにより債務の経済的価値が変わるため、免責的債務引受は当該債務を保証した者の責任に事実上影響を与えるといえる。そのため、保証および担保は、保証人または担保提供者の承諾がなければ移転しないとされている（472条の4）。

免責的債務引受には、併存的債務引受と異なり、上記のような問題が生じる一方、免責的債務引受により従前の債務者は債務者ではなくなるため、債権管理という点では免責的債務引受により管理が容易になるという利点がある。

● 債務引受の特徴

	併存的債務引受	免責的債務引受
契約当事者	①債権者、従前の債務者、引受人の三者間契約 ②債権者、引受人の二者間契約 ③従前の債務者、引受人の二者間契約（債権者が引受人に対して承諾した時に効力発生）	①債権者、従前の債務者、引受人の三者間契約 ②債権者、引受人の二者間契約（債権者が債務者に契約をした旨を通知した時に効力発生） ③従前の債務者、引受人の二者間契約（債権者が引受人に対して承諾した時に効力発生）
メリット	①引受人に対し法定相続分を超えて債務の弁済を請求することができる ②債権者と引受人間の合意だけで契約できる ③従前の保証や担保が維持される	①引受人に対し法定相続分を超えて債務の弁済を請求することができる ②債権管理の負担が軽減される
デメリット	①債権管理の負担が軽減されない ②従前の債務者と引受人のいずれか一方に生じた事由は、原則として他方には及ばないので（連帯債務の相対的効力）、時効管理には注意が必要である	①従前の保証や担保は、保証人または物上保証人の承諾がなければ移転しない

　融資先に共同相続が開始し，特定の相続人に他の相続人の債務
を引き受けさせる場合，債権者は債務引受をする特定の相続人，
その他の相続人，保証人および物上保証人らの承諾が得られるか
否か，債権管理の負担の程度，相続人の資産状況等を具体的に検
討したうえで，債務引受の方法と債務を引き受けさせる相続人の
選択をしなければならない。

　なお，相続人から債務引受の同意が得られない場合には融資債
務は法律上当然に各相続人に分割承継されているため，相続人に
分割された状態のまま債権管理を行いつつ債権回収を行わざるを
えない。

　その場合，法律上は特段の手続は必要としないが，債権管理の
確実性や明確性という観点から，すべての相続人から相続届の提
出を受け，債務の承継を承認させる必要がある。

特定の相続人が債務を承継する債務引受には，
併存的債務引受と免責的債務引受の2種類があ
るよ！

17 ｜ 相続土地国庫帰属制度

1 概要

　近時，土地利用ニーズの低下等により，土地を相続してもこれを手放したいと考える者が増加している。また，相続により土地を望まず取得した者の負担感が増しており，土地管理の不全化にもつながっている。そこで，一定の要件のもと，法務大臣（実際には法務局に委任される。以下同じ）の審査・承認を受けることにより，相続した土地を手放して国庫に帰属させることを可能とする制度が相続土地国庫帰属制度（相続土地国庫帰属法）である。

2 承認申請権者

　相続または遺贈（相続人に対する遺贈に限る）により土地の所有権の全部または一部を取得した者は，法務大臣に対し，その土地の所有権を国庫に帰属させることについての承認を申請することができる（相続土地国庫帰属法2条1項）。

　また，対象となる土地が数人の共有に属する場合には，この承認申請は，共有者の全員が共同して行う必要がある（相続土地国庫帰属法2条2項前段）。この場合，その有する共有持分の全部を相続または遺贈以外の原因により取得した共有者であっても，相続または遺贈により共有持分の全部または一部を取得した共有者と共同して承認申請をすることができる（同項後段）。

関連過去問題
✎ 2023年10月
　問32

📖 重要用語
相続土地国庫帰属制度

3 国庫帰属が認められない土地

　あらゆる場合に土地の国庫帰属を認めることは，土地の管理コストが国に転嫁されたり，所有者が土地の管理をおろそかにするモラルハザードが発生したりするおそれがある。そこで，以下の土地については国庫帰属が認められていない。

▶ 1. 却下事由に該当する土地

　次の①～⑤のいずれかに該当する土地については，承認申請を行うことができず，承認申請を行っても申請の段階で直ちに却下される（相続土地国庫帰属法2条3項・4条1項2号）。

---

①　建物の存する土地

②　担保権または使用および収益を目的とする権利が設定されている土地

③　通路その他の他人による使用が予定される土地として政令で定めるものが含まれる土地（墓地内の土地，境内地，水道用地等）

④　土壌汚染対策法上の特定有害物質により汚染されている土地

⑤　境界が明らかでない土地その他の所有権の存否，帰属または範囲について争いがある土地

▶ 2. 不承認事由に該当する土地

　次の①～⑤のいずれかに該当する土地については，法務大臣は，国庫帰属を承認しない。他方，これらのいずれにも該当しない土地については，法務大臣は，国庫帰属を承認しなければならない（相続土地国庫帰属法5条1項）。

---

①　崖（勾配が30度以上であり，かつ，高さが5m以上のもの）がある土地のうち，その通常の管理にあたり過分の費用または労力を要するもの

---

② 土地の通常の管理または処分を阻害する工作物，車両または樹木その他の有体物が地上に存する土地

③ 除去しなければ土地の通常の管理または処分をすることができない有体物が地下に存する土地

④ 隣接する土地の所有者その他の者との争訟によらなければ通常の管理または処分をすることができない土地として政令で定めるもの（民法上の通行権が妨げられている土地，所有権に基づく使用収益が妨害されている土地）

⑤ その他，通常の管理または処分をするにあたり過分の費用または労力を要する土地として政令で定めるもの（災害の危険のある土地，鳥獣・病害虫その他動物が生息する土地，国による整備が必要な森林など）

4 負担金の納付

　承認申請後，要件審査を経て土地の国庫帰属について法務大臣の承認を受けた者は，承認された土地につき，土地の性質に応じた標準的な管理費用を考慮して算出した10年分の土地管理費相当額の負担金を納付しなければならない（相続土地国庫帰属法10条1項）。

　承認申請者が負担金を納付したときは，その納付の時において，土地の所有権が国庫に帰属することになる（相続土地国庫帰属法11条1項）。

18　担保と相続

1　担保の目的物と種類

　金融機関が融資を行う場合，債務者が弁済を怠るまたは資力がなくなるなどの状況になると回収ができなくなるため，債務者に対して担保の提供を要求する。担保には物的担保と人的担保とがあり，物的担保は，担保の対象によって不動産担保，動産担保，債権担保に分類される。人的担保とは，保証，根保証などをいう。

▶ 1. 不動産担保

　不動産を担保とする法定の権利には，抵当権と根抵当権の2つがある。

(1)　抵当権

　抵当権は，特定の被担保債権について担保する権利を不動産に設定し，債務者が弁済を怠ったときはその不動産の価値から優先的に弁済を受けられる権利である（369条）。不動産の占有が移転するわけではないので，債務者は抵当権設定後も使用・収益をすることができる。所有者との間で抵当権設定契約を締結し，併せて抵当権設定登記手続を行う。

(2)　根抵当権

　根抵当権とは，一定の範囲に属する不特定の債権を所定の額（極度額）の限度において担保することを目的として設定する抵当権をいう（398条の2第1項）。

　金融機関が継続的取引を行うような場合は，将来発生する債権も被担保債権に含まれることになるため，実務において利用され

📖 重要用語

担保

関連過去問題
🖊 2024年3月
　問32
🖊 2023年3月
　問31

第2編

📖 重要用語

抵当権

📖 重要用語

根抵当権

ることも多い。

(3) 普通抵当権と根抵当権の違い

① 被担保債権の特定性

普通抵当権は被担保債権が特定されているのに対し，根抵当権は不特定の債権を担保するものである。

② 付従性・随伴性

重要用語
付従性

普通抵当権では被担保債権が弁済等により消滅すれば抵当権も消滅するという付従性を有するのに対し，根抵当権は一定の範囲の不特定債権を担保するものであるから付従性を有さない。極端にいえば，根抵当権の設定時において，被担保債権がまだ生じていなかったとしても根抵当権は有効に発生することになる。

重要用語
随伴性

また，普通抵当権の場合，債権者が被担保債権を第三者に譲渡すると，抵当権もこれに伴って移転するという随伴性を有するが，根抵当権の場合は，被担保債権の一部が譲渡されるとそれは被担保債権からの離脱を意味するにすぎず，根抵当権が移転することはない。

③ 優先弁済権の範囲

普通抵当権の優先弁済権の範囲は，被担保債権の残存元本額に満期となった最後の2年分の利息・損害金を加えた額までである（375条）。根抵当権の場合は，このような制限はなく，元本に加えて利息および損害金の全部について，極度額の範囲で担保される（398条の3第1項）。

▶ 2. 動産担保

動産担保では，担保物件として，貴金属や家財道具，倉庫内の商品や工場内の機械・原材料等の集合物などを目的として設定することが多い。担保権設定の方法としては，動産の所有権を設定者に残したまま占有を担保権者に移転させる動産質権と，所有権を担保権者に移転させるが，設定者は引き続き占有して使用管理

(重要用語 動産質権)

できる動産譲渡担保権の2つがある。

　実務においては，占有が担保権者に移転すると管理の負担が生じ，また設定者が利用できなくなってしまうため，譲渡担保権の設定が多い。さらに，一定の範囲内の目的物について集合物担保を設定することもできる。動産譲渡担保の場合は，任意処分による実行が可能である。

▶ 3. 債権担保

　債権担保は，預金，売掛金，請負代金などを対象として設定される。特に，自行預金については，設定・管理が簡便であるほか回収についても相殺するなどの確実な方法をとれるので，多く利用されている。

　その反面，権利が無形であるため，他の権利の存在を慎重に認識すべきであること，また最終的な回収先である第三債務者の資力についても随時調査をすべきであることなどに留意する必要がある。担保権設定の方法としては，債権質権と債権譲渡担保権とがある。自行預金については質権が設定される。

2　債務者の死亡と担保権

　前記「■担保の目的物と種類」の担保においては，根抵当権を除き，債務者の死亡が担保権に影響を及ぼすことはない。

　すなわち，債務者が死亡すると，債務は相続人に相続され，共同相続人がいる場合は分割承継される。そのため，債権者たる金融機関としては債権管理が複雑になるという実務上の影響はあるが，相続は包括承継なので，担保権には何らの影響もない。

3　担保権設定者の死亡と担保権

　前記「■担保の目的物と種類」のいずれの担保においても，担保権設定者が死亡すると相続人が担保物件等を相続することにな

📖 重要用語
動産譲渡担保権

📖 重要用語
債権質権

📖 重要用語
債権譲渡担保権

❗ 注意
債務者が死亡しても抵当権に影響はないが，相続人を確認したうえで債務者の変更登記を行わなければならない。

第2編

るが，相続人は，物件に担保権が付着した状態で承継することになるので，担保権に影響を及ぼすことはない。

4 抵当権の債務者または設定者の死亡

▶ 1. 債務者の死亡

債務者が死亡すると，被担保債権たる債務は相続財産として相続人に承継されることになる。相続人は，相続について単純もしくは限定承認または相続放棄のいずれかをしなければならないが，担保権に影響を及ぼすことはなく，担保権の効力は，分割された被担保債権の全部の弁済があるまで担保の対象全部のうえに生じている。そのため，相続人の1人が自分の承継した債務を弁済しても，抵当権の効力は継続して担保不動産全体に及ぶことになる。

また，債務は相続人に法定相続分の割合で分割承継されるため，債務の管理が複雑となってしまう。そこで，特定の資力ある相続人に他の相続人の承継した債務につき併存的または免責的に債務引受をしてもらう，もしくは新たに同人に対する貸付を行うことも検討すべきである。その際，抵当権は，免責的に引き受けた債務または新たな貸金債務については当然には担保しないことから，担保権設定者の承諾を得なければならない。

さらに，限定承認がなされた場合は，抵当権の実行による回収を検討すべきである。

▶ 2. 抵当権設定者の死亡

(1) 抵当権実行前に抵当権設定者が死亡した場合

抵当権設定者が死亡した場合，設定者の所有する抵当不動産が相続の対象として相続人に承継される。そして，抵当権は抵当不動産に付着するものであるから，遺産分割の結果または遺言等により当該不動産を取得することとなった相続人が，抵当権設定者としての地位も当然に承継することになる。複数の相続人が共同

で不動産を相続する可能性もあるが，管理や抵当権の実行の際の手続が複雑となることから，単独で相続をすることが望ましい。

抵当権設定者が死亡したことを金融機関が知った際は，相続人が誰かを確認し，さらに，遺産分割または遺言により誰が承継することになるかを把握する必要がある。抵当権の効力自体には影響がないため，金融機関として法的になすべきことはないが，抵当権を実行する際の不動産競売申立書の所有者の表示を相続人名としなければならず，また，競売開始決定に伴う差押登記をする際も，所有者が相続人になっていなければ受理されない。

そのため，相続人が決定した場合は，速やかに相続による所有権移転登記手続をしてもらうべきである。遺産分割までに長期間を要するようであれば，まず共同相続人を共同所有者として相続による所有権移転登記を行い，その後単独所有者が決定した際に分割による持分移転登記を行うことになる。相続人がこれを行おうとしない場合は，抵当権者の代位による相続登記をなすことも検討することになる。

(2) **抵当権実行手続開始後に抵当権設定者が死亡した場合**

抵当権実行手続開始後に設定者が死亡した場合でも，手続を中断せずに続行することができる（民事執行法194条・41条）。そして，相続人が判明した場合は速やかに相続人に手続を承継させることになる。相続人の存在または所在が明らかでないときは，申立てにより特別代理人を選任することができる（同法41条2項）。

5 根抵当権の設定要件等

▶ 1. 設定要件

根抵当権の設定にあたっては，次の(1)と(2)の要件を満たさなければならない。

(1) 極度額の定め

重要用語
極度額

　根抵当権の設定時には，必ず極度額を定めなければならず，極度額の定めのない契約は無効である。

(2) 担保すべき債権の範囲

　担保すべき債権の範囲は，次の①②のいずれかでなければならない（398条の2第2項・3項）。

> ①　債務者との特定の継続的取引契約によって生ずるもの，その他債務者との一定の種類の取引によって生ずるものであること
> ②　特定の原因に基づいて債務者との間に継続して生ずる債権，または手形上もしくは小切手上の請求権または電子記録債権であること

▶ 2. 責任の範囲

　根抵当権者は，確定した元本，利息その他の定期金，債務の不履行によって生じた損害の賠償の全部について，極度額を限度として根抵当権を行使できる（398条の3）。

▶ 3. 規　制

(1) 被担保債権の範囲，債務者の変更

　元本確定前であれば，被担保債権の範囲または債務者について，後順位抵当権者その他の第三者の承諾を得ることなしに自由に変更することができる（398条の4第1項・2項）。もっとも，当該変更について元本確定前に登記をしなければ，変更しなかったものとみなされる（同条3項）。

(2) 極度額の変更

　根抵当権の極度額を変更するには，後順位抵当権者等の利害関係者の承諾を得なければすることができない（398条の5）。自由に変更を認めることにより利害関係者に不測の不利益を生じさせるおそれがあるためである。

(3) 元本確定期日の定め

　根抵当権の被担保債権の元本については，確定期日を定めるまたは変更することができるが，この期日は5年以内でなければならない（398条の6第1項・3項）。また，変更する場合は，登記をしなければ効力を生じない（同条4項）。

　元本確定期日の定めがあるときは，根抵当権設定者および根抵当権者から元本確定請求をすることができない（398条の19）。

📖 重要用語
元本確定期日

6　根抵当権の債務者または設定者の死亡

▶ 1. 元本確定前の債務者の死亡

(1)　根抵当権者と根抵当権設定者との合意

　民法においては，根抵当権の元本確定事由として債務者の死亡は規定されていない（398条の20）。したがって，根抵当権の被担保債権の元本は，債務者が死亡したという事実のみによっては当然には確定しない。

　債務者について相続が発生した時，根抵当権は，相続開始の時に存在する債務については当然担保することに加え，根抵当権者と根抵当権設定者との合意により定めた相続人が相続の開始後に負担する債務を担保することになる（398条の8第2項）。そして，これは相続の開始後6ヵ月以内に登記をしたときに限り効果が生ずるのであり，登記をしなかったときは，元本は相続開始時に確定したものとみなされる（同条4項）。

　民法がこのように規定した趣旨は，根抵当権は根抵当権者と債務者との継続的取引に基づく債権を担保するものであり，根抵当権設定者と債務者との間の人的信頼関係により設定されたものであることも多いが，債務者の相続人と根抵当権設定者との間に同様の関係があるとは限らず，根抵当権設定者が元本の確定を望む場合もあることから，根抵当権設定者と根抵当権者との間で合意

第2編

し，その旨の登記をした場合に限り，合意によって指定された相続人が相続の開始後に負う債務について担保されるようになったものである。

根抵当権設定者と根抵当権者が合意をしなかった場合，または合意をしても登記を相続開始後6ヵ月以内に行わなかったときは，根抵当権設定者は継続的取引に基づく債務の担保を継続させることを望まないものと考えられるから，元本は確定したものとみなされる。

なお，合意により指定する相続人は複数でもよい。また，相続人が1人の場合であっても，合意の登記をしない限りは根抵当権の元本は確定することになるので注意すべきである。

(2) 実務における対応

① 抵当不動産が第三者所有（物上保証）の場合

債務者が死亡したことが発覚した場合，金融機関は，まず，相続人が誰かを確認し，根抵当権設定者との間で，当該根抵当権を相続人に利用させるか否か，その場合の相続人の特定について話合いをしなければならない。そして，相続人が決定した場合は，債務者変更証書を作成するとともに，6ヵ月以内に次の登記手続をしなければならない。

> ① 相続による債務者変更の登記
> ② 相続による指定債務者の合意の登記

相続発生時にすでに存在していた債権については当然に被担保債権に含まれることになるが，これら被相続人が負担していた債務は相続人に法定相続分の割合で分割承継されており，債務の管理が複雑となってしまう。そのため，継続的取引を承継する相続人に他の相続人が承継した債務につき併存的または免責的に債務引受をしてもらい，または新たな貸付を行い，その債権についても被担保債権の範囲に追加することを検討すべきである。免責的

債務引受および新たな貸付の場合は根抵当権設定者の承諾が必要となり，被担保債権の範囲に債務を追加する際にはその旨の変更登記をしなければならない。

② 抵当不動産が債務者所有（債務者兼設定者）の場合

債務者が死亡した場合，金融機関は相続人が誰かを確認する。そして，抵当不動産についても相続の対象となることから，遺産分割の結果または遺言等により抵当不動産を相続し所有権を取得することになった相続人が根抵当権者たる金融機関と話合いをして，根抵当取引を継続すべき相続人について合意することになる。遺産分割に至っていないときは，抵当不動産は相続人全員による共同所有の状態にあることから，金融機関は全共同相続人との間で合意しなければならない。合意に至ったときは，変更証書を作成するとともに，上記①の２つの登記手続のほか，「相続による債務者変更の登記」に先行して相続による所有権移転の登記手続を行わなければならない。

取引を承継する相続人に他の相続人の債務について債務引受をしてもらい被担保債権の範囲に追加すべきなのは，上記①と同様である。

③ 債務者死亡後に指定した相続人についてさらに相続が発生した場合

根抵当権者と根抵当権設定者との間で根抵当権を承継させる相続人の合意が成立したものの，合意の登記をする前に新債務者が死亡した場合にも，398条の８第２項の規定が適用される。

すなわち，根抵当取引を継続するためには，まず第１の相続開始後６ヵ月以内に，第１の相続によって債務者の地位を承継すべき者に関する合意の登記をし，さらに，第２の相続開始後６ヵ月以内に，第２の相続によって債務者の地位を承継すべき者に関する合意の登記をしなければならない。

なお，各合意の登記の前に，相続による債務者変更登記，不動産が債務者所有であった場合は，それよりさらに前に相続による所有権移転登記をしなければならない。

④　相続人の固有債務を担保させる場合

　合意により新たに新債務者となった相続人から，相続発生前の自身の固有債務についても抵当不動産で担保してほしいとの申出が根抵当権者たる金融機関にあった場合，これは被担保債権の範囲を変更することにほかならない。よって，根抵当権者と根抵当権設定者との間でその旨の合意をすれば，元本確定前に限り変更することができる（398条の4第1項・2項）。

　なお，変更について元本確定前に登記をしなければ変更がなかったものとみなされるので，留意すべきである（398条の4第3項）。

▶ 2. 元本確定前の根抵当権設定者の死亡

⑴　相続による承継

　民法においては，元本確定事由として根抵当権設定者の死亡は規定されてはおらず（398条の20），根抵当権設定者の死亡に関する規定も存在しない。

　すなわち，根抵当権設定者が死亡しても根抵当権に影響を及ぼすことはなく，根抵当不動産は根抵当権が付着した状態で相続人に承継される。そのため，遺産分割によって根抵当権不動産を相続することとなった相続人が被担保債権について根抵当権設定者としての責任を負うことになる。遺産分割前であれば，共同相続人全員が各相続分の割合で共有していることになるため，各相続人が根抵当権設定者としての責任を負うことになる。

⑵　実務における対応

　根抵当権設定者が死亡した場合，まずは相続人が誰かを確認しなければならない。遺産分割の結果または遺言等によって，当該

不動産を承継した相続人が当然に根抵当権の被担保債権の責任を負うから，法律上金融機関が徴求すべきものはないが，速やかに相続による所有権移転登記，および遺産分割成立後には遺産分割による所有権移転登記手続をさせるべきである。

(3) 相続人からの確定請求

根抵当権設定者の死亡は元本確定事由ではないことから，根抵当権の元本は，元本確定期日が到来した時または設定後3年を経過した場合で設定者の相続人が元本確定請求をした時に確定することになる。

ここで，著しい事情の変更がある場合には設定者からの確定請求を認める判例があることから（最判昭和42・1・31），設定者が死亡したことを理由とする相続人からの確定請求が認められるかが問題となり得る。

しかし，判例にいう事情変更とは，債務者の営業状態が深刻に悪化して倒産の危険さえ感じられるようになり，物上保証人の将来の求償権の行使等にも多大な支障が生じるおそれがあるといったものであり，設定者の死亡のような事情は含まれないものと考えられる。

よって，このような相続人からの確定請求は認められず，根抵当権は不確定の状態で継続される。

▶ 3. 元本確定後の債務者または設定者の死亡

元本が確定すると，根抵当権の被担保債権が確定するため，普通抵当権の場合と同様の権利義務関係となる。そのため，普通抵当権の債務者または設定者が死亡した場合と同様の取扱いをすればよい。

不動産を目的とする担保には，抵当権と根抵当権の2つがあるよ！

19 ｜ 保証と相続

1 保証の種類

重要用語
保証

関連過去問題
✎2022年10月
　問34

保証は，金融機関で融資を行う場合に多く利用されている。保証には民法上の分類のほか，主債務の内容や保証の範囲による分類などがある。

▶ 1. 民法上の分類

保証とは，債務者が債務を履行しない場合に，保証人が当該債務者（主債務者）に代わってその債務の履行を約束することである。

民法上で規定されている保証には，「単純保証」「連帯保証」「個人根保証契約」「個人貸金等根保証契約」「事業に係る債務についての保証契約」の5つがある。

(1) 単純保証

参照
付従性と随伴性については，第2編「18担保と相続」参照。

単純保証は，民法で定めるところの保証の原則形態である。保証債務は，主債務に対して付従性と随伴性を有する。また，保証人は，債権者から請求を受けた場合に，まず主債務者に請求すべき旨を主張できる催告の抗弁権（452条）と，主債務者に弁済の資力があり執行が容易であることを主張して弁済を拒むことができる検索の抗弁権（453条）などの補充性を有する。

重要用語
催告の抗弁権

重要用語
検索の抗弁権

(2) 連帯保証

連帯保証とは，保証人が主債務者と連帯して債務を負担することにより主たる債務の履行を担保する契約で，単純保証における主債務の補充性が否定される特殊な保証類型である（454条）。

すなわち，まず主債務者に請求するよう主張して請求を拒むことができず，主債務者と同様，請求を受ければ履行しなければならない。もっとも，付従性はあるので，主債務が消滅すれば連帯保証債務も消滅することになる。

金融機関の取引で行われる保証契約は，ほぼ例外なく連帯保証契約である。

(3) **個人根保証契約**

根保証契約とは，一定の範囲に属する不特定の債務を主たる債務とする保証契約をいい，個人根保証契約とは，根保証契約のうち保証人が法人でないものをいう（465条の2第1項）。

個人根保証契約は，極度額を定めなければ効力を生じない（465条の2第2項）。

(4) **個人貸金等根保証契約**

個人貸金等根保証契約とは，上記(3)の個人根保証契約であって，その主たる債務の範囲に金銭の貸渡しまたは手形の割引を受けることによって負担する債務が含まれるものをいう（465条の3第1項）。

個人貸金等根保証契約については，後記**3**〜**5**で詳しく説明する。

(5) **事業に係る債務についての保証契約**

主たる債務者である法人の役員や支配株主等ではない第三者が保証人の場合には，貸金等を主たる債務とする個人保証契約（根保証契約を含む）を締結する際，事前に保証意思を示す公正証書の作成が必要である（465条の6）。また，主たる債務者は，保証人予定者に対し，保証の委託をする際に自己の財産および収支の状況等の情報を提供しなければならない（465条の10）。

▶ **2. 債務の内容等による分類**

保証は，保証人の保証する債務の内容や範囲によっても類型化

される。

(1) 特定債務の保証（特定保証）

特定保証とは，保証人が主債務者の特定の債務について保証責任を負う保証債務である。契約締結時にはすでにその債務の弁済期や金額が特定されていることから，保証人にとっても予測可能性が担保されている。

(2) 根保証

根保証とは，主債務が特定されておらず，債権者と主債務者との間の継続的な取引関係から生じる一定の不特定債務を担保する保証債務をいう。

根保証には，包括根保証と限定根保証の2つがある。

① 包括根保証

包括根保証とは，債権者と主債務者間の継続的取引から生じる一切の債務について，金額および期間の定めがなく，無制限に担保責任を負う保証債務である。一般に，主債務者と保証人の強い人的関係に基づく債務といえる。

金融機関において締結される根保証で保証人が個人の場合は，個人貸金等根保証契約となると考えられる。保証人が法人の場合は，極度額および期間を定めない包括根保証も可能なので，包括根保証という類型がなくなったわけではない。

② 限定根保証

限定根保証とは，根保証契約のうち，保証の金額または保証期間のいずれかに限度がある保証債務をいう。包括根保証と比べると，保証の額や期間に限りがあることから予測可能性が一定程度確保されている。

個人貸金等根保証契約も，限定根保証に該当する。

2 相続性

　保証債務も債務の１つなので，保証人が死亡したときは相続人に承継されるのが原則である。特定保証の場合は，原則に従って相続される。

　しかし，根保証のうちの包括根保証については，主債務者と保証人の強い人的関係に基づくものであるから，保証人の相続人についても同じような人的関係があるとは限らない。そのため，包括根保証は一身専属（896条ただし書）のものであり，相続の対象とはならないと考えられていた（最判昭和37・11・9）。もっとも，この場合でも，死亡時までにすでに存在した主債務についての保証債務は原則どおり相続の対象となる。

　一方，限定根保証については相続性があると考えられている。また，個人貸金等根保証契約の主債務者または保証人の死亡は元本確定事由に該当し，相続人はその時点で確定した主債務または主債務を担保する保証債務につき相続することになる。

3 個人貸金等根保証契約とは

　個人貸金等根保証契約は，主債務が不特定の債務である「根保証契約」のうちの限定根保証契約の一種である。

　個人貸金等根保証契約とは，一定の範囲に属する不特定の債務を主たる債務とする保証契約（根保証契約）であって，保証人が法人でないものであり（465条の２第１項），その債務の範囲に金銭の貸渡しまたは手形の割引を受けることによって負担する債務が含まれるものをいう（465条の３第１項）。

▶ 1. 要　件

⑴　債務が一定の範囲に属すること

　個人貸金等根保証契約においては，債務の範囲を「一定の範囲」

重要用語

個人貸金等根保証契約

と規定するにとどまっており，被担保債権において「特定の継続的取引」または「一定の種類の取引」と限定されている根抵当とは異なる。

(2) 不特定の債務を主たる債務とする根保証契約であること

既発生の特定債務が主債務に含まれていたとしても，そのほかに不特定の債務が含まれていればこの要件を満たすことになる。

(3) 保証人が個人であること

保証人が法人であるものは除かれる。

(4) 主債務に金銭の貸渡しまたは手形の割引を受けることによって負担する債務が含まれていること

金融機関が行う根保証契約で個人を対象とするものは，そのほとんどがこの要件を満たすことになり，個人貸金等根保証契約になるものと考えられる。

▶ 2. 保証人の責任範囲

保証人は，主たる債務の元本，主たる債務に関する利息，違約金，損害賠償その他その債務に従たるすべてのもの，およびその保証債務について約定された違約金または損害賠償の額についてその全部に係る極度額を限度として履行する責任を負う（465条の2第1項）。

▶ 3. 規　制

(1) 極度額の定め

重要用語

極度額

極度額を定めない契約は，効力を生じない（465条の2第2項）。これは，保証人が負うことになる責任の範囲を金額的な面から画することによって保証人の予測可能性を確保するとともに，根保証契約の締結時に保証の要否およびその必要な範囲について慎重な判断を求めようとする趣旨から規定されたものである。

(2) 書面等によること

個人貸金等根保証契約も保証契約の一種であるから，書面また

は電磁的記録でしなければならない（446条2項・3項）。さらに，個人貸金等根保証契約においては，極度額の定めについても書面または電磁的記録で行わなければ効力を生じない（465条の2第3項）。

(3) 元本確定期日の定め

個人貸金等根保証契約において元本確定期日を定めた場合，その期日は契約締結日から5年以内でなければならない。これも，極度額と同様，保証人の責任範囲を限定して予測可能性を確保するためである。

元本確定期日の定めのない場合，元本確定期日は，契約締結日より3年を経過する日とされる（465条の3第2項）。確定期日を契約締結日から5年を経過する日以後に定めた場合は，その定めは効力を生じず，上記と同様3年を経過する日とされることになる（465条の3第1項・2項）。

元本確定期日の定めについても，書面または電磁的記録で行わなければその効力を生じない（465条の3第4項）。

重要用語
元本確定期日

4 主債務の元本の確定

▶ 1. 意 義

元本の確定は，根保証契約が主債務者と保証人との個人的な信頼関係に基づいて締結されたものであるところ，保証人にとって根保証契約締結の時には予想できなかった事実が発生したときに，元本を確定させて保証人の責任範囲を限定することで保証人の保護を図るとともに，保証人を保証債務から解放する意義を有している。

個人貸金等根保証契約においては，元本確定期日の到来により元本が確定する場合のほか，法定の元本確定事由に基づいて元本が確定する場合がある。

個人貸金等根保証契約の確定事由としては，次の(1)～(3)の3つ
が規定されている（465条の4第1項・2項）。

(1) **債権者が主債務者または保証人の財産について，金銭の支払
を目的とする債権についての強制執行または担保権の実行を申
し立てたとき**

強制執行または担保権の実行手続の開始があったときに限られ
る。また，債権者自身が申立てをしたときに限られることから，
他の債権者が差し押さえたときは確定しない。

(2) **主債務者または保証人が破産手続開始の決定を受けたとき**

主債務者だけではなく，直接の取引先ではない保証人が破産手
続開始の決定を受けたときも確定する。また，主債務者または保
証人が破産手続開始の申立てを行ったにすぎないときは，いまだ
確定しない。

(3) **主債務者または保証人が死亡したとき**

これについては，次の「**5**主債務者または保証人の死亡」で詳
しく説明する。

5 主債務者または保証人の死亡

▶ 1. 民法の規定

個人貸金等根保証契約においては，主債務者または保証人が死
亡すると当然に元本が確定することになる。これは，個人貸金等
根保証契約が個人的な信頼関係を基礎として締結されるものであ
ることから，当事者の死亡後には当該信頼関係が継続しないこと
に鑑みて規定されたものである。

この規定は，根抵当権設定者の死亡が元本確定事由とは定めら
れていない点，および債務者の死亡後に根抵当権者と根抵当権設
定者の合意登記によって定めた相続人を債務者として根抵当権を

継続できる点（398条の8）において根抵当権とは異なる。

なお，主債務者または保証人の死亡により元本が確定するにとどまり，保証人（またはその相続人）の保証債務が免除されるわけではないことは当然である。

▶ 2. 実務における対応

(1) 主債務者の死亡

主債務者が死亡した場合は，保証人は死亡により確定した元本および利息，違約金等について保証債務を負うが，その後に主債務者の相続人に対して行われた融資については責任を負わないことになる。

したがって，相続人に対する新たな融資は，担保のない，いわゆる裸の融資となることから，慎重な判断を心がけなければならない。また，保証人に新たな融資についても保証債務を負わせるためには，保証人との間で別途契約を締結しなければならない。

(2) 保証人の死亡

保証人の死亡によって主債務の元本が確定した場合，その相続人は，確定した元本および利息，違約金等についてのみ保証債務を負うことになる。確定後に主債務者になされた新たな融資については相続人は保証責任を負わないため，主債務者に対して新規の融資を行う場合は，元本確定事由が生じていないかについて慎重に調査をしたうえで決定すべきである。

通常，金融機関が保証人と接する機会は少ないことから，死亡の事実について確認できないまま新規融資を実行してしまうおそれがある。そのため，日頃の債権管理においても，相続等の元本確定事由が生じていないかについて確認を怠らないようにする必要がある。特に，保証人等については，定期的に保証債務の残高や履行状況について通知を行うなどの対策が効果的である。

なお，元本確定後の新たな融資について保証人の相続人に保証

させる場合は，別途，相続人と保証契約を締結する必要がある。

(3) 確定した主債務について

主債務者の死亡によって元本が確定した場合は，その相続人が法定相続分に従って確定した元本を分割承継し，保証人の死亡によって元本が確定した場合は，その相続人が法定相続分に従って保証債務を分割承継することになる。

いずれの場合も債務管理が複雑になることは特定保証と同様である。そのため，特定保証契約の場合と同様に，特定の資力のある相続人に債務引受等により債務を一本化すべきである。

▶ 3. 元本確定後の主債務者または保証人の死亡

元本確定期日の到来または元本確定事由（主債務者または保証人の死亡を除く）が生じたことにより個人貸金等根保証契約の主債務の元本が確定した後に，主債務者または保証人が死亡した場合は，特定保証契約における主債務者または保証人の死亡と同様に考えることができる。

元本確定後に主債務者にした融資は保証されないので，日頃の接触の少ない保証人の死亡には特に注意しよう！

20 主債務者と保証人の死亡

金融機関取引ではほとんどの保証が連帯保証であることから，ここでは，「保証人」とは連帯保証人を意味するものとする。

1 主債務者の死亡

関連過去問題
📝2023年3月
問33

特定債務の保証契約において主債務者が死亡すると，主債務は相続財産として相続人に相続されることになる。相続人は，相続について単純もしくは限定の承認または放棄をしなければならない（915条）。

▶ 1. 単純承認

（1） 効 果

単純承認をした相続人は，主債務を含むすべての債務を承継することになる。このとき，主債務（金銭債務）は可分債務であることから，相続人が数人ある共同相続の場合，主債務は原則として相続開始時に法定相続分に応じて当然に分割され，各相続人が負担することになる（899条・427条）。主債務につき，遺言や遺産分割協議により法定相続分と異なる割合の債務の分割を定めたとしても，これをもって債権者に対抗することはできない（902条の2本文）。もっとも，債権者が承認すれば，債務はその割合で承継されたことになる（同条ただし書）。

一方，保証人の保証債務は主債務とは別個の債務であり，主債務の相続からは何の影響も受けない。

⑵ 実務における対応

① 主債務の管理

主債務者に相続が発生した場合，遅滞なく相続人を確認しなければならない。

債権者は各相続人に対して法定相続分を請求することができるものの，債務者の人数が多くなるほど，債権管理も複雑になってしまう。そこで，実務上は，共同相続人のうち，資力が十分で返済能力を有している者に対して，他の相続人の負担部分を併存的または免責的に債務引受をさせる，または新たに貸付をするなどの方法により債務を一本化して管理を簡便にすることを検討すべきである。これらの契約は，当該相続人と債権者との間だけでも締結することができるが，無用の争いを避けるため，共同相続人全員との間で締結することが望ましい。

② 保証人に対する対応

主債務者の死亡による相続が発生しても，保証人および保証債務は影響を受けない。そのため，従来どおりの管理をすればよく，また，保証人に対して請求をすることも可能である。

もっとも，主債務において，一部の相続人が他の相続人の負担部分について免責的債務引受をする，または新たに貸付を行うなどにより債務を一本化する手続をとった場合は，保証債務の内容に変動が生じることから，保証人の承諾を得る，もしくは新たな保証契約を締結し直さなければならない。

▶ 2. 限定承認

⑴ 効 果

限定承認をした相続人は，相続によって得た財産の限度でのみ被相続人の債務および遺贈を弁済すればよく，これを超えた債務等については責任を免れることになる。

(2) 実務における対応

① 限定承認をした相続人に対する請求

債権者が主債務の全額について支払を請求しても，限定承認者は相続財産を超えた部分については弁済の責任を免れるから，限定承認者から主債務の全額を回収することができなくなるおそれがある。なお，限定承認後に新たな相続財産が発見された場合は，その限度で相続債務を支払わなければならない。

② 保証人に対する請求

限定承認をしたとしても，主債務の一部が消滅するわけではない。そのため，保証人は限定承認後も主債務の全額について責任を負っている。

つまり，債権者が保証人に対して保証債務の履行を請求した場合，保証人は主債務の全額について弁済する義務を免れることができない。したがって，相続人が限定承認をした場合は，保証人から回収をすべきである。

なお，限定承認における配当弁済は弁済期未到来の債権も弁済を受けることができるが（930条1項），主債務の弁済期が到来したわけではないことから，保証人は直ちにその支払を義務付けられることにはならない。

また，保証人は保証債務を履行することにより主債務者の相続人に対して求償権を取得するが，この場合も保証人は相続人に対し，相続財産の範囲でしか求償できないことになる。

2 相続放棄と保証人に対する請求

▶ 1. 主債務者の相続人の相続放棄

相続放棄をした相続人は，その相続に関してはじめから相続人でなかったものとみなされる（939条）。相続放棄は，相続人の固有の権利を保護するための制度であるから，債権者が相続人に主

債務の弁済を請求した後に当該相続人が相続放棄をした場合でも請求は認められない。また，はじめから相続人でないことになるから，代襲相続の原因ともならない。

したがって，相続人に資力のある者がいても，その相続人が相続放棄をした場合は，他の相続人からの回収を図るしかない。

▶ 2. 保証人に対する請求

主債務者の相続人が相続放棄をしても，主債務が消滅するわけではないため，保証人は主債務の全額について弁済する義務を免れることができない。よって，債権者が保証人に対して保証債務の履行を請求すれば，保証人はこれに応じなければならない。これは，相続人の全員が相続放棄をして相続人不存在となった場合でも同様である。

3 保証人による主債務の相続

▶ 1. 地位の存続

主債務者の死亡により，保証人が主債務者の相続人として主債務を相続することがある。このとき，保証人としての地位は消滅するわけではなく，当該相続人は，保証人としての地位と主債務者としての地位を併せて承継することになる。すなわち，当該相続人は，主債務者として主債務を弁済することもできる一方，保証人として保証債務を履行することもできるのである。

また，保証人が主債務の相続人として限定承認または相続放棄をしたとしても，保証人としての債務を免れるわけではないので，引き続き全額について保証責任を負う。

▶ 2. 保証人の債務弁済

債務の弁済は「債務の承認」にあたり，債務の承認をすると時効は更新する（152条1項）。保証人と主債務者が別人格である通常の場合，主債務と保証債務は別個の債務であるから，別々に時

効が進行する。そして，保証債務の付従性から，主債務者の弁済等の「債務の承認」によって主債務に生じた時効の更新は，保証人に対しても効力を生じる，すなわち，保証債務も時効が更新する（457条１項）ことになる。一方で，保証人が保証債務の承認を行うなどによって保証債務の時効が更新または完成猶予となっても，主債務には何の影響も及ぼさない。

▶ 3. 主債務を相続した保証人の保証債務の弁済と主債務の時効の更新

(1) 判例の見解

上記▶2.は主債務者と保証人が別人格の場合であるが，保証人が相続により主債務を承継した場合はどうか。

この点，保証人が主債務者を相続した後に保証債務の履行として弁済を行った事案において，最高裁は，保証債務の付従性に照らせば，保証債務の弁済は，通常，主たる債務が消滅せずに存在していることを前提とするのが当然であること，同一人物が主たる債務者としての地位と保証人としての地位とにより異なる行動をすることは想定しがたいことなどから，保証人が主債務を相続したことを知りながら保証債務の弁済をした場合，かかる弁済が保証債務の履行としての弁済であっても，当該弁済は特段の事情がない限り，主債務の承認を表示することを包含するものといえるとして，主債務の時効も中断（更新）すると判示した（最判平成25・9・13）。

もっとも，この判決は主債務を相続したことを知っていることを前提としているから，保証人自身が相続した事実を知らないで弁済した場合には本判決の射程は及ばない可能性はある。

(2) 実務における対応

時効は主債務と保証債務とで別個に進行するため，その管理においては，債務を消滅させないように注意する必要がある。特に，

履行の請求や承認等の時効の更新または完成猶予事由が主債務と保証債務とのいずれかに生じた場合，それが他方に効力を及ぼすかについてそのつど確認すべきである。

判決のように同一人物に地位が承継されると特殊な扱いとなるが，保証人の認識によっては更新または完成猶予の効力が及ぶ場合とそうでない場合とがある可能性があるため，保証人から弁済を受けるにおいては，主債務の存在について確認することが必要である。

4 保証人の死亡

▶ 1. 相続の発生

保証契約において保証人が死亡し，相続人が単純承認をした場合，保証債務も保証人の債務として相続の対象となり，相続人が承継することになる。

複数の相続人による共同相続の場合は，主債務と同様，各相続人の法定相続分に従って分割承継される。共同相続人間で保証債務につき遺産分割協議が成立したまたは被相続人の遺言が存在した等の事情により，法定相続分とは異なる割合の債務の分割を定めても，債権者たる金融機関が承諾しない限り対抗することができない。したがって，金融機関は各共同相続人に対し，法定相続分の限度で各保証人に保証債務の履行を請求することができる。

▶ 2. 限定承認・相続放棄

相続人が（複数の場合は全員で）家庭裁判所に対して限定承認をする旨を申述した場合は，相続人に対し相続財産を超えて保証債務の履行を請求することができなくなる。相続人が相続放棄をした場合も，当該相続人に対する請求ができなくなる。

▶ 3. 実務の対応

保証債務に相続が発生した場合，相続人を確認し，各相続人が

承継する保証債務の数と金額を明らかにする必要がある。ここで，主債務者が主債務を約定どおり返済している場合，死亡した被相続人のほかにも資力のある保証人が存在する場合，または十分な物的担保が確保されている場合等においては実質的な問題はさほど生じず，法的には特別な手続は不要である。この場合，被相続人が保証人であったことを相続人が知らないことも多いことから，無用の争いを避けるため，各相続人に対して現存している保証債務について確認する旨の念書の差入れを依頼するなどの対応をすべきである。

　上記に該当しない場合は，相続人に対して保証の履行を請求することになる可能性があるが，複数の相続人が保証債務を分割して承継した状態では，管理や履行の請求が複雑となってしまう。

　そのため，相続人のうち資力のある特定の相続人に，他の相続人の負担部分について併存的もしくは免責的に債務引受をさせる，または新たに保証契約を締結し直す等の措置をとるべきである。

　なお，保証人の死亡によって主債務者の信用，資力など債権保全上の問題が生じると思われるときには，保証人の追加もしくは交代，これに代わる担保要求等により債権の保全強化を図るべきであり，新たな融資には慎重な判断が必要となる。要求が受け入れられないときは，銀行取引約定書等の約定に基づき，主債務の期限の利益を喪失させ，回収手続への移行を検討すべきである。

5 　無権代理と相続

　保証契約（連帯保証契約も同様）を本人のために締結した代理人の行為が代理権のない無権代理行為であった場合，本人が追認しない限り無効であり（113条），無権代理人は，相手方の選択に従い，相手方に対して履行または損害賠償の責任を負うことになる（117条）。一方，本人は，当該無権代理行為について，追認ま

重要用語

無権代理行為

第2編

たは追認の拒絶をすることができる（113条2項）。

▶ 1. 本人の死亡と無権代理人の相続

⑴　地位の併存

　無権代理行為について，無権代理人が本人の相続人であった場合，本人が死亡することにより無権代理人は本人としての地位を承継する。そのため，無権代理行為について履行または損害賠償責任を負う無権代理人としての地位と，追認または追認拒絶をすることができる本人としての地位が併存することになる。

⑵　単独相続の場合

　無権代理人が本人を単独相続する場合，本人が自ら法律行為をしたのと同様の法律上の地位が生じた，すなわち無権代理行為が追認されたものと解される（最判昭和40・6・18）。これは，相続人が無権代理人1人のみであった場合のほか，他の法定相続人が相続放棄をした結果，無権代理人が単独で相続した場合も同様である。

　このように解されるのは，権限がないにもかかわらず自ら無権代理行為を行った者が，本人を相続したという偶然の事情をもって追認を拒絶することは，信義則に違背するからである。

　したがって，債権者たる金融機関が無権代理人に対して保証債務の履行を請求すれば，無権代理人は追認を拒絶できず，履行債務を負うことになる。もっとも，本人とは異なり無権代理人に資力があるとは限らないため，必要があれば保証人を追加する，または新たな担保を設定すること等も検討すべきである。

⑶　共同相続の場合

　一方，無権代理人が他の相続人と共同で相続をした場合は，無権代理行為は当然に有効となるものではない。すなわち，無権代理行為の追認をする（または追認を拒絶する）権利は金銭債務と異なり不可分的に共同相続人に帰属するため，各相続人が自身の

相続分の割合の範囲で権利を行使することはできず，全員で共同
して行う必要がある。そのため，他の共同相続人全員が無権代理
行為の追認をしている場合に無権代理人が追認を拒絶することは
信義則上許されないとしても，他の共同相続人全員の追認がない
限り，無権代理行為は，無権代理人の相続分に相当する部分につ
いても当然には有効にはならない（最判平成5・1・21）。

　つまり，共同相続人全員が追認しない限り無権代理行為は無効
であるところ，特別の事情がない限り相続人全員が追認して保証
債務を負うことは通常想定しえない。この場合，無権代理人に対
して履行請求または損害賠償請求をすることができるが，資力等
に問題があり十分な履行が期待できないこともある。

　したがって，金融機関としては，速やかに新たに保証人を追加
するまたは新たな担保を設定するなど，債権の保全に努めるべき
である。

▶ 2. 無権代理人の死亡と本人の相続

　一方，保証契約を無権限で締結した無権代理人が死亡し，本人
がその相続人として承継した場合，本人は追認を拒絶することが
できる。もっとも，無権代理人としての117条1項に定める履行
責任または損害賠償責任を免れることはできない（最判昭和48・
7・3）。したがって，本人に対し保証債務の履行を求めることは
できる。

保証契約を本人のために締結した代理人の行為
が無権代理行為であった場合は，本人が追認し
ない限りその保証契約は無効だよ！

21 被相続人の預金や担保物件（不動産）からの融資金の回収

1 被相続人の預金からの融資金の回収

　融資先に相続が発生した場合，被相続人の預金から融資金を回収する方法として，相殺や預金担保貸付の場合の質権実行等が考えられる。

▶ 1. 相　殺

　相殺は，2人が互いに同種の目的を有する債務を負担する場合において，双方の債務が弁済期にあれば（相殺適状），原則として行うことができる（505条1項）。

　そのため，金融機関は，融資金債権の弁済期が到来していれば，預金債権について自ら期限の利益を放棄することにより融資金債権と預金債務を相殺できるものと解される（なお，共同相続された普通預金債権，通常貯金債権および定期貯金債権が遺産分割の対象となる旨の判断を示した最高裁平成28年12月19日大法廷決定は，共同相続された預貯金債権が共同相続人の準共有となるとの理解を前提としているものと考えられる。そのような理解を前提とした場合，金融機関による預金債権を受動債権とする相殺が許されるかについては解釈の問題が生じるため，今後の判例，学説の動向に注意する必要がある。以下同じ）。

　それでは，被相続人の預金が裁判所による強制執行の差押命令を受けていた場合はどのように考えればよいか。

　この点に関し，民事執行法41条は「強制執行は，その開始後に債務者が死亡した場合においても，続行することができる」と定

関連過去問題
✎2024年3月
　問33

📖重要用語
相殺

💡補足
金融機関は，相殺の要件を満たしさえすれば自由に相殺することができるものと解されている。

めており，預金者の生前に差押えの対象となった預金の預金者に相続が発生した場合，死亡によっても預金債権に対する差押えの効力は維持していると考えられる。そのため，差押えと金融機関による相殺のどちらが優先するかが問題となるが，この場合，融資金債権を預金債権に対する差押え前に取得していれば，弁済期の前後を問わず相殺が認められるのが原則である（511条1項）。

　なお，共同相続の場合，金銭債務である融資金債務は相続開始と同時に法律上当然に共同相続人に分割承継されていることから，相殺の意思表示は各相続人に対して行う必要がある点に注意しなければならない。

▶ 2. 質権実行

　金融機関が自行の定期預金を担保に金銭を貸し付けていた場合，質権設定者である融資先が死亡すると，質権の目的となっている定期預金債権と質権設定者たる地位は相続人に承継される（896条）。なお，相続人が複数いる場合，預金債権は遺産分割の対象となる（最決平成28・12・19）が，遺産分割協議により特定の相続人が相続開始時にさかのぼって定期預金債権を承継したとしても，質権者である金融機関を害することはできないので，質権の実行に支障はない（909条）。

　そのため，金融機関としては，質権の目的となっている定期預金契約を継続する場合には同預金の名義人を相続人に変更する必要がある。また，融資金債権について定められた期限の利益喪失事由が認められる場合には，質権を実行して定期預金を払い戻したうえで貸付債権に充当することができる（366条1項）。

　なお，定期預金債権に質権を設定していた場合であっても，質権を実行するのではなく，より手続が簡易な当該定期預金債権と融資金債権との相殺を行うのが一般的である。もっとも，相殺は一方的な意思表示であり，各相続人に対する相殺通知を省略する

重要用語
質権

ことはできない点に注意する必要がある。

2　担保物件（不動産）からの融資金の回収

▶ 1. 被相続人の所有不動産に抵当権が設定されている場合

(1)　相続による担保権への影響

🔍 参照

抵当権と根抵当
権については，第
2編「18担保と相
続」参照。

　被相続人の所有不動産に抵当権または根抵当権が設定されていた場合，相続によっても担保権のもつ換価権に影響はないため，担保権の実行は可能である。この場合，当該不動産を相続した者が抵当権設定者または根抵当権設定者としての地位を承継することになる。

　このことは，相続人が単純承認，限定承認および相続放棄のうちいずれの相続方法を選択した場合でも同様である。

(2)　不動産競売の申立てと登記

　被相続人の所有不動産に設定された抵当権または根抵当権を実行する場合，当該不動産の所有権を承継した相続人を競売手続の当事者として不動産競売を申し立てることになる。

　しかし，相続人が相続不動産について相続を原因とする所有権移転登記をしていないときには，相続人を所有者として不動産競売を申し立てても，競売手続の当事者と当該不動産の登記簿上の所有者が異なるため，競売開始決定後，差押登記の嘱託は受理されないことになる。

　たとえば，Aが所有する不動産に抵当権を設定していたところ，Aが死亡し，当該不動産をBが相続した場合，抵当権者としては，相続開始時のAという所有者名義を，競売申立時の所有者であるBに変更する必要が生じるのである。

　そのため，仮に，相続人が相続を理由とする所有権の移転登記手続に協力しない場合，債権者は債権者代位（423条）により所有権移転登記手続をしておく必要がある。

具体的には，債権者が相続人を所有者とする不動産競売を申し立てる際，競売申立書と併せて競売申立書受理証明を申請し，当該証明書を代位原因証書として相続登記の代位登記申請を行うことになる。代位による相続登記が済み，相続登記が経由された登記事項証明書を執行裁判所に提出すると，競売開始決定，差押登記嘱託と手続が進行する。

　なお，債務者が死亡した場合は，抵当権の債務者名義についても変更登記手続が必要となる。もっとも，債務者名義については，戸籍謄本等で債務の相続関係を明らかにすることで，不動産競売を申し立てることができる。

　また，すべての相続人が相続放棄をした結果，相続人が誰も存在しない状態となった場合，債権者は，自ら相続財産清算人の選任を申し立て，相続財産清算人を相手に担保権実行の諸手続を行うこととなる。

▶ 2. 物上保証の場合

　融資先に相続が発生し，被相続人以外の第三者の所有不動産に抵当権または根抵当権の設定を受けていた場合についても，上記 ▶1.(1)の場合と同様，相続によっても担保権の効力には影響はない。

　また，免責的債務引受がなされた場合で，免責的債務引受契約の当事者以外の者が所有する不動産に担保権が設定されていたときには，当該担保権は，当該所有者の承諾がなければ移転しないので注意が必要である（472条の4）。

▶ 3. 根抵当権取引の承継

　被相続人の所有不動産に根抵当権が設定されていた場合，債務者の死亡により根抵当権の元本は確定するのが原則である（398条の8第4項）。

　そのため，相続人に対して新たな融資をする場合等，相続開始

時に存在する債務のほか，相続人が新たに負担する債務を被担保債権に含めるためには，相続開始後6ヵ月以内に設定者との間で「指定債務者の合意」の登記をする必要がある。

被相続人や第三者が所有する不動産に抵当権や根抵当権の設定を受けていても，担保権の効力には影響しないよ！

理解度チェック

❶ 被相続人の所有不動産に設定された抵当権または根抵当権を実行する場合，当該不動産の所有権を承継した相続人を競売手続の当事者として不動産競売を申し立てる。

❷ 相続人が存在しない場合，債権者は自ら相続財産清算人となって担保権実行の諸手続を行う。

❸ 相続された貸付債権の期限が到来して相殺適状にある場合，金融機関は相続人の相続預金とその貸付債権とを相殺することができる。

解答
❶ ○
❷ × 相続人が存在しない場合，債権者は，自ら相続財産清算人の選任を申し立て，相続財産清算人を相手に担保権実行の諸手続を行う。
❸ ○

第 3 編

相続税の基礎知識

1 | 相続税の納税義務者と課税財産

1　相続税の納税義務者

　相続税の納税義務者は，原則として，相続もしくは遺贈により財産を取得した個人または被相続人からの贈与について相続時精算課税制度の適用を受けた個人である（相続税法１条の３）。

関連過去問題
- 2024年3月
  問2・問12・
  問35
- 2023年10月
  問11・問13・
  問35
- 2023年3月
  問14・問35
- 2022年10月
  問12・問16・
  問17・問35

　個人の納税義務者は，「無制限納税義務者」と「制限納税義務者」に分かれる（贈与税の納税義務者についても同様）。なお，相続または遺贈により財産を取得しなかった個人で，被相続人から相続時精算課税の適用を受ける財産を贈与により取得していた者は「特定納税義務者」といい，相続時精算課税の適用を受けた財産について納税義務がある（相続税法１条の３第４号・21条の16第１項）。

　納税義務者と課税対象財産の範囲は，次表のとおりである。

● 納税義務者と課税対象財産の範囲

納税義務者の種類		課税対象財産
無制限納税義務者	居住無制限納税義務者	国内財産・国外財産
	非居住無制限納税義務者	
制限納税義務者	居住制限納税義務者	国内財産
	非居住制限納税義務者	
特定納税義務者		相続時精算課税の適用を受けた財産

次表は，相続税および贈与税の納税義務者の判定を表したもの
である。

●相続税および贈与税の納税義務者の判定 （特定納税義務者を除く）

被相続人 贈与者 ＼ 相続人・受遺者・受贈者		国内に住所あり	国内に住所なし		
			日本国籍あり		日本国籍なし
		一時居住者 ※1	相続開始前10年以内に国内に住所あり	相続開始前10年以内に国内に住所なし	
国内に住所あり		居住無制限納税義務者	非居住無制限納税義務者	非居住無制限納税義務者	非居住無制限納税義務者
	外国人被相続人※2 外国人贈与者※2	居住制限納税義務者	非居住無制限納税義務者	非居住制限納税義務者	非居住制限納税義務者
国内に住所なし	相続開始前10年以内に国内に住所あり	居住無制限納税義務者	非居住無制限納税義務者	非居住無制限納税義務者	非居住無制限納税義務者
	非居住被相続人 ※3 非居住贈与者 ※3 / 相続開始前10年以内に国内に住所なし	居住制限納税義務者	非居住無制限納税義務者（国内・国外財産ともに課税）	非居住制限納税義務者（国内財産のみに課税）	非居住制限納税義務者

（無制限納税義務者の区分：国内・国外財産ともに課税／制限納税義務者の区分：国内財産のみに課税）

※1　出入国管理及び難民認定法別表第1の在留資格で滞在している者で，相続・贈与前15年以内
　　において国内に住所を有していた期間の合計が10年以下の者
※2　出入国管理及び難民認定法別表第1の在留資格で滞在している者
※3　日本国内に住所を有していた期間，日本国籍を有していない者

出典　税務大学校講本相続税法（令和6年度版）に加筆

第3編

2 相続税の課税財産

▶ **1. 本来の課税財産**

　相続税の課税対象とされる財産は，被相続人に帰属していた財産上の権利義務のうち，相続または遺贈により相続人または受遺者が取得する財産であり，金銭に見積もることができる経済的価値のあるものすべてである。これらが，本来の相続財産である。

▶ **2. みなし相続財産**

　本来の相続財産のほか，法律的には被相続人から相続または遺贈により取得したものではないが，実質的に相続または遺贈により取得した財産と同様の経済的効果をもつものとして，みなし相続財産がある（相続税法3条1項等）。みなし相続財産には，一定の生命保険金等や退職手当金等がある。

> 🔖 **重要用語**
>
> **みなし相続財産**

▶ **3. 相続開始前7年以内に贈与を受けた財産**

　相続または遺贈により財産を取得した者が，相続開始前7年（令和6年以降，漸次3年から7年に延長）以内に被相続人から贈与を受けていた財産がある場合には，原則として，当該財産の贈与時点における評価額（その財産のうち相続開始前3年以内に贈与により取得した財産以外の財産については，その財産の価額の合計額から100万円を控除した残額）が相続税の課税価格に加算され，相続税が課税される（相続税法19条）。

●暦年課税による生前贈与の加算対象期間

贈与の時期	贈与者の相続開始日	加算対象期間
令和5年12月31日まで	－	相続開始前3年間
令和6年1月1日から	令和6年1月1日から令和8年12月31日まで	相続開始前3年間
	令和9年1月1日から令和12年12月31日まで	令和6年1月1日から相続開始日まで
	令和13年1月1日から	相続開始前7年間

なお，上記の場合において，加算された贈与財産に課税されていた贈与税相当額は，算出される相続税額から控除される（相続税法19条1項）。

参照
相続時精算課税については，第3編「7 相続時精算課税」参照。

▶ 4. 相続時精算課税の適用を受けた財産

　被相続人の生前に相続時精算課税の適用を受けて贈与を受けた財産がある場合にも，当該財産の贈与時点における評価額（令和6年以後に贈与により取得した財産の価額は，基礎控除額を控除した後の残額）が相続税の課税価格に加算され，相続税が課税される（相続税法21条の15第1項・21条の16第1項・3項）。

　この場合，相続時精算課税の適用を受けた財産について課税されていた贈与税相当額は，相続税額から控除され，相続税額から控除しきれない贈与税相当額については還付を受けることができる（相続税法21条の15第3項・27条3項・33条の2）。

3　相続税の非課税財産

重要用語
相続税の非課税財産

　相続税の非課税財産とは，相続または遺贈により取得した財産（みなし相続財産を含む）であっても，公益性や社会政策的見地あるいは国民感情の面から，相続税の課税対象から除かれているものである（相続税法12条等）。

　具体的には，次の①〜⑤が該当する。

---

① 墓所，霊廟および祭具ならびにこれらに準ずるもの

② 一定の公益事業を行う者が取得した公益事業用財産

③ 相続人が取得した生命保険金等のうち一定の金額

④ 相続人が取得した退職手当金等のうち一定の金額

⑤ 相続税の申告書の提出期限までに国，地方公共団体，特定の公益法人または認定特定非営利活動法人に贈与（寄附）した財産等

第3編

▶ 1. 生命保険金等や退職手当金等

　上記③の生命保険金等と上記④の退職手当金等のうち非課税とされる一定の金額は，次の算式により計算される（相続税法12条5項・6項）。

> 非課税限度額＝500万円×法定相続人の数

　上記の計算式における「法定相続人の数」は，相続の放棄をした相続人がいたとしても，その相続の放棄はなかったものとして，当初から想定されていた法定相続人の数によることとされている。

　また，相続税の計算における法定相続人の数には養子の数に制限があり，被相続人に実子がいる場合には1人，被相続人に実子がいない場合には2人までとされている（相続税法15条2項）。

　ただし，次の①〜④に該当する者は，実子とみなされる（相続税法15条3項）。

> ①　特別養子縁組により養子となった者
>
> ②　配偶者の実子で，被相続人の養子となった者
>
> ③　配偶者の特別養子縁組により養子となった者で，被相続人の養子となった者
>
> ④　実子等の代襲相続人

　なお，遺産に係る基礎控除額を計算する際の「法定相続人の数」，相続税の総額を計算する際の「法定相続人の数」についても同様である（相続税法15条1項・16条）。

▶ 2. 弔慰金等の取扱い

　被相続人の死亡によって受ける弔慰金や花輪代，葬祭料などについては，通常，相続税の課税対象とはならない。

　しかし，被相続人の雇用主などから弔慰金等の名目で受け取った金銭などのうち，実質的に退職手当金等に該当すると認められる部分については相続税の課税対象になる。具体的には，次に掲

げる金額を弔慰金等に相当する金額とし，これを超える部分に相当する金額は，退職手当金等として相続税の課税対象となる。

(1) 被相続人の死亡が業務上の死亡であるとき

　被相続人の死亡当時の普通給与の3年分に相当する額

(2) 被相続人の死亡が業務上の死亡でないとき

　被相続人の死亡当時の普通給与の半年分に相当する額

💡 補足

普通給与とは，俸給，給料，賃金，扶養手当，勤務地手当，特殊勤務地手当などの合計額をいう。

4 債務控除

▶ 1. 対象となる債務

　相続税の課税価格の計算において，相続人または包括受遺者が負担した債務の金額は，取得財産の価額から控除される（相続税法13条）。この債務控除の対象となるのは，次の①〜③に該当する債務である。

> ① 相続人または包括受遺者が承継した債務
> ② 被相続人の債務で相続開始の際現に存する債務（公租公課を含む）
> ③ 確実と認められる債務

　たとえば，被相続人の土地に係る固定資産税で相続開始後に納期限が到来したものや，相続開始日までに生じた被相続人の所得に係る所得税は，債務控除の対象となる。また，被相続人が負担することが確定した連帯債務の金額についても，債務控除の対象となる。

▶ 2. 対象とならない債務

　一方，被相続人が他人の借入金の保証人になっていた場合，その保証債務は，原則として，債務控除の対象とはならない。保証債務は，それを履行した場合は求償権の行使により補てんされるという性質を有するため，確実な債務とはいえないからである。ただし，主たる債務者が弁済不能の状態にあるため，保証人がそ

第3編

の債務を履行しなければならない場合で，かつ，主たる債務者に求償権を行使しても弁済を受ける見込みのない場合には，その弁済不能部分の金額については，債務控除の対象となる。

また，被相続人の債務であっても，相続税の非課税財産である墓所・霊廟および祭具ならびにこれらに準ずるもの，宗教・慈善・学術その他公益を目的とする事業の用に供する財産の取得・維持または管理のために生じたものの金額は，これらの財産を課税価格に算入しないこととの兼合いから，控除しないこととされている（相続税法13条3項）。

▶ 3. 葬式費用

相続人または包括受遺者が負担した葬式費用は，相続税の課税価格の計算において控除することとされている（相続税法13条1項2号）。葬式費用は，債務とは本質的に異なり，本来であれば遺族が負担すべきものであるが，相続開始に伴う必然的な出費であり，いわば相続財産そのものが担っている負担ともいえることを考慮して控除することとされている。

⑴ **控除の対象となる葬式費用**

一般に，葬式もしくは葬送に際し，またはこれらの前において支出した次の①〜④の費用は，葬式費用として，相続税の課税価格の計算において控除することができる。

> ① 埋葬・火葬・納骨または遺がいもしくは遺骨の回送その他に要した費用（仮葬式と本葬式とを行う場合には両者の費用）
> ② 葬式に際し施与した金品で，被相続人の職業・財産その他の事情に照らして相当程度と認められるものに要した費用
> ③ 葬式の前後に生じた費用で，通常葬式に伴うものと認められるもの

④　死体の捜索または死体もしくは遺骨の運搬に要した費用

(2)　葬式費用に該当しないもの

　一般に，香典返戻費用，墓碑・墓地の購入費および墓地借入料，初七日その他法要のための費用，医学上・裁判上等で特別の処置に要した費用は，葬式費用には該当しない。

相続税の課税財産は，本来の相続財産だけではないので気を付けよう！

理解度チェック

❶　相続税の申告書の提出期限までに，被相続人が居住していた市に寄附した財産は，相続税の課税対象とならない。

❷　被相続人の死亡にかかる相続税の申告に伴う税理士報酬は，債務控除の対象となる。

❸　被相続人に配偶者・実子1人・養子2人がいる場合，遺産に係る基礎控除額を計算する際の法定相続人の数は3人である。

解答　❶　○
　　　　❷　×　相続税の申告に伴う税理士報酬は，被相続人の債務ではないため，債務控除の対象とならない。
　　　　❸　○

2 ｜ 相続税の計算の仕組み

1 相続税の計算の仕組み

相続または遺贈により財産を取得した者が納付する相続税額は，3つの段階を経て計算される。

相続税の計算における「法定相続人の数」は，相続の放棄をした相続人がいたとしても，その相続の放棄はなかったものとして，当初から想定されていた法定相続人の数による。また，養子の数に制限があり，被相続人に実子がいる場合には1人，被相続人に実子がいない場合には2人までである。ただし，特別養子縁組により養子となった者，配偶者の実子で被相続人の養子となった者，配偶者の特別養子縁組により養子となった者で被相続人の養子となった者，実子等の代襲相続人は，実子とみなされる。

関連過去問題

- 2024年3月 問15・問16・問17
- 2023年10月 問14・問15・問47・問48
- 2023年3月 問15・問16・問17・問18
- 2022年10月 問13・問15・問45・問46

● 相続税額の計算の段階

【第1段階】課税価格の計算	相続または遺贈により財産を取得した者に係る課税価格（**各人の課税価格**）を個々に計算し，その後，同一の被相続人から相続または遺贈により財産を取得したすべての者の相続税の**課税価格の合計額**を計算する。

【第2段階】相続税の総額の計算	課税価格の合計額から**遺産に係る基礎控除額**を控除した残額（**課税遺産総額**）を「法定相続人の数」に応じた「法定相続分」により配分し，相続税の総額を計算する。

【第3段階】各人の納付税額の計算	相続税の総額を各人が取得した財産の額（割合）に応じて配分し，各人の**算出税額**を計算する。その後，各人の算出税額から各人に応じた各種の**税額控除額**を控除し，各人の納付すべき税額を計算する。

●相続税の計算の流れ

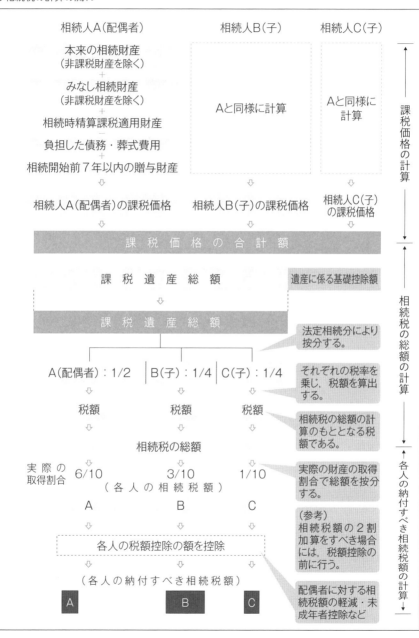

第3編

2　課税価格

相続または遺贈により財産を取得した者に係る課税価格（各人の課税価格）は，次の算式により計算される。各人の課税価格を合計したものを，課税価格の合計額という。

> 各人の課税価格＝本来の相続財産＋みなし相続財産＋相続時精
> 　　　　　　　　算課税適用財産－債務・葬式費用＋相続開始
> 　　　　　　　　前７年（令和６年以降，漸次３年から７年に
> 　　　　　　　　延長）以内の贈与財産
> ※　「本来の相続財産」と「みなし相続財産」に非課税財産がある場合には，これを差し引く。

▶ 1. 相続財産の中に宅地がある場合

被相続人等の居住の用または事業の用に供されていた宅地等で，一定の要件を満たすものは，相続税の課税価格に算入すべき価額の計算上，一定割合を減額することができる（租税特別措置法69条の４）。この特例を，小規模宅地等についての相続税の課税価格の計算の特例という。

🔍参照

小規模宅地等についての相続税の課税価格の計算の特例については，第３編「5相続財産の評価」参照。

▶ 2. 代償分割が行われた場合

代償分割とは，共同相続人または包括受遺者のうちの一部の者が遺産の現物を取得し，他の者に対して債務（代償債務）を負担する遺産分割の方法である。

代償分割が行われた場合には，代償財産の交付を受けた者および交付をした者について，それぞれ代償財産の価額を加算・減算して相続税の課税価格を求める。

🔍参照

代償分割については，第１編「5遺産分割」参照。

3 　遺産に係る基礎控除額と課税遺産総額

　相続税の計算においては，課税価格の合計額から遺産に係る基礎控除額を差し引く。遺産に係る基礎控除額は，いわば相続税の課税最低限度額である。遺産に係る基礎控除額よりも課税価格の合計額のほうが少ない場合には，相続税は課税されない。

　遺産に係る基礎控除額は，次の算式により計算される（相続税法15条1項）。

> 遺産に係る基礎控除額＝3,000万円＋600万円×法定相続人の数

　課税価格の合計額から遺産に係る基礎控除額を控除した残額を，課税遺産総額という。

4 　相続税の総額

　相続税の総額は，同一の被相続人から相続または遺贈により財産を取得したすべての者に係る相続税の税額である。相続税の総額は，課税遺産総額を「法定相続人の数」に応じた「法定相続分」により取得したものとして按分した各取得金額を求め，各取得金額に相続税の8段階の超過累進税率を乗じて計算した金額を合計することにより計算される（相続税法16条）。

● 相続税の税率表

基礎控除後の課税価格	税率	控除額
1,000万円以下	10%	－
3,000万円以下	15%	50万円
5,000万円以下	20%	200万円
1億円以下	30%	700万円
2億円以下	40%	1,700万円
3億円以下	45%	2,700万円
6億円以下	50%	4,200万円
6億円超	55%	7,200万円

5　各人の算出税額

　各相続人または受遺者の相続税額（各人の算出税額）は，相続税の総額に按分割合を乗じて計算される（相続税法17条）。

　按分割合の計算において小数点以下第2位未満の端数が生じた場合には，各相続人等の全員が選択した方法により，その合計値が1になるように端数を調整して各相続人等の相続税額を計算して差し支えない。

6　各人の納付税額

▶ 1. 相続税額の2割加算

　被相続人から相続または遺贈により財産を取得した者が被相続人との血族関係の薄い者である場合やまったく血族関係がない者である場合，その財産の取得は偶然性が強いものと考えられる。また，被相続人が子を越えて孫に財産を遺贈すると，相続税の課税を1回免れることになる。そこで，一定の財産取得者については，算出税額にその2割相当額を加算した金額をもってその者の納付すべき相続税額としている（相続税法18条）。この加算措置を，相続税額の2割加算という。

　相続税額の2割加算の対象者は，被相続人の一親等の血族または被相続人の配偶者以外の者である。

　ただし，被相続人の直系卑属が相続開始前に死亡または相続権を失ったために代襲相続人となった当該被相続人の直系卑属は，被相続人の一親等の血族に含まれるものとし，相続税額の2割加算の対象者とはならない（相続税法18条2項）。

　他方で，被相続人の直系卑属（代襲相続人である者を除く）が被相続人の養子となっている場合の当該養子（民法上，被相続人の一親等の法定血族に該当する）は被相続人の一親等の血族に含

まれないものとし，相続税額の２割加算の対象者となる（相続税法18条１項）。

▶ 2. 税額控除

各人の納付税額は，各人の算出税額（相続税額の２割加算の対象となる場合には加算後の金額）から，各人に応じた次の①〜⑦の税額控除を控除して求められる。

重要用語
税額控除

---

① 暦年課税分の贈与税額控除

② 配偶者に対する相続税額の軽減

③ 未成年者控除

④ 障害者控除

⑤ 相次相続控除

⑥ 外国税額控除

⑦ 相続時精算課税の適用を受けた贈与に係る贈与税額の控除

⑴ 暦年課税分の贈与税額控除

課税価格に加算した「相続開始前７年（令和６年以降，漸次３年から７年に延長）以内の贈与財産」に課税されていた贈与税額は，二重課税を排除するため，算出税額から控除する（相続税法19条１項ただし書）。

⑵ 配偶者に対する相続税額の軽減

被相続人の配偶者については，その課税価格が，課税価格の合計額のうち配偶者に係る法定相続分相当額までである場合，または１億6,000万円以下である場合には，税額控除により納付すべき相続税額が算出されないこととされている。この税額控除を，配偶者に対する相続税額の軽減という（相続税法19条の２）。

これは，配偶者による財産の取得は同一世代間の財産移転であり，いずれは次の相続が生じて相続税が課税されるのが通常であること，長年共同生活を営んできた配偶者に対する配慮，遺産の

重要用語
配偶者に対する
相続税額の軽減

第3編

維持形成に対する配偶者の貢献等を考慮して設けられたものである。

この税額控除の適用を受けることができるのは，法律上の婚姻の届出をした被相続人の配偶者であり，無制限納税義務者，制限納税義務者の別を問わない。また，配偶者が相続を放棄しても適用を受けることができる。

⚠ 注意
いわゆる内縁の配偶者には，この特例は適用されない。

⑶ 未成年者控除

相続または遺贈により財産を取得した者が，被相続人の法定相続人かつ未成年者である場合に，その者の算出税額から次の金額を差し引くものである（相続税法19条の3）。

> 未成年者控除額＝10万円×（18歳－その未成年者の年齢）※
> ※　1年未満の端数があるときは，これを1年とする。

なお，未成年者の算出税額から控除しきれなかった金額は，その者の扶養義務者の相続税額から控除することができる。

⑷ 障害者控除

相続または遺贈により財産を取得した者が，被相続人の法定相続人かつ85歳未満の障害者である場合に，その者の算出税額から次の金額を差し引くものである（相続税法19条の4）。

> 障害者控除額＝10万円※1×（85歳－その障害者の年齢）※2
> ※1　特別障害者は20万円。
> ※2　1年未満の端数があるときは，これを1年とする。

⑸ 相次相続控除

10年以内に続けて相続が発生した場合に，前の相続で課された相続税額の一定割合相当額を，後の相続の際に課せられる相続税額から控除するものである（相続税法20条）。

(6) 外国税額控除

海外にある相続財産に対して外国の法令により相続税等が課せ
られた場合には，その金額をその者の算出税額から控除する（相
続税法20条の2）。

(7) 相続時精算課税の適用を受けた贈与に係る贈与税額の控除

相続時精算課税の適用を受けた財産について課せられた贈与税
額は，その者の算出税額から控除する（相続税法21の15第3項）。

なお，相続税額から控除しきれなかった贈与税額は，還付を受
けることができる（相続税法27条3項・33条の2）。

> ### 理解度チェック
>
> 次の相続について，「課税価格の合計額」「課税遺産総額」「相続税の総額」「各人の算出
> 税額」「各人の納付税額」を求めなさい。
>
> ●被相続人Aの親族
>
> ・Aの配偶者　B（75歳）
>
> ・A の 長 男　C（48歳）
>
> ・長男Cの妻　D（46歳）
>
> ・CとDの子　E（21歳，AとEは養子縁組をしている）
>
> ●被相続人Aが相続開始時に保有していた財産（相続税評価額）
>
> ・金融資産：10,000万円
>
> ・自宅の敷地：15,000万円（300㎡。小規模宅地等についての相続税の課税価格の計
> 　　　　　　　算の特例の適用前の評価額であり，この特例の適用を受けることにより
> 　　　　　　　評価額が80％減額される）
>
> ・自宅の建物：1,000万円
>
> ・負債はなく，また，葬式費用は考慮しないものとする。
>
> ・遺言により，金融資産のうち2,000万円をEが承継することとなり，他の財産につい
> 　ては，遺産分割協議の結果，金融資産のうち3,000万円と自宅の敷地・建物はBが，

その他の金融資産5,000万円はＣが承継することとなった。

・生前贈与など，相続税の計算に与える他の要素はないものとする。

解答
・課税価格の合計額
　10,000万円＋15,000万円×（1−80％）＋1,000万円＝14,000万円
　自宅の敷地の評価額は，小規模宅地等についての相続税の課税価格の計算の特例の適用を受けることにより80％減額されて，3,000万円となる。
・課税遺産総額
　14,000万円−（3,000万円＋600万円×3人）＝9,200万円
　法定相続人の数は，3人（Ｂ・Ｃ・Ｅ）である。
・相続税の総額
　Ｂ：9,200万円×1/2＝4,600万円
　　　4,600万円×20％−200万円＝720万円
　Ｃ：9,200万円×1/4＝2,300万円
　　　2,300万円×15％−50万円＝295万円
　Ｅ：295万円（計算過程はＣと同じ）
　相続税の総額：720万円＋295万円＋295万円＝1,310万円
　Ｂの法定相続分は2分の1，Ｃ・Ｅの法定相続分は各4分の1である。

● 相続税の税率表（抜粋）

基礎控除後の課税価格	税率	控除額
1,000万円以下	10％	−
3,000万円以下	15％	50万円
5,000万円以下	20％	200万円

・各人の算出税額
　Ｂ：按分割合　{3,000万円＋15,000万円×（1−80％）＋1,000万円}
　　　　　　　÷14,000万円＝0.50
　　　算出税額　1,310万円×0.50＝655万円
　Ｃ：按分割合　5,000万円÷14,000万円≒0.36
　　　算出税額　1,310万円×0.36＝471.6万円
　Ｅ：按分割合　2,000万円÷14,000万円≒0.14
　　　算出税額　1,310万円×0.14＝183.4万円
　按分割合の計算において小数点以下第2位未満の端数が生じる場合には，各相続人等の全員が選択した方法により，その合計値が1になるように端数を調整して各相続人等の相続税額を計算して差し支えないとされているため，Ｃの按分割合は0.36，Ｅの按分割合は0.14とした。
・各人の納付税額
　Ｂ：655万円−655万円＝0円
　Ｃ：471.6万円
　Ｅ：183.4万円＋183.4万円×20％＝220.08万円
　Ｂは，配偶者に対する相続税額の軽減の適用を受けることにより納付すべき税額がゼロとなる。また，Ｅは，相続税額の2割加算の対象である。

3 ｜ 相続税の申告と納付

被相続人から相続または遺贈により財産を取得した者の課税価格の合計額が，遺産に係る基礎控除額を超える場合において，納付すべき相続税額が算出される者は，相続税の申告書を提出しなければならない（相続税法27条1項）。

関連過去問題
📝2024年3月
問18
📝2023年3月
問13・問20

1 申告期限

相続税の申告期限は，当該相続の開始があったことを知った日の翌日から10ヵ月以内である（相続税法27条1項）。

相続の開始があったことを知った日とは，自己のために相続の開始があったことを知った日をいい，通常は被相続人の死亡の日をいうが，たとえば，相続開始後に認知の裁判が確定して相続人となった者については，その裁判の確定を知った日が相続の開始があったことを知った日となる等，被相続人の死亡の日と異なる日になることも考えられる。

なお，相続財産が分割されていなくても，上記の期限までに申告をしなければならない。この場合，相続人等は，民法の規定による相続分または包括遺贈の割合に従って財産を取得したものとして相続税の計算をし，申告と納税を行うこととなる。

📖重要用語
相続税の申告期限

！注意
未分割の場合には，配偶者に対する相続税額の軽減の特例，小規模宅地等についての相続税の課税価格の計算の特例等の適用は受けられない。

2 申告書の提出要件

相続税の申告書は，被相続人の死亡時における住所が日本国内にある場合には，被相続人の住所地を所轄する税務署長に提出する（相続税法27条1項）。同一の被相続人から相続または遺贈に

より財産を取得した者で，相続税の申告をしなければならない者が2人以上ある場合には，共同して相続税の申告書を提出することができるため（同条5項），共同して相続税の申告書を提出することが一般的である。

相続税の申告書には，課税価格，相続税の総額の計算に関する事項，納税義務者の住所・氏名等の一定の事項を記載するとともに，被相続人の死亡時における財産・債務，相続人等が被相続人から取得した財産・債務の各人ごとの明細，当該遺産を各相続人がどのように分割したのか等，一定の事項を記載した明細書を添付しなければならない（相続税法27条4項）。

なお，配偶者に対する相続税額の軽減の適用を受けるためには，遺言書の写しまたは遺産分割協議書の写し（印鑑証明書を添付），生命保険金や退職手当金の支払通知書等，財産の取得状況のわかる書類を添付しなければならない（相続税法19条の2第3項）。配偶者に対する相続税額の軽減がないものとして税額計算を行った場合に納付すべき相続税額が算出されるときも，相続税の申告書を提出しなければならない（同項）。

🔍 参照

小規模宅地等についての相続税の課税価格の計算の特例については，第3編「5 相続財産の評価」参照。

また，小規模宅地等についての相続税の課税価格の計算の特例等，相続税に係る特例の中には，申告書の提出を適用要件にしているものが少なくない（租税特別措置法69条の4等）。このような特例の適用を受ける場合には，その適用により納付すべき相続税額がゼロになる場合であっても，相続税の申告書を提出しなければならない。

3 修正申告と更正・決定

相続税は，納税義務の成立の時点である相続開始時の事実関係に基づいて税額を計算し，申告期限までに期限内申告書を提出するのが基本であるが，申告期限後に新たに生じた事情により税額

計算のもととなった基本的な事実関係が変動することもある。

　そこで，相続税法は，すでに行った申告の税額等が過少または過大であった場合に，これを訂正することを認めている。

▶ 1. 修正申告と更正の請求

(1)　期限後申告

　期限内申告書の提出期限後において共同相続人によって未分割財産の分割が行われ課税価格が変動した場合など，一定の事由が生じたことにより新たに申告書の提出要件に該当することとなった者は，期限後申告書を提出することができる（相続税法30条）。

(2)　修正申告

　期限後申告書を提出することができる一定の事由が生じた場合等において，すでに確定した相続税額に不足が生じたときは，修正申告書を提出することができる（修正申告。相続税法31条）。

重要用語
修正申告

(3)　更正の請求

　期限後申告書を提出することができる一定の事由が生じた場合等において，申告をした者または決定を受けた者の課税価格および相続税額が過大となったときは，一定の要件のもと，更正の請求をすることができる（相続税法32条）。

重要用語
更正の請求

▶ 2. 税務署長による更正・決定

　申告納税制度においては，納税義務者が自ら正しい申告をし，その申告税額を期限までに納付することが理想的であるが，法解釈の相違，財産の評価の認定の相違等によって，申告額の過不足や，申告義務があるにもかかわらず申告されないという事態も発生する。

　そこで，申告された課税価格や税額に過不足がある場合または申告義務のある者が申告をしなかった場合には，税務署長は，税の公正な負担を実現するため，課税価格および税額を更正または決定することとされている。

4 税金の納付

　相続税（贈与税も同様）は，納税義務者が納付期限内に金銭をもって一時に納付することが原則であり，期限内申告書を提出した者の納付期限は，申告書の提出期限である（相続税法33条）。

　なお，期限後申告書または修正申告書を提出した者の納付期限は，各申告書を提出した日であり，更正または決定の通知を受けた者の納付期限は，通知書が発せられた日の翌日から起算して1ヵ月を経過する日である。

　相続税については，一定の場合に，連帯納付義務が課されている（相続税法34条）。たとえば，相続人または受遺者が2人以上いる場合には，これらの者は，当該相続または遺贈により取得した財産に係る相続税について，当該相続または遺贈により受けた利益の価額に相当する金額を限度として，相互に連帯納付義務がある。

　また，相続税の申告をすべき者が申告書の提出前に死亡した場合で，死亡した者の相続人または受遺者が2人以上いるときは，これらの者は，死亡した者の納付すべき相続税について，相続または遺贈により受けた利益の価額に相当する金額を限度として，相互に連帯納付義務がある。

　ただし，次の①〜③に該当する場合には，連帯納付義務を負わないものとされている（相続税法34条1項1号〜3号）。

① 　申告期限から5年を経過した場合
② 　延納の許可を受けた場合
③ 　納税猶予（農地，山林，非上場株式等および非上場株式等の贈与者が死亡した場合の各相続税の納税猶予）の適用を受けた場合

5 準確定申告

　所得税の確定申告を行うべき者が年の中途で死亡した場合，その相続人は，死亡した者に係る1月1日から死亡した日までに確定した所得金額および税額を計算して，相続の開始があったことを知った日の翌日から4ヵ月以内に申告・納税をしなければならない（所得税法124条・125条）。これを，準確定申告という。

　準確定申告書には，相続人の氏名・住所・被相続人との続柄等を記入した準確定申告書の付表を添付し，被相続人の死亡当時の納税地を所轄する税務署長に提出する。

　なお，相続人が2人以上いる場合は，各相続人が連署により準確定申告書を提出することになるが，他の相続人の氏名を付記して各人が別々に提出することもできる。この場合には，当該申告書を提出した相続人は，他の相続人に申告した内容を通知しなければならない。

　ところで，準確定申告により，相続人が還付金を受け取ることがある。この還付金は，相続税の課税対象となる。

相続税は，申告書の提出期限までに金銭で一時に納付することが原則だよ！

4 ｜ 延納と物納

1 延　納

関連過去問題

- 2024年3月
  問18
- 2023年10月
  問16
- 2023年3月
  問20
- 2022年10月
  問19

重要用語

延納

補足

延納期間は，不動産等の割合に応じて最長20年とされている。

▶ 1. 概　要

　相続税額が10万円を超え，かつ，納期限までに，または納付すべき日に金銭で納付することを困難とする事由がある場合には，納税義務者の申請により，原則として５年以内の年賦延納が認められている（相続税法38条）。

　延納に際しては，延納税額が100万円以下で，かつ，延納期間が３年以下である場合を除き，担保を提供しなければならない。担保に提供できる財産としては，「国債および地方債」「社債その他の有価証券で税務署長等が確実と認めるもの」「土地」「建物・立木・船舶等で保険に付したもの」「鉄道財団・工場財団・鉱業財団等」「税務署長等が確実と認める保証人の保証」がある。

　なお，延納の担保として提供できる財産は，相続または遺贈により取得した財産に限らず，相続人固有の財産や共同相続人または第三者が所有している財産であってもよい。

▶ 2. 要　件

　延納の許可を受けようとする者は，原則として，延納を求めようとする相続税の申告書の提出期限までに，延納申請書および担保の提供に関する書類を納税地の所轄税務署長に提出しなければならない（相続税法39条１項）。

　延納申請書が提出された場合，税務署長は，当該延納申請に係る要件の調査結果に基づいて，延納申請期限から３ヵ月以内に許

可または却下を行う（相続税法39条2項）。ただし，延納担保等の状況によっては，許可または却下までの期間が最長で6ヵ月まで延長される場合がある。延納の許可を受けた者は，当該延納税額を納付する時に，利子税を併せて納付しなければならない。

2 物　納

▶ 1. 概　要

物納は，相続税だけに設けられている制度である。

相続税の課税財産の中には，換金しにくい土地や家屋等もあり，延納の許可を受けても当該延納期間内に完納することができない場合も予測される。そこで，申告による納付税額または更正・決定による納付税額を金銭で納付することが困難な事由がある場合には，その困難な金額を限度として，物納を申請することができる（相続税法41条）。

▶ 2. 要　件

物納の許可を受けようとする者は，相続税の納期限または納付すべき日までに，物納しようとする税額，物納に充てようとする財産の種類等を記載した物納申請書を納税地の所轄税務署長に提出しなければならない（相続税法42条1項）。

物納申請書が提出された場合，税務署長は，当該物納申請に係る要件の調査結果に基づいて，物納申請期限から3ヵ月以内に許可または却下を行う（相続税法42条2項）。ただし，申請財産の状況によっては，許可または却下までの期間が最長で9ヵ月まで延長される場合がある。

物納申請が行われた場合，物納の許可による納付があったものとされた日までの期間のうち，申請者において必要書類の訂正等または物納申請財産の収納にあたっての措置を行う期間について，利子税を要する（相続税法53条1項・2項）。

重要用語

物納

第3編

●物納の概要

項目	内容	
物納の要件	① 相続税を延納によっても金銭で納付することが困難な事由があること ② 申請により税務署長の許可を受けること ③ 金銭で納付することが困難である金額の限度内であること ④ 物納できる財産であること	
物納できる財産	① 日本国内にある財産であること ② 課税価格計算の基礎となった財産であること（相続時精算課税の適用を受ける財産を除く） ③ 管理処分不適格財産に該当しないこと	
物納に充てることができる財産の順位	第1順位	① 不動産，船舶，国債証券，地方債証券，上場株式等（特別の法律により法人の発行する債券および出資証券を含み，短期社債等を除く） ② 不動産および上場株式のうち物納劣後財産に該当するもの
	第2順位	③ 非上場株式等（特別の法律により法人の発行する債券および出資証券を含み，短期社債等を除く） ④ 非上場株式のうち物納劣後財産に該当するもの
	第3順位	⑤ 動産
物納財産の収納価額	① 課税価格計算の基礎となった当該財産の価額（小規模宅地等についての相続税の課税価格の計算の特例の適用を受けた相続財産を物納する場合は，特例適用後の価額） ② 収納時までに当該財産の状況に著しい変化が生じたときは，収納時の現況により税務署長が定めた価額	

また，物納申請が却下された場合や物納申請を取り下げたものとみなされた場合には，納期限または納付すべき日の翌日から却下の日または取り下げたものとみなされた日までの期間について，利子税を要する（相続税法53条3項〜7項）。なお，自ら物納申請を取り下げた場合には，納期限または納付すべき日の翌日から延滞税がかかる。

3　特定物納制度

　相続税額について延納の許可を受けた後に延納条件を履行することが困難となった場合には，申告期限から10年以内に限り，分納期限が未到来の税額部分について，延納から物納へ変更することができる（特定物納制度。相続税法48条の2）。

重要用語

特定物納制度

　特定物納申請をした場合には，物納財産を納付するまでの期間に応じ，当初の延納条件による利子税を納付しなければならない（相続税法53条）。なお，特定物納に係る財産の収納価額は，特定物納を申請した時の価額である（同法48条の2第5項）。

第
3
編

理解度チェック

❶ 延納の担保として提供することができる財産は，延納を申請する者が相続または遺贈により取得した財産に限られる。

❷ 物納に充てることができる財産は，その種類ごとに順位があり，上場株式は，国債および不動産と同じ第1順位とされている。

❸ 物納は，相続税だけに設けられている制度である。

解答　❶　×　延納を申請する者が相続または遺贈により取得した財産だけでなく，相続
　　　　　　　人固有の財産や共同相続人または第三者が所有する財産でもよい。
　　　　❷　○
　　　　❸　○

5 相続財産の評価

1 時価主義

　財産の評価に関しては，当該財産の取得価額による「原価主義」と，その時点の時価による「時価主義」の２つの考え方があるが，相続税においては時価主義を基本原則としている。

　地上権や永小作権等の特定の財産を除いて，具体的な評価方法は法律で定められていないため，実務上は「財産評価基本通達」に基づいて評価する。財産評価基本通達では，時価とは，課税時期（原則として，相続開始時）において，それぞれの財産の現況に応じ，不特定多数の当事者間で自由な取引が行われる場合に通常成立すると認められる価額としている。買い進みや売り急ぎがなかったものとした場合における価額であると理解することができる。

　財産評価基本通達では，課税財産のすべてに共通する同一の評価方法ではなく，種類の異なるそれぞれの財産に即した評価方法を採用している。評価方法の概要は，次表のとおりである。

関連過去問題
- 2024年3月
問13・問14・
問20
- 2023年10月
問12・問20・
問40
- 2023年3月
問11・問12
- 2022年10月
問14・問18・
問45

● 評価方法の概要

評価方法の種類			左の評価方法により評価する主な財産
売買実例価額による方法	同種の財産の売買実例価額を直接時価とする方法		上場株式，気配相場のある株式，証券投資信託の受益証券等
	類似財産の売買実例価額をもととして評価する方法	類似財産の売買実例価額をもととし，精通者意見価格等を参酌して評価額を求める方法	路線価方式または倍率方式により評価する宅地，標準伐期にある立木，血統書付牛馬，書画骨とう等
		類似財産の売買実例価額に比準して評価する方法	類似業種比準方式により評価する大会社の株式
調達価額または取得価額による方法			一般動産，船舶，庭園設備等
再建築価額等をもととする方法			構築物，一般動産等
販売価額を基礎とする方法			商品，製品，半製品等
仕入価額を基礎とする方法			原材料，半製品，仕掛品等
投下資本をもととする方法			建築中の家屋，造成中の宅地，幼齢樹，樹齢1年以下の立木等
複利現価による方法			特許権，実用新案権，意匠権，商標権等
複利年金現価による方法			観覧用の鉱泉地，壮年期の成熟樹，鉱業権，租鉱権，営業権，著作権等
収益（配当）還元による方法			同族株主以外の株主等が取得した株式
その他の方法			預貯金，貸付金，受取手形等

出典　税務大学校講本相続税法（令和6年度版）

第3編

2 土地等の評価

▶ **1. 土地の評価**

土地の価額は，宅地，田，畑，山林，原野，牧場，池沼，鉱泉地および雑種地の地目の別に評価する。この場合の地目は，課税時期における現況により判定する。

▶ **2. 土地上の権利の評価**

土地の上に存する権利の価額は，地上権（借地借家法に規定する借地権および区分地上権に該当するものを除く），区分地上権，永小作権，区分地上権に準ずる地役権，借地権（定期借地権等を除く），定期借地権等，耕作権（永小作権に該当するものを除く），温泉権（引湯権を含む），賃借権（借地権，定期借地権等，耕作権，温泉権に該当するものを除く）および占用権の別に評価する。

借地権の価額は，借地権の目的となっている宅地の自用地価額に借地権割合を乗じて計算した金額により評価する。なお，借地権割合は，借地権の売買実例価額等をもとに概ね同一と認められる地域ごとに国税局長が定めている。

更地に貸家を新築して賃貸すると，土地は貸家建付地として評価される。貸家建付地の相続税評価額は，「借地権割合×借家権割合×賃貸割合」の分だけ評価額が下がる。

● 土地の評価方法

種類	内容	相続税評価額
借地権	建物の所有を目的とする地上権または土地の賃借権	自用地価額×借地権割合
貸宅地	借地権など宅地の上に存する権利の目的となっている宅地	自用地価額－自用地価額×借地権割合
貸家建付地	貸家の敷地の用に供されている宅地（所有する土地に建築した家屋を他に貸し付けている場合の，その土地。土地と家屋の所有者は同じ。）	自用地価額－自用地価額×借地権割合×借家権割合×賃貸割合

3 宅地の評価

　宅地の価額は，評価単位ごとに，財産評価基準書に定められた評価方式（路線価方式または倍率方式）によって評価する。

　宅地は，１画地の宅地（利用の単位となっている１区画の宅地をいう）を評価単位とする。この１画地の宅地は，必ずしも不動産登記法上の１筆の宅地とは限らず，２筆以上の宅地からなる場合もあり，また，１筆の宅地が２画地以上の宅地として利用されている場合もある。

▶ 1. 路線価方式

　路線価方式とは，宅地の面する路線に付された路線価（１㎡当たりの価額）をもととし，当該宅地の奥行距離等に応じた奥行価格補正，側方路線影響加算等の画地調整をした価額によって評価する方式である。奥行価格補正等の画地調整に必要な奥行価格補正率等は，財産評価基本通達で定められている。

　路線価方式における評価手順は，次のとおりである。

● 路線価方式による評価手順

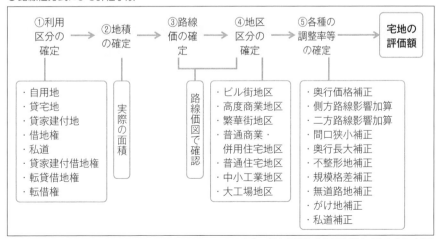

出典　税務大学校講本相続税法（令和６年度版）

倍率方式とは，評価する宅地の固定資産税評価額に一定の倍率を乗じて計算した金額によって評価する方式である。

固定資産税評価額とは，土地課税台帳または土地補充課税台帳に登録された基準年度の価格または比準価格をいう。

路線価方式によって評価することとされている地域内にある宅地以外の宅地は，すべてこの方式によって評価する。

4 小規模宅地等についての相続税の課税価格の計算の特例

被相続人等の居住の用または事業の用に供されていた宅地等は，相続人等の生活・社会的基盤の維持に不可欠なものであり，処分には相当の制約を受けることを配慮して，一定の要件を満たす場合には，相続税の課税価格に算入すべき価額の計算上，一定割合を減額することができる。

この特例を，**小規模宅地等についての相続税の課税価格の計算の特例**という（租税特別措置法69条の4）。

▶ 1. 概　要

相続または遺贈によって取得した財産の中に，相続開始の直前において被相続人等（被相続人または被相続人と生計を一にしていた被相続人の親族をいう）の居住の用または事業の用に供されていた宅地等で，一定の建物等の敷地の用に供されているもの（特例対象宅地等）がある場合，これらの宅地等を取得したすべての相続人等の同意により選択したもの（選択特例対象宅地等）については，限度面積までの部分に限り，相続税の課税価格に算入すべき価額の計算上，50％または80％を減額する。

(1)　**特定居住用宅地等**

特定居住用宅地等とは，相続開始の直前に被相続人等が居住の用に供していた宅地等で，当該被相続人の配偶者または一定の親

● 限度面積と減額割合

相続開始の直前における宅地等の利用区分			要件		限度面積	減額割合
被相続人等の居住の用に供されていた宅地等		(1)	特定居住用宅地等に該当する宅地等		330㎡	80%
被相続人等の事業の用に供されていた宅地等	貸付事業以外の事業用の宅地等	(2)	特定事業用宅地等に該当する宅地等	特定事業用等宅地等	400㎡	80%
	貸付事業用の宅地等	(3)	特定同族会社事業用宅地等に該当する宅地等（一定の法人の事業の用に供されていたものに限る）			
		(4)	貸付事業用宅地等に該当する宅地等		200㎡	50%

● 宅地等と貸付事業の内容

種類	内容
宅地等	建物または構築物の敷地の用に供されている土地または土地の上に存する権利（耕作地および採草放牧地を除く）で，棚卸資産およびこれに準ずる資産に該当しないものをいう。
貸付事業	不動産貸付業，駐車場業，自転車駐車場業および準事業（事業と称するに至らない不動産の貸付その他これに類する行為で相当の対価を得て継続的に行うもの）をいう。

族が相続・遺贈により取得したものをいう。

　一定の親族とは，相続開始時から申告期限まで引き続きその宅地等を所有して居住の用に供している，次の①〜③のいずれかに該当する者をいつ。

①　相続開始の直前にその宅地等の上にある被相続人の居住用建物に居住していた親族

②　次の(a)と(b)を満たす親族

　(a)　相続開始前3年以内に国内にある当該親族・その配偶者・三親等内の親族または当該親族と特別の関係がある法人が所有する家屋に居住したことがないこと

　(b)　相続開始時に当該親族が居住している家屋を，過去に有していないこと

補足

被相続人が老人ホーム等に入所したなどの理由によって居住しなくなった宅地等は，一定要件のもと，特定居住用宅地等と認められる。

③　被相続人と生計を一にしていた親族

(2)　特定事業用宅地等

　特定事業用宅地等とは，相続開始の直前に被相続人等が貸付事業以外の事業の用に供していた宅地等（一定の３年以内事業宅地等は除く）で，被相続人の親族が相続・遺贈により取得したものをいう。

　被相続人が事業の用に供していた宅地等の場合には，親族が相続開始時から申告期限までの間に当該事業を引き継ぎ，かつ，申告期限まで引き続きその宅地等を有して事業を継続している必要がある。

　また，被相続人と生計を一にしていた親族が事業の用に供していた宅地等の場合には，相続開始前から申告期限までその宅地等の上で事業が継続されており，かつ，その宅地等を申告期限まで有している必要がある。

(3)　特定同族会社事業用宅地等

　相続開始の直前から相続税の申告期限まで，一定の法人の事業（貸付事業を除く）の用に供されていた宅地等で，次の①と②を満たす被相続人の親族が相続・遺贈により取得したものをいう。

①　当該法人の役員（法人税法２条15号に規定する役員（清算人を除く））であること

②　その宅地等を申告期限まで有していること

(4)　貸付事業用宅地等

　相続開始の直前に被相続人等の貸付事業の用に供されていた宅地等（一定の３年以内貸付宅地等は除く）で，被相続人の親族が相続・遺贈により取得したもの（上記(3)の特定同族会社事業用宅地等に該当するものを除く）をいう。

　被相続人が貸付事業の用に供していた宅地等の場合には，親族が相続開始時から申告期限までの間に当該事業を引き継ぎ，かつ，

申告期限まで引き続きその宅地等を有して事業を継続している必要がある。

　また，被相続人と生計を一にしていた親族が貸付事業の用に供していた宅地等の場合には，相続開始前から申告期限までその宅地等の上で貸付事業が継続されており，かつ，その宅地等を申告期限まで有している必要がある。

▶ **2. 限度面積の計算方法**

　被相続人が１つの宅地等を所有していた場合には，単純に限度面積までの部分が減額の対象となるが，複数の宅地等を所有していた場合には，その限度面積が問題となる。

(1)　**貸付事業用宅地等がない場合**

　貸付事業用宅地等がない場合には，特定居住用宅地等と特定事業用宅地等・特定同族会社事業用宅地等とで併用することができる。つまり，特定居住用宅地等は330㎡まで，特定事業用宅地等・特定同族会社事業用宅地等は合計で400㎡までが限度となり，最大で730㎡について減額を受けることができる。

　個人で小売業を営んでいた被相続人Ａ所有の次の宅地等について，「小規模宅地等についての相続税の課税価格の計算の特例」を適用した場合の評価減額（合計額）を求めなさい。

●**被相続人Ａが所有していた宅地等**

　・居住用建物の敷地：300㎡，自用地価額2,700万円
　・事業用建物の敷地：400㎡，自用地価額4,000万円

　・**居住用建物の敷地について**

　　限度面積：300㎡（≦330㎡）
　　評価減額：2,700万円×80％＝2,160万円

- **事業用建物の敷地について**

  限度面積：400㎡（≦400㎡）

  評価減額：4,000万円×80％＝3,200万円
- **合計**

  2,160万円＋3,200万円＝5,360万円

(2) 貸付事業用宅地等がある場合

　貸付事業用宅地等がある場合には，上記(1)のように併用することができず，次の算式により限度面積を調整しなければならない。

$$（特定事業用宅地等＋特定同族会社事業用宅地等）× \frac{200}{400}$$

$$＋特定居住用宅地等× \frac{200}{330}＋貸付事業用宅地等≦200㎡$$

　不動産賃貸業を営んでいた被相続人Ｂ所有の次の宅地等について，「小規模宅地等についての相続税の課税価格の計算の特例」を適用した場合の評価減額（合計額）を求めなさい。

●**被相続人Ｂが所有していた宅地等**
- ・居住用建物の敷地：264㎡，自用地価額2,640万円
- ・賃貸用建物の敷地：400㎡，貸家建付地としての価額 2,400万円

- **居住用建物の敷地について**

  限度面積：264㎡（≦330㎡）

  評価減額：2,640万円×80％＝2,112万円

　居住用建物の敷地面積264㎡は，この特例の適用枠の80％(＝264㎡÷330㎡）を使用している。このため，適用枠は20％残っており，この20％を賃貸用建物の敷地に適用することとなる。

- **賃貸用建物の敷地について**

  限度面積：40㎡（＝限度面積200㎡×20%）

  評価減額：$2,400万円 \times \dfrac{40}{400} \times 50\% = 120万円$

- **合計**

  2,112万円＋120万円＝2,232万円

  > 居住用建物の敷地について優先的にこの特例を適用した理由は，評価減額をより多くするためである。いずれを優先させるかは，相続人等が自由に選択できる。

▶ 3. 適用要件

　この特例の適用を受けるためには，相続税の申告書を提出する必要がある。また，原則として，申告期限までに共同相続人または包括受遺者によって分割されていない特例対象宅地等には適用されない。申告期限までに分割されなかった場合でも，「申告期限後3年以内に分割されたとき」「申告期限後3年以内に分割できないことについて特別の事情があり，それについて税務署長の承認を受けている場合に，一定の期間内に遺産分割が行われたとき」は，この特例の適用を受けられる。

複数の小規模宅地等がある場合は，減額割合だけでなく，路線価なども考慮しながら計算・比較をして，どれに適用するかを決める必要があるよ！

5 農地の評価

　農地は，純農地，中間農地，市街地周辺農地，市街地農地の4つに区分して評価される。

　なお，農地を宅地にしようとするときは，農地法が定める許可または届出を要する。

6 家屋の評価

▶ 1. 家屋の評価

　家屋（自用家屋）の価額は，1棟の家屋ごとに，当該家屋の固定資産税評価額により評価する。

▶ 2. 貸家の評価

　アパート等の貸家の用に供されている家屋の相続税評価額は，当該家屋の固定資産税評価額から，その固定資産税評価額に借家権割合と賃貸割合を乗じた価額を控除して評価する。

● 農地の区分と評価方法

区分	評価方法
純農地	倍率方式によって評価される。
中間農地	
市街地周辺農地	その農地が市街地農地であるとした場合の価額の80%に相当する金額によって評価される。
市街地農地	宅地比準方式※または倍率方式によって評価される。

※ 宅地比準方式は，その農地が宅地であるとした場合の1㎡当たりの価額から，その農地を宅地に転用する場合にかかる通常必要と認められる1㎡当たりの造成費に相当する金額を控除した金額に，その農地の地積を乗じて計算した金額で評価する方法である。

● 家屋の評価方法

種類	相続税評価額
自用家屋	固定資産税評価額×1.0
貸家	固定資産税評価額－固定資産税評価額×借家権割合×賃貸割合

▶ 1. 株式の評価

　株式の価額は，上場株式，気配相場等のある株式および取引相場のない株式の別に評価する。

▶ 2. 株式に関する権利の評価

　株式に関する権利の価額は，株式の割当てを受ける権利，株主となる権利，株式無償交付期待権，配当期待権およびストックオプションの別に，それぞれ銘柄の異なるごとに，1株または1個ごとに評価する。

▶ 3. 上場株式の評価方法

　上場株式は，市場で毎日取引が行われ，取引価格がそのまま時価を示している。そのため，上場株式の価額は，株式が上場されている金融商品取引所が公表する次の①～④の価額のうち最も低い価額により評価することとされている。

①	課税時期の最終価格（終値）
②	課税時期の属する月の毎日の最終価格の平均額
③	課税時期の属する月の前月の毎日の最終価格の平均額
④	課税時期の属する月の前々月の毎日の最終価格の平均額

🔍 参照

取引相場のない株式の評価については，第4編「4相続対策と事業継承(2)」参照。

　株式が2以上の金融商品取引所に上場されているときは，納税義務者が選択した金融商品取引所の公表する額により評価することとされている。

　相続等によって取得した財産の価額は，実務上，財産評価基本通達に基づいて評価されるよ！

6 | 生前贈与と相続

1 贈　与

贈与は，当事者の一方（贈与者）が自己の財産を無償で相手方（受贈者）に与える意思表示をし，相手方（受贈者）が受諾することによって成立する契約である（549条）。

贈与は，財産権の無償移転という点では相続や遺贈と類似しているが，相続や遺贈は被相続人（遺言者）の死亡という事実の発生によって効力が生じるのに対し，贈与は当事者間の契約により効力が生じる点で異なる。

贈与には，一般的な贈与のほか，特殊な形態の贈与として，定期贈与，負担付贈与，死因贈与がある。

関連過去問題
- 2024年3月
  問45・問46
- 2023年10月
  問17・問19
- 2023年3月
  問19・問47・
  問48
- 2022年10月
  問20・問43・
  問44

● 特殊な形態の贈与

種類	内容
定期贈与 （552条）	定期の給付を目的とする贈与。原則として，贈与者または受贈者の死亡によって失効する。
負担付贈与 （553条）	受贈者に一定の債務を負担させることを条件にした贈与。売買等の契約と同様に双務契約に関する規定が準用される。 受贈者が負担を履行しないときには，贈与者は，相当の期間を定めて履行を催告し，当該期間内に履行がないときには，当該贈与契約を解除することができる。 個人から負担付贈与を受けた場合，贈与財産の価額から負担する債務額を控除した価額に対して，贈与税が課税される。贈与財産が土地や家屋等の場合，贈与財産の贈与時における通常の取引価額に相当する金額（相続税評価額ではない）から負担する債務額を控除した価額に対して，贈与税が課税される。
死因贈与 （554条）	贈与者の死亡によって効力が生じる贈与。遺言（遺贈）と類似している。法律上は，遺言は遺言者が単独で行う行為，死因贈与は贈与者と受贈者の意思が合致することにより成立する契約として区別されている。 他方で，税務上は，死因贈与による財産の取得も，遺言による財産の取得（遺贈）も，相続税の課税対象としている。

また，贈与は，必ずしも書面によることを要しない。ただし，書面によらない贈与は，すでに履行した部分を除いて，各当事者がいつでも当該贈与契約を取り消すことができるとされており，書面による贈与と口頭による贈与とでは法的な取扱いを異にしている。

2 贈与税と相続税の関係

贈与税は，個人からの贈与により財産を取得した者に対して，取得財産の価額をもとに課される税金である。相続税は相続または遺贈により財産を取得した場合に課税されるが，生前贈与に対しても課税する仕組みを設けておかなければ，生前贈与により財産を分散した場合と分散しなかった場合とで税負担が著しく不公平になる。そこで，生前贈与による取得財産に対しては贈与税を課税することとし，さらに，贈与税は，相続税よりも課税最低限が低く，税率の累進度合いも高く設定されている。

相続税と贈与税はまったく別の税金であるにもかかわらず，贈与税は相続税を補完する機能を有する税金であり，双方とも相続税法という同一の法律に規定されている。このような贈与税の性格を踏まえ，被相続人から相続または遺贈により財産を取得した者については，相続開始前7年（令和6年以降，漸次3年から7年に延長）以内に被相続人から贈与により取得した財産の価額を相続税の課税価格に加算する制度が設けられており，また，相続税と贈与税を一体的に課税する仕組みとして相続時精算課税制度が設けられている。

3 贈与税の課税財産

贈与税は相続税の補完税であることから，贈与税の課税財産のうち，本来の贈与財産は，相続税における本来の相続財産と同じ

範囲に属するものであり，金銭に見積もることができる経済的価値のあるすべてのものである。

　また，法律的には贈与により取得したものではないが，実質的に贈与により取得した場合と同様の経済的効果をもつものとして，みなし贈与財産がある。みなし贈与財産には，一定の生命保険金等，財産の低額譲受けによる利益，債務免除等による利益等がある（相続税法５条等）。

📖 重要用語
みなし贈与財産

4 贈与税の非課税財産

📖 重要用語
贈与税の非課税
財産

　贈与税の非課税財産とは，相続税と同様，公益性や社会政策的見地あるいは国民感情の面から，贈与税の課税対象から除かれているものである（相続税法21条の３等）。

　また，贈与税の性格に基づき，個人が法人から無償で取得した財産については，一時所得等として受贈者に所得税が課税されるが，贈与税の課税対象とはならない。

5 暦年課税の贈与税の計算の仕組み

📖 重要用語
暦年課税

🔍 参照
相続時精算課税
制度については，
第３編「7相続
時精算課税」参
照。

　贈与税の計算は，暦年課税による場合と，相続時精算課税制度の適用を受ける場合とで異なる。ここでは，贈与税の原則的な課税方法である「暦年課税による場合」の計算の仕組みについて説明する。

　暦年課税による場合の贈与税は，課税価格から基礎控除および配偶者控除を控除した後の金額に税率を適用して税額が計算される（相続税法21条の７）。

　課税価格とは，その年の１月１日から12月31日までの間に贈与を受けた財産の価額の合計額で，本来の贈与財産とみなし贈与財産から構成される。基礎控除は，贈与者の人数や贈与の回数にかかわらず110万円である。納付すべき贈与税額は，外国税額控

除を差し引いて計算される（相続税法21条の8）。

　暦年課税の贈与税の税率構造は10%～55%までの8段階の超過累進税率となっているが，贈与税の税率には，特例贈与財産に係る特例税率と，一般贈与財産に係る一般税率の2種類がある（相続税法21条の7，租税特別措置法70条の2の5）。

　特例贈与財産に係る特例税率は，一般贈与財産に係る一般税率

● 贈与財産に係る税率

適用税率	対象
特例贈与財産に係る特例税率	父母や祖父母等の直系尊属から子や孫等の直系卑属（贈与を受けた年の1月1日現在において18歳以上の者に限る）が贈与により財産を取得した場合の贈与税の計算に適用される。
一般贈与財産に係る一般税率	上記以外の贈与により財産を取得した場合の贈与税の計算に適用される。

● 特例贈与財産に係る特例税率

基礎控除後の課税価格	税率	控除額
200万円以下	10%	－
400万円以下	15%	10万円
600万円以下	20%	30万円
1,000万円以下	30%	90万円
1,500万円以下	40%	190万円
3,000万円以下	45%	265万円
4,500万円以下	50%	415万円
4,500万円超	55%	640万円

● 一般贈与財産に係る一般税率

基礎控除後の課税価格	税率	控除額
200万円以下	10%	－
300万円以下	15%	10万円
400万円以下	20%	25万円
600万円以下	30%	65万円
1,000万円以下	40%	125万円
1,500万円以下	45%	175万円
3,000万円以下	50%	250万円
3,000万円超	55%	400万円

に比べて，やや税率が緩和されている。直系尊属以外の親族（配偶者，配偶者の直系尊属，兄弟姉妹など）から贈与を受けた場合や，受贈者の年齢が贈与を受けた年の1月1日現在において18歳未満である場合（18歳未満の子や孫の場合）には，一般贈与財産に係る一般税率が適用される。

6 贈与税の配偶者控除

▶ 1. 概　要

贈与税の配偶者控除とは，婚姻期間が20年以上の配偶者から，国内にある居住用不動産またはその取得資金の贈与を受けた場合に，基礎控除額110万円のほかに，最高2,000万円までの金額を控除することができるものである（相続税法21条の6）。

(1)　**婚姻期間の判定**

婚姻期間は，婚姻の届出があった日から贈与の日までの期間とされる。

(2)　**対象となる不動産**

贈与税の配偶者控除の対象となる居住用不動産は，贈与を受けた配偶者が居住するための国内の家屋またはその家屋の敷地で，この敷地には借地権も含まれる。

居住用家屋とその敷地は一括して贈与を受ける必要はなく，居住用家屋のみ，あるいは居住用家屋の敷地のみの贈与を受けた場合も適用を受けることができる。居住用家屋の敷地のみの贈与について適用する場合には，「夫または妻が居住用家屋を所有していること」「贈与を受けた配偶者と同居する親族が居住用家屋を所有していること」のいずれかに該当していなければならない。

(3)　**店舗兼住宅の持分の贈与を受けた場合**

店舗兼住宅の持分の贈与を受けた場合は，居住用部分から優先的に贈与を受けたものとして配偶者控除を適用することができる。

また，居住用部分が概ね90％以上の場合は，すべて居住用不動産として取り扱うことができる。

▶ 2. 適用要件

贈与税の配偶者控除の適用を受けるためには，贈与税の申告書の提出期間内に，次の①〜④の書類を添付して申告する必要がある。

---

① 贈与を受けた日から10日を経過した日以後に作成された戸籍謄本（抄本）および戸籍の附票の写し

② 居住用不動産の登記事項証明書等

③ 居住日以後に作成された住民票の写し（上記①の戸籍の附票の写しに記載されている住所が，居住用不動産の所在場所である場合には不要）

④ 固定資産評価証明書など，居住用不動産を評価するための書類（金銭の贈与のみの場合は不要）

なお，相続税の計算に際し，相続開始前３年以内に贈与を受けた財産は相続税の課税価格に加算する必要があるが，贈与税の配偶者控除の適用を受けた場合には，この配偶者控除相当額は相続税の課税価格への加算から除外され，相続税の対象とならない。居住用不動産の贈与者である配偶者が贈与をした年に死亡した場合も同様に取り扱われる。

ところで，贈与税の配偶者控除は，将来，相続税の課税対象となる資産を少しでも減らそうとして実行されることが多いといわれているが，所有権の移転に伴い，登録免許税や不動産取得税等の費用負担が生じる。また，贈与であるから，小規模宅地等についての相続税の課税価格の計算の特例の適用はない。したがって，贈与税の配偶者控除を活用することが，税務上常に有利であるとは限らないため注意が必要である。

7 贈与税の申告

　贈与によって財産を取得した者で，次の①または②に該当する者は，贈与税の申告書を提出しなければならない（相続税法28条）。

> ①　その年分の贈与税の課税価格について，110万円の基礎控除額を控除し，贈与税の税率を適用して算出した税額から在外財産に対する贈与税額の控除をしても，なお納付すべき贈与税額がある者
> ②　相続時精算課税の適用を受ける財産を取得した者（相続時精算課税の適用を受ける財産については，課税価格が特別控除額以下であっても申告書の提出を要する）

　贈与税の申告書の提出期間は，贈与により財産を取得した年の翌年2月1日から3月15日である。贈与税の申告書は，贈与により財産を取得した者の納税地の所轄税務署長に提出しなければならない。

　贈与税の特例税率は，一般税率に比べて税率が緩和されているよ。

7 相続時精算課税

1 相続時精算課税の仕組み

▶ 1. 概　要

相続時精算課税制度は，原則として18歳以上の者（受贈者）が60歳以上の直系尊属（贈与者）から財産の贈与を受けた場合に，暦年課税に代えて選択できる贈与税の課税方法である。

相続時精算課税を選択した場合は，贈与を受けた時にいったん本制度に係る贈与税額を納付しておき，将来，その贈与をした者について相続が開始した時に当該贈与税額を相続税額から控除して相続税を納付することになる。

▶ 2. 受贈者と贈与者の要件

相続時精算課税は，受贈者と贈与者がそれぞれ次の要件を満たしていなければ，選択することができない（相続税法21条の9）。

(1) **受贈者（相続時精算課税適用者）**

贈与者の推定相続人である直系卑属（子および孫）で，贈与を受けた年の1月1日において18歳以上である者

(2) **贈与者（特定贈与者）**

贈与をした年の1月1日において60歳以上である者

▶ 3. 適用要件

相続時精算課税の適用にあたっては，贈与財産の種類や価額，贈与の回数に関する制限はない。ただし，いったん相続時精算課税を選択すると，以後，その贈与者から受ける贈与にはすべて相続時精算課税が適用されることとなり，暦年課税に変更すること

重要用語
相続時精算課税

関連過去問題
2024年3月
　問19
2023年3月
　問20

第3編

補足
贈与者の推定相続人とは，贈与をした日において，贈与者の相続人のうち最も先順位の相続権（代襲相続権を含む）を有する者をいう。

はできない。

　相続時精算課税を選択しようとする受贈者は，その選択に係る最初の贈与を受けた年の翌年2月1日から3月15日までの間（贈与税の申告書の提出期間）に，相続時精算課税選択届出書および一定の書類を贈与税の申告書に添付して，納税地の所轄税務署長に提出する。

2 相続時精算課税における贈与税の計算

▶ 1. 贈与税額の計算

　相続時精算課税における贈与税の課税価格は，相続時精算課税適用者が特定贈与者から1年間に受けた贈与財産の価額の合計額である（相続税法21条の10）。相続時精算課税における贈与税額は，この課税価格から基礎控除額（110万円）を控除し，特別控除額を控除した金額に税率20％（一律）を乗じて求められる（同法21条の13）。

> 相続時精算課税における贈与税額
> ＝{課税価格－基礎控除（110万円）
> 　　　　　　　－特別控除（累計2,500万円）}　×20％

　基礎控除は，同一年中に2人以上の特定贈与者から贈与により財産を取得した場合には，特定贈与者ごとの贈与税の課税価格で按分する。

　特別控除は，累計で2,500万円である（相続税法21条の12第1項）。したがって，すでにこの特別控除を適用している金額がある場合には，その合計額を控除した残額となる。

　相続時精算課税は，受贈者ごとに適用を受けるか否かを選択する。たとえば，長男および次男が父から財産の贈与を受けた場合，長男，次男のそれぞれが父からの贈与により取得した財産につい

て相続時精算課税の適用を受けるか否かを選択することになる。

　また，相続時精算課税は，贈与者ごとに適用を受けるか否かを選択する。たとえば，子が父および母から財産の贈与を受けた場合，父からの贈与により取得した財産，母からの贈与により取得した財産のそれぞれについて相続時精算課税の適用を受けるか否かを選択することになる。

▶ 2. 相続時の取扱い

　特定贈与者が死亡して相続が開始した時には，相続時精算課税の適用を受けた財産の価額（贈与時の価額。令和6年以後に贈与により取得した財産の価額は，基礎控除額を控除した後の残額）を相続税の課税価格に加算し，すでに納付した贈与税相当額を相続税額から控除する（相続税法21条の15〜16）。なお，相続税額から控除しきれない贈与税相当額については，還付を受けることができる（同法27条3項・33条の2）。

　なお，相続時精算課税適用者が，特定贈与者から相続または遺贈により財産を取得しなかった場合は，相続時精算課税の適用を受けた財産については相続または遺贈により取得したものとみなされる。

補足

事業承継税制の適用を受ける後継者に対する贈与についても，相続時精算課税を適用することができる。

3 適用にあたっての注意点

　相続時精算課税の適用を受けた財産の価額は，特定贈与者の相続の際に贈与時の価額で相続税の課税価格に加算される。このため，必ずしも相続税対策に活用できるとは限らない。

　他方で，相続時精算課税制度は，将来に発生する相続税の負担を過度に心配する必要のない世帯において，親世代から子世代へ資金援助をする際に活用することが期待される。

　相続が起こる時期や相続が起こるまでの間の資産価格の変動は，誰も正確に予測することはできない。したがって，相続時精算課

税を選択することの税務上の損得を断定することはできない。

4 特 例

　相続時精算課税制度には，住宅取得等資金の贈与を受けた場合の特例がある。住宅取得等資金の贈与を受けた場合の相続時精算課税の特例とは，令和8年12月31日までの間に，贈与により住宅取得等資金を取得した場合は，一定の要件のもと，贈与者の年齢がその年の1月1日において60歳未満であっても，相続時精算課税の適用を受けることができるというものである。

理解度チェック

　Aの推定相続人は，配偶者B・長男C・次男Dの3人である。Aが行った次の贈与について，贈与税額を求めなさい。また，その数年後に発生した相続について，各人の納付税額を求めなさい。

●1年目
　Aの長男Cは，Aから現金1,500万円の贈与を受け，この贈与について相続時精算課税を選択・適用した。長男Cは，他に贈与を受けていない。

●2年目
　その翌年，Aは長男Cに現金1,800万円を贈与した。長男Cは，他に贈与を受けていない。

●数年後
　Aについて相続が開始し，配偶者B・長男C・次男Dは相続により以下のとおり財産を取得した。次男Dに適用される税額控除はなく，各人に係る課税価格は次のとおりである。
　　・配偶者B：1億6,650万円
　　・長男C：8,000万円（相続時精算課税の適用を受けた上記の贈与財産3,080万円（1,500
　　　　　　万円−110万円＋1,800万円−110万円）を含む）
　　・次男D：8,650万円
　課税価格の合計額は3億3,300万円，遺産に係る基礎控除額は4,800万円（＝3,000万円＋600万円×3人），課税遺産総額は2億8,500万円（＝3億3,300万円−4,800万円）である。

解答
・1年目
　Cが納付すべき贈与税額：0円(1,500万円−110万円=1,390万円)
　特別控除の残額：2,500万円−1,390万円=1,110万円
・2年目
　Cが納付すべき贈与税額：1,800万円−110万円=1,690万円
　　　　　　　　　　　　　　(1,690万円−1,110万円)×20%=116万円
　Cは，1年目にAからの贈与について相続時精算課税を選択しており，Aからの贈与については2年目以降も相続時精算課税が適用される。
・数年後
　(相続税の総額)
　B：2億8,500万円の2分の1 …1億4,250万円
　　　1億4,250万円に対する税額　　　4,000万円 ①
　C：2億8,500万円の4分の1 …　　7,125万円
　　　7,125万円に対する税額　　　1,437.5万円 ②
　D：2億8,500万円の4分の1 …　　7,125万円
　　　7,125万円に対する税額　　　1,437.5万円 ③
　相続税の総額　　　　　　　　　　6,875万円 ①+②+③
　(各人の算出税額)
　B：按分割合　3億3,300万円に対する1億6,650万円の割合 … 0.50
　　　6,875万円×0.50(按分割合)=3,437.5万円
　C：按分割合　3億3,300万円に対する8,000万円の割合　… 0.24
　　　6,875万円×0.24(按分割合)= 1,650万円
　D：按分割合　3億3,300万円に対する8,650万円の割合　… 0.26
　　　6,875万円×0.26(按分割合)=1,787.5万円
　(各人の納付税額)
　B：配偶者の税額軽減の適用を受けることにより，0円
　C：1,650万円−116万円=1,534万円
　D：1,787.5万円
　Cは，相続時精算課税の適用を受けた財産について課税された贈与税相当額116万円を相続税額から控除する。

8 | 贈与税の非課税措置

1 住宅取得等資金の贈与と非課税

▶ 1. 概　要

関連過去問題
🖊2023年10月
問17
🖊2022年10月
問20

　直系尊属から住宅取得等資金の贈与を受けた者が，贈与を受けた年の翌年3月15日までに当該資金を使って自己の住宅用家屋の新築・取得・増改築等をして居住の用に供したとき，または同日後遅滞なく自己の居住の用に供すると見込まれるときは，限度額までの金額について贈与税が非課税となる（租税特別措置法70条の2）。

▶ 2. 受贈者の要件

　この制度の適用を受けることができる受贈者は，次の①と②を満たしている必要がある。

> ①　贈与を受けた年の1月1日において18歳以上であること
> ②　贈与を受けた年の合計所得金額が2,000万円以下（新築等をする住宅用家屋の床面積が40㎡以上50㎡未満の場合は1,000万円以下）であること

▶ 3. 非課税限度額

　非課税限度額は，原則として，新築等をする住宅用家屋が「省エネ等住宅」に該当する場合は1,000万円，それ以外の住宅の場合は500万円である。

　省エネ等住宅とは，省エネ等基準（断熱等性能等級5以上かつ一次エネルギー消費量等級6以上であること，耐震等級2以上もしくは免震建築物であること，高齢者等配慮対策等級（専用部分）

3以上であること）に適合する住宅用の家屋であることについて，一定の書類で証明されたものをいう。

▶ 4. 適用要件

　この特例の適用を受けるためには，贈与を受けた年の翌年2月1日から3月15日までの間（贈与税の申告書の提出期間）に，非課税の特例の適用を受ける旨を記載した贈与税の申告書に，計算明細書，戸籍の謄本，住民票の写し，登記事項証明書，新築や取得の契約書の写し等，一定の書類を添付して提出する必要がある。

　相続または遺贈により財産を取得した者が，相続開始前3年以内に被相続人から贈与により財産を取得していた場合には，その贈与により取得した財産の価額（贈与時の価額）は相続税の課税価格に加算されるが，この特例の適用を受けた場合には，非課税とされた金額は相続税の課税価格への加算から除外され，相続税の対象とならない。

2　教育資金の贈与と非課税

▶ 1. 概　要

　受贈者が，平成25年4月1日から令和8年3月31日までの間に直系尊属から教育資金に充てるための金銭等の贈与を受けた場合には，その金銭等の価額のうち1,500万円までの金額について贈与税が非課税となる（租税特別措置法70条の2の2）。

　この特例の適用を受けるためには，金融機関等との一定の契約に基づき，次の①～③の方法で教育資金口座の開設等を行った上で，教育資金非課税申告書を口座開設金融機関等の営業所等を経由して，信託等をする日までに受贈者の納税地の所轄税務署長に提出しなければならない。

①　信託受益権の取得
②　贈与により取得した金銭の預入

> ③　贈与により取得した金銭等での有価証券の購入

▶ 2. 受贈者の要件

　この特例の適用を受けることができる受贈者は，年齢が30歳未満の者である。また，平成31年４月１日以後に信託受益権または金銭等を取得した受贈者は，その前年分の合計所得金額が1,000万円以下でなければ適用を受けることができない。

▶ 3. 非課税限度額

　非課税限度額は，受贈者１人につき1,500万円である。この範囲内であれば，贈与者は複数でもよい。

▶ 4. 対象となる教育資金

　対象となる教育資金は，学校等に対して直接支払われる金銭のほか，塾・習い事・通勤定期代など学校等以外の者に対して直接支払われる金銭も含まれる。

▶ 5. 口座からの払出しと教育資金の支払

　教育資金口座から金銭等を払い出して教育資金を支払った受贈者は，領収書などその支払の事実を証する書類等を，その口座の払出方法に応じた期限までに金融機関等の営業所等に提出する必要がある。

▶ 6. 教育資金口座に係る契約の終了

　教育資金口座に係る契約は，原則として，次の①〜③の事由が生じた場合に終了する。

> ①　受贈者が30歳に達したこと（その受贈者が30歳に達した日において学校等に在学している場合または教育訓練を受けている場合（これらの場合に該当することについて金融機関等の営業所等に届け出た場合に限る）を除く）
>
> ②　受贈者が死亡したこと
>
> ③　口座の残高がゼロになり，かつ，その口座に係る契約を終了させる合意があったこと

上記①または③の事由に該当したことによって教育資金口座に係る契約が終了した場合で，非課税拠出額から教育資金支出額を控除（管理残額がある場合には，管理残額も控除）した残額があるときは，その残額は受贈者の贈与税（原則として一般税率）の課税対象となる。

▶ 7. 契約期間中に贈与者が死亡した場合の取扱い

　契約期間中に贈与者が死亡した場合で，次の①または②のいずれかに該当するときは，金融機関等の営業所等へ贈与者が死亡した旨の届出が必要となり，一定の事由に該当する場合を除き，管理残額は相続等によって取得したものとみなされる。

①　令和3年4月1日以後にその贈与者から信託受益権または金銭等の取得をし，この非課税制度の適用を受けた場合
②　平成31年4月1日から令和3年3月31日までの間にその贈与者から信託受益権または金銭等の取得（その死亡前3年以内の取得に限る）をし，この非課税制度の適用を受けた場合

　贈与者の死亡日において，受贈者が「23歳未満である場合」「学校等に在学しているまたは教育訓練給付金の支給対象となる教育訓練を受けている場合（その旨を明らかにする書類を上記の届出と併せて提出した場合に限る）」は，相続等によって取得したものとはみなされない。ただし，当該贈与者の死亡に係る相続税の課税価格の合計額が5億円を超える場合は，相続等によって取得したものとみなされる。

　なお，令和3年4月1日以後に取得した信託受益権または金銭等で，相続等により取得したものとみなされる管理残額については，その受贈者が贈与者の子以外の者（孫など）である場合，その贈与者の管理残額に対応する相続税額について，相続税額の2割加算の対象となる。

🔎 補足

管理残額とは，贈与者の死亡の日における非課税拠出額から教育資金（または結婚・子育て資金）支出額を控除した残額をいう。

第3編

3 結婚・子育て資金の贈与と非課税

▶ 1. 概　要

　受贈者が，平成25年4月1日から令和7年3月31日までの間に直系尊属から結婚・子育て資金に充てるための金銭等の贈与を受けた場合には，その金銭等の価額のうち1,000万円までの金額について贈与税が非課税となる（租税特別措置法70条の2の3）。

　この特例の適用を受けるためには，金融機関等との一定の契約に基づき，次の①～③の方法で結婚・子育て資金口座の開設等を行った上で，結婚・子育て資金非課税申告書を口座開設金融機関等の営業所等を経由して，信託等をする日までに受贈者の納税地の所轄税務署長に提出しなければならない。

① 信託受益権の取得
② 贈与により取得した金銭の預入
③ 贈与により取得した金銭等での有価証券の購入

▶ 2. 受贈者の要件

　この特例の適用を受けることができる受贈者は，年齢が18歳以上50歳未満の者である。また，平成31年4月1日以後に信託受益権または金銭等を取得した受贈者は，その前年分の合計所得金額が1,000万円以下でなければ適用を受けることができない。

▶ 3. 非課税限度額

　非課税限度額は，受贈者1人につき1,000万円である。この範囲内であれば，贈与者は複数でもよい。

▶ 4. 対象となる結婚・子育て資金

　対象となる結婚・子育て資金は，結婚に際して支払う金銭（上限300万円），妊娠・出産・育児に要する金銭である。

▶ 5. 口座からの払出しと結婚・子育て資金の支払

　結婚・子育て資金口座から金銭等を払い出して結婚・子育て資

金を支払った受贈者は，領収書などその支払の事実を証する書類等を，その口座の払出方法に応じた期限までに金融機関等の営業所等に提出する必要がある。

▶ 6. 結婚・子育て資金口座に係る契約の終了

結婚・子育て資金口座に係る契約は，原則として，次の①～③の事由が生じた場合に終了する。

---

① 受贈者が50歳に達したこと

② 受贈者が死亡したこと

③ 口座の残高がゼロになり，かつ，その口座に係る契約を終了させる合意があったこと

上記①または③の事由に該当したことによって結婚・子育て資金口座に係る契約が終了した場合で，非課税拠出額から結婚・子育て資金支出額を控除した残額があるときは，その残額は受贈者の贈与税（原則として一般税率）の課税対象となる。

▶ 7. 契約期間中に贈与者が死亡した場合の取扱い

契約期間中に贈与者が死亡した場合は，金融機関等の営業所等へ贈与者が死亡した旨の届出が必要となり，管理残額は相続等によって取得したものとみなされる。

なお，令和3年4月1日以後に取得した信託受益権または金銭等で，相続等により取得したものとみなされる管理残額については，その受贈者が贈与者の子以外の者（孫など）である場合，その贈与者の管理残額に対応する相続税額について，相続税額の2割加算の対象となる。

教育資金贈与と結婚・子育て資金贈与の非課税の制度は，要件が似ているので一緒に覚えよう！

第 4 編

相続と周辺知識

1 生前対策

1 成年後見制度

重要用語

成年後見

関連過去問題

- 2024年3月
  問31・問36・
  問38
- 2023年10月
  問22
- 2023年3月
  問22・問23・
  問39・問41・
  問42
- 2022年10月
  問22・問23・
  問30・問38

重要用語

法定後見

　後見は，判断能力の不十分な者を保護するための仕組みである。未成年者の両親が亡くなると，その保護のために親権者に代わる後見人が選ばれる「未成年後見」に対して，成年者ではあるが判断能力の不十分な者を保護するための仕組みを「成年後見」と呼んでいる。

　成年後見は，裁判所の手続により後見人等を選任する法定後見と，当事者間の契約によって後見人を選ぶ任意後見に分かれる。

▶ 1. 法定後見

　法定後見は，判断能力がすでに失われたかまたは不十分な状態になってしまった場合に利用されることが予定されており，本人の判断能力の度合い等により，補助，保佐，後見の３種類がある。

　法定後見を利用するためには，本人，配偶者，四親等内の親族など法律で定められた一定の者が，補助開始，保佐開始，後見開始のいずれかの審判を家庭裁判所に申し立てなければならない。審判の申立てにあたっては，申立書や申立手数料のほか，一般に，戸籍謄本，住民票，診断書等が必要とされる。

　法定後見の審判においては，診断書が必要とされていることからもわかるように，医学的な見地から本人の状態が確認されることはもちろんであるが，補助，保佐，後見の審判がなされ，補助人，保佐人，成年後見人の選任が認められるかどうかは，最終的には，法律的な判断である。

●成年後見制度の仕組み

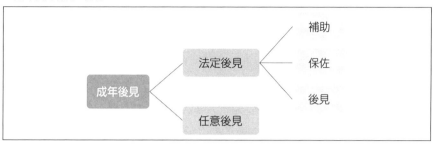

(1) 補 助

　家庭裁判所は，精神上の障害（認知症，知的障害，精神障害等）
によって判断能力が不十分な者について，補助開始の審判をする
ことができる。

　補助開始の審判は，精神上の障害によって判断能力が不十分な
者を保護するための手続であり，本人のために補助人を選任し，
補助人には，当事者が申し立てた特定の法律行為について代理権
または同意権（取消権）が与えられる。ただし，補助人は，本人
の財産に関するすべての法律行為について取消権を有するわけで
はない。

(2) 保 佐

　家庭裁判所は，精神上の障害によって判断能力が著しく不十分
な者についく，保佐開始の審判をすることができる。

　保佐開始の審判は，精神上の障害によって判断能力が著しく不
十分な者を保護するための手続であり，本人のために保佐人を選
任し，保佐人には，当事者が申し立てた特定の法律行為について
代理権が与えられる。また，保佐人または本人は，本人が自ら
行った重要な法律行為（借財，保証，不動産その他重要な財産の
売買等）に関しては，事後的に取り消すことができる。ただし，
保佐人は，本人の財産に関するすべての法律行為を本人に代わっ
て行うことができるわけではない。

重要用語
補助

第4編

重要用語
保佐

(3) 後 見

📖重要用語

後見

家庭裁判所は，精神上の障害によって判断能力を欠く常況にある者について，後見開始の審判をすることができる。

後見開始の審判は，精神上の障害によって判断能力を欠く常況にある者を保護するための手続であり，家庭裁判所は，本人のために成年後見人を選任し，成年後見人には，本人の財産に関するすべての法律行為を本人に代わって行う権限が与えられる。また，成年後見人または本人は，本人が自ら行った法律行為に関しては，日常生活に関するものを除いて，事後的に取り消すことができる。

▶ 2. 任意後見

📖重要用語

任意後見

任意後見は，判断能力が正常な場合や，たとえ低下していたとしてもその程度が軽く，自ら後見人を選ぶ能力をもっている場合に利用されるもので，将来における判断能力の低下に備えるための仕組みである。

任意後見を利用するためには，公正証書により，任意後見契約を締結する。任意後見契約の締結にあたっては，本人の意思を確認しなければならず，また，任意後見契約の内容が法律に従った内容であることを確保する必要がある。このため，任意後見契約は，必ず公正証書で締結しなければならない（任意後見契約に関する法律3条）。

任意後見契約では，将来に判断能力が低下してしまった際における財産の管理の方法等（具体的には，自宅等の不動産・預貯金等・年金の管理，税金・公共料金の支払等）を定めておくことができる。

任意後見人に期待されるもう1つの重要な役割として，介護や生活面の手配がある。具体的には，要介護認定の申請等に関する諸手続，介護サービス提供機関との介護サービス提供契約の締結，介護費用の支払，医療契約の締結，入院の手続，入院費用の支払，

生計費を届けたり送金したりすること，老人ホームへ入居する場合の体験入居の手配や入居契約を締結する役割等である。

このような任意後見人の役割を理解したうえで，任意後見契約の内容は，法令に反しない限り，当事者間の合意により自由に定めることができる。

任意後見人には特段の資格等は求められておらず，任務に適した成人であれば，誰でも任意後見人になることができる。また，任意後見人は，複数でも差し支えない。複数の者を任意後見人にしようとする場合，各自が任意後見人としての権限を行使することができるとするのか，共同してでないと任意後見人としての権限を行使することができないとするのかを決めなければならない。

任意後見契約は，本人の判断能力が低下してしまった後に，任意後見契約に関する法律に従い，任意後見監督人が選任された時からその効力を生じることになる，いわば停止条件付契約である。

2　成年後見登記

成年後見登記は，成年後見人等が選任された場合に一定の事項を登記し，登記官が登記事項証明書（登記事項の証明書，登記されていないことの証明書）を発行することによって，登記情報を開示する制度である。

後見等の開始の審判がされたときは家庭裁判所の嘱託によって登記がなされ，任意後見契約が締結されたときは公証人の嘱託によって登記がなされる。登記された後に，本人や成年後見人等の登記内容に変更が生じたときは「変更の登記」を，本人の死亡等により法定後見または任意後見が終了したときは「終了の登記」を申請しなければならない。

たとえば，任意後見契約が締結された後にさらに任意後見監督人が選任された場合，登記事項証明書を確認することにより，本

人，任意後見人，任意後見監督人，代理権の範囲を確認することができる。

任意後見人は，法務局等から登記事項証明書の交付を受けることにより，取引の相手方等に対して自らの代理権を証明することができる。

3 金融・資産運用計算の係数

ライフプランニングやリタイアメントプランニングを検討する際は，現在の金額を複利で運用した場合に将来の元利合計額はいくらになるかという計算（現在→将来），現在の金額を複利で運用しながら定期的に取り崩す場合にいくらずつ取り崩すことができるかという計算（現在→定期金）等を行う必要性が生じる。このような計算では，すなわち，「現在」と「将来」と「定期金」という要素を行ったり来たりするのである。

このような計算（複利計算）を行うに際しては，あらかじめ計算結果がまとめられた係数表を活用すると便利である。

● 係数表

種類	内容
終価係数	一定の元本を複利で運用した場合に，一定期間後の元利合計額がいくらになるかを計算する際に用いる。【現在→将来】
現価係数	複利での運用を前提として，一定期間後に一定の元利合計額を得るためには，現在いくらの元本があればよいかを計算する際に用いる。【将来→現在】
年金終価係数	毎年，一定金額を積み立てながら複利で運用した場合，一定期間後の元利合計額がいくらになるかを計算する際に用いる。【定期金→将来】
減債基金係数	複利での運用を前提として，一定期間後に一定の元利合計額を得るためには，毎年いくら積み立てればよいかを計算する際に用いる。【将来→定期金】
年金現価係数	複利での運用を前提として，一定期間にわたって一定金額を受け取るためには，現在いくらの元本があればよいかを計算する際に用いる。【定期金→現在】
資本回収係数	複利での運用を前提として，一定金額（元本）を一定期間にわたって取り崩していく場合，毎年どれだけの金額を得られるかを計算する際に用いる。【現在→定期金】

4　リバースモーゲージ

　リバースモーゲージは,「逆住宅ローン」とも呼ばれ,所有する不動産に居住し続けながら,その不動産を担保に金融機関等から融資を受ける制度である。年金等のように定期的に融資を受けるタイプ,必要時に必要額の融資を受けるタイプ等がある。

　一般に,契約時に,融資極度額と利用可能額が設定される。融資金の使途は,事業目的や投資目的等の一部の制約を除き,原則として自由である。融資金の返済は,原則として担保不動産の処分により行われることが想定されているが,契約者が死亡した場合の返済義務は保証人または契約者の相続人が承継する。

　なお,住宅金融支援機構が取り扱う「リ・バース60」の資金使途は,次の①〜⑤に限定されている（利用条件の詳細は,金融機関によって異なる）。

> ①　住宅の建設資金または購入資金
> ②　住宅のリフォーム資金
> ③　住宅ローンの借換資金
> ④　サービス付き高齢者向け住宅の入居一時金
> ⑤　子世帯等が居住する住宅の取得資金を借り入れるための資金

📖 重要用語

リバースモーゲージ

第4編

任意後見契約は,任意後見監督人が選任された時から効力を生じるよ!

2 ｜ 遺言信託, 遺産整理業務

1 相続対策と関連法規

相続対策は，事前の対策，事後の対策，内容の検討および手続の実行など多岐にわたる。そのため，多くの専門家が関与しなければ効果的な対策を講じることは難しく，特に，弁護士等による法務面のサポート，税理士による税務面のサポートが必要であることが多い。

弁護士法においては，広く法律事務全般について弁護士でなければ行うことができない業務と規定しており，弁護士等の一定の資格を有しない者が遺言書の作成の指導をすることは，弁護士法に抵触するおそれがある。

また，税理士法によれば，税理士資格を有しない者は，有償・無償を問わず，業として税務相談を行うことはできず，税務代理行為，税務書類の作成，税務相談は，税理士でなければ行うことができないと規定されている。

相続に関与する者としては，これらの関係法令に抵触することのないように十分に注意しなければならない。

2 信託の活用

保有している資産の相当部分を預け入れている金融機関等に対して，相続に関する相談や相続対策を委ねたいという要望があり，特に，遺言の作成から保管および執行に至るまで総合的にサポートする遺言信託業務には少なからず注目が集まっている。

● 信託の方法

種類	内容
信託契約	特定の者との間で，当該特定の者に対し，財産の譲渡，担保権の設定その他の財産の処分をする旨ならびに当該特定の者が一定の目的に従い財産の管理または処分およびその他の当該目的の達成のために必要な行為をすべき旨の契約を締結する方法。信託契約は，委託者となるべき者と受託者となるべき者との間の信託契約の締結によって，その効力が生じる。
遺言による信託	特定の者に対し，財産の譲渡，担保権の設定その他の財産の処分をする旨ならびに当該特定の者が一定の目的に従い財産の管理または処分およびその他の当該目的の達成のために必要な行為をすべき旨の遺言をする方法。遺言による信託は，当該遺言の効力の発生によって，その効力が生じる。
信託宣言（自己信託）	特定の者が，一定の目的に従い，自己の有する一定の財産の管理または処分およびその他の当該目的の達成のために必要な行為を自らすべき旨の意思表示を，公正証書その他の書面または電磁的記録で当該目的，当該財産の特定に必要な事項等を記載しまたは記録したものによってする方法。信託宣言は，当該公正証書等の作成，または受益者となるべき者として指定された第三者に対する確定日付のある証書による当該信託がされた旨およびその内容の通知によって，その効力が生じる。

▶ 1. 信託の仕組みと方法

　信託とは，特定の者が，一定の目的に従い財産の管理または処分およびその他の当該目的の達成のために必要な行為をすべきものとすることをいう（信託法2条1項）。信託は，信託契約により行われるのが通常であるが，遺言により財産を信託することもでき，ここでいう信託が，法律上の本来の意味での遺言信託（狭義の遺言信託）である。狭義の遺言信託には，遺言による私益信託，遺言による公益信託がある。

　信託は，「信託契約」「遺言による信託」「信託宣言（自己信託）」のいずれかの方法によって行うことができる。

重要用語

信託

▶ 2. 信託契約代理店制度

　多くの金融機関では，信託契約代理店として信託業務を取り扱っている。

　信託契約代理店制度は，信託銀行等と代理店が委託契約を結び，信託業務の一部を代理店が代行する制度である。信託銀行等から

委託を受けた信託契約代理店は，顧客に対する信託商品の説明や紹介を行うが，信託業務の契約当事者とはならず，顧客は，委託元の信託銀行等と取引をすることになる。

▶ 3. 信託の効果

信託を利用するメリットとしては，一般に，次の①〜⑥のような事項をあげることができる。

---

① 目的（何のために，誰のために）を定めて財産の管理・運用を任せることができる

② 金銭以外にも，さまざまな種類の財産を信託することができる

③ 信託した財産は安全に管理される

④ 専門家に財産の管理・運用を任せることができる

⑤ 贈与税等が非課税となるものもある

⑥ 信託受益権に転換することで，財産が管理・運用しやすくなる

▶ 4. 信託の種類

信託は，大きく「個人のための信託」「法人のための信託」「公益・福祉のための信託」の３つに分けることができる。

これらのうち，次の(1)〜(4)の信託は，相続対策として利用されている代表的なものである。

● 信託の種類

種類	信託商品の例
個人のための信託	教育資金贈与信託，結婚・子育て支援信託，遺言代用信託，後継ぎ遺贈型の受益者連続信託，生命保険信託，遺言信託，金銭信託，投資信託，年金信託，財産形成信託，不動産の信託／不動産業務
法人のための信託	顧客分別金信託，証券代行業務，担保権の信託（セキュリティ・トラスト），信託型ライツプラン，株式交付信託，資産流動化の信託，特定金銭信託／ファンドトラスト，有価証券の信託，受益証券発行信託
公益・福祉のための信託	公益信託，特定贈与信託，後見制度支援信託，特定寄附信託

出典　一般社団法人信託協会ホームページ

(1) 特定贈与信託

特定贈与信託は，障害のある者（受益者）の生活の安定を図ること等を目的として，障害のある者の親族等が委託者となり，信託銀行等が受託者となって，金銭等の財産を管理するものである。管理される財産により，障害のある者（受益者）の生計費や医療費などとして定期的に金銭が支払われる。

特定贈与信託を利用することにより，特別障害者については6,000万円を限度として，特別障害者以外の特定障害者については3,000万円を限度として，贈与税が非課税とされる。この非課税措置を受けるために必要な書類（障害者非課税信託申告書）は，信託銀行等（受託者）を通じて税務署に提出しなければならない。

重要用語
特定贈与信託

(2) 後見制度支援信託

後見制度支援信託は，法定後見制度により支援を受ける者（被後見人）の財産管理面をバックアップする役割を果たすものである。信託できる財産は金銭に限られ，被後見人が委託者兼受益者，信託銀行等が受託者となり，被後見人の財産のうち通常使用しない金銭を信託銀行等に預け入れる。

後見制度支援信託は，法定後見制度のうちの保佐や補助，任意後見制度では利用することができない。この信託契約の締結，一時金の交付等の手続は，家庭裁判所の指示書に基づいて行われる。なお，信託銀行を利用しづらい地域があることに鑑み，多くの地域金融機関の協力により，この信託と同様の仕組みをもつ後見制度支援預金（貯金）が導入されている。

重要用語
後見制度支援信託

(3) 遺言代用信託

遺言代用信託は，生前に本人の財産を信託銀行等に信託して，委託者が生存している間は委託者本人を受益者とし，委託者の死亡後は本人の子や配偶者その他の者を受益者とすることにより，本人の相続開始後における資産分配を信託契約によって達成しよ

重要用語
遺言代用信託

第4編

うとするものである。遺言代用信託は，遺言を活用しない手法であるため，民法に規定されている遺言の方式に拘束されない。また，遺言代用信託は，遺言信託とは異なり，委託者の死亡により改めて信託のための手続や遺言執行が不要なため，早期かつ確実に本人の財産を承継させることができる。

　遺言代用信託は，遺言の代わりに信託契約を活用しようとする相続対策の一手法である。

⑷　受益者連続信託

　たとえば，子がいない夫婦間において，夫の相続開始に際しては，永年の苦労をともにした妻に財産を承継させたいが，その財産を承継した妻の相続開始に際しては，亡き夫に係る先祖伝来の財産を，妻の相続人（妻の兄弟姉妹や甥・姪等）ではなく，亡き夫の親族（亡き夫の兄弟姉妹や甥・姪等）に承継させたいという要望もある。

　このような場合，夫妻が意見をともにして互いに遺言書を残すことにより，要望どおりの財産の承継を実現させることは不可能ではないが，夫と妻が意見を異にしたり，途中で事情が変わったりすること等により，必ずしも当初の要望を叶えられるとは限らない。そこで，夫の要望の実現を図るために，受益者連続信託を活用することが考えられる。

　信託法では，受益者の死亡により，当該受益者の有する受益権が消滅し，他の者が新たな受益権を取得する旨の定め（受益者の死亡により順次他の者が受益権を取得する旨の定めを含む）のある信託は，当該信託がされた時から30年を経過した時以後に現に存する受益者が当該定めにより受益権を取得した場合であって当該受益者が死亡するまでまたは当該受益権が消滅するまでの間，その効力を有すると定められている（信託法91条）。

　上記の例では，受益者連続信託を活用し，夫の相続開始後にお

重要用語

受益者連続信託

ける受益者を妻，その後の妻の相続開始後における受益者を夫が
希望する特定の者（夫の親族）と定めることにより（信託会社等
を受託者とすることも，親族の中から受託者を選定することも考
えられる），夫の死亡後の妻の生活の安定と，妻の死亡後における
夫の要望に即した財産の承継の両方を叶えることができる。

　ただし，遺言代用信託や受益者連続信託によっても遺留分制度
を潜脱することはできないとの裁判例（東京地判平成30・9・
12）もあるため，注意しなければならない。

3　遺言信託業務

▶ 1. 遺言信託の仕組み

　遺言信託（遺言信託業務）という言葉は，遺言信託という商品
名として，金融機関および信託会社等（以下，「信託銀行等」とい
う）が金融機関の信託業務の兼営等に関する法律において認めら
れた併営業務として行っている遺言書の保管や財産に関する執行
等を指す場合と，信託法上の本来の意味である遺言による信託設
定を指す場合とがあるが，近年は，前者を指して遺言信託業務と
いう機会が多い。

　すなわち，信託銀行等は，財産に関する遺言について遺言執行
者になることが認められており，その前提として，信託銀行等が，
財産状況の調査や遺言書の作成サポートを行い，遺言書の保管を
引き受け，相続が開始したときには，遺言執行者として財産に関
する遺言の内容を実現する。これらの業務を総称して，遺言信託
業務と呼んでいる。

　一般に，遺言信託業務には，遺言書の作成相談・サポート，遺
言書の作成・保管，遺言内容の異動・変更の照会等が含まれる。
遺言の種類には，自筆証書遺言，公正証書遺言，秘密証書遺言が
あるが，遺言信託業務においては，公証役場で公正証書遺言を作

重要用語
遺言信託

第4編

成することが一般的である。作成される遺言書には，依頼した信託銀行等を遺言執行者として指定する旨を記載し，遺言書の作成後，信託銀行等は遺言者との間で遺言書保管に関する約定を締結し，遺言書正本と謄本の各1通（遺言書正本のみを保管する信託銀行等もある）を保管する。遺言書の保管者である信託銀行等は，遺言者に財産等の異動・変更がないかを，定期的または必要に応じて照会する。

　遺言者の死亡後は，原則として，信託銀行等が遺言執行者に就職する。遺言執行者は，遅滞なく相続財産目録を作成して，相続人に交付する。相続財産目録を作成することにより，相続財産の状態を明らかにして，相続財産に対する遺言執行者の管理処分権の対象を明確にするとともに，遺言執行者の相続財産引渡義務，報告義務および賠償責任の基礎が明確になる。続いて，遺言の内容に従って，遺産の換価，名義変更，引渡し等，遺産の分配を行う。

▶ 2. 引き受けられない場合

　遺言信託業務で引き受けられる範囲は，相続や財産処分に関するものだけであり，相続人の廃除等の身分に関する事項については引き受けることができない。

　また，財産に関する遺言であっても，遺言執行者に就職する以前に法的紛争が生じており，遺言執行業務を遂行することが困難と認められる場合等については，遺言執行者に就職しない。

4 遺産整理業務

▶ 1. 概　要

　信託銀行等は，遺言信託業務のほか，相続人からの依頼により遺産相続手続を代行する業務を行っている。この業務は，一般に，遺産整理業務と呼ばれている。相続が発生した場合，相続人が行

重要用語

遺産整理業務

わなければならない相続手続は多種多様であり，負担も膨大である。遺産整理業務は，相続人からの依頼により相続人に代わって被相続人の遺産整理を行い，状況に応じて弁護士・司法書士・税理士等の専門家を紹介することで円滑に相続手続を行うことを目的とする業務である。

信託銀行等が遺産整理業務を受託するのは，遺言が作成されていない事案であり，相続財産が多岐にわたり，また，相続人の数も複数の場合が多い。

▶ 2. 引き受けられない場合

信託銀行等は，相続人間において法的紛争が生じている場合や，遺産分割協議がまとまらない場合（その段階で業務を終了する）には，遺産整理業務を引き受けることができない。

また，信託銀行等は，子の認知や相続人の廃除等の身分に関する事項についても引き受けることができない。

▶ 3. 遺言信託業務との相違点

遺産整理業務は，遺言信託業務とは異なり，被相続人の遺言を前提とした業務ではなく，相続開始後に締結される委任契約に基づく業務である。

すなわち，被相続人の取引金融機関は，信託銀行等の遺産整理受任者を相手方とし，被相続人との取引内容を証明する残高証明書の発行や預金等の預かり資産の解約・払戻手続を行う場合，被相続人についての相続発生の事実や法定相続人の特定だけでなく，法定相続人全員と信託銀行等との間で遺産整理委任契約が締結されていることを，同契約書の写しの添付を求めること等により確認しなければならない。

このほか，遺産整理受任者である信託銀行等の代表権者，または代表権者から代理権を与えられたとする者については，資格証明書や印鑑証明書等により，遺産整理受任者としての業務執行権

を確認すべきである。

相続に関与する者としては，関係法令に抵触することのないよう十分に留意しなければならないよ！

理解度チェック

❶ 信託契約は，委託者となるべき者と受託者となるべき者との間の信託契約の締結によって効力が生じる。

❷ 後見制度支援信託は，成年後見制度各種により支援を受けるすべての者が利用できる。

❸ 遺言信託業務で引き受けられる範囲は，相続や財産処分に関するものだけである。

解答 ❶ ○
❷ × 後見制度支援信託は，法定後見制度のうちの保佐や補助，任意後見制度により支援を受ける者は利用できない。
❸ ○

3 相続対策と事業承継(1)

1 会社経営者の相続対策と事業承継対策

　事業承継は，個人事業主であるか法人であるかにかかわらず生じるが，個人事業主の場合には相続が発生する。相続は時期を選べず，また，生前贈与によって資産を承継するにも税負担の問題が発生することから，個人事業主の相続に際しては，課題が噴出する可能性が高い。

　個人事業の法人化は，事業の将来性や拡張性，所得に対する税負担等，さまざまな観点を考慮して検討されるべきであり，相続対策や事業承継対策は，はずすことのできない観点の1つである。

関連過去問題
2024年3月
問37・問48
2023年10月
問18・問37
2022年10月
問48

2 事業承継計画

　事業承継を円滑に進めるためには，事業承継計画を策定して計画的に準備をすることが重要である。

重要用語
事業承継計画

▶ 1. 把握すべき状況

　事業承継計画の策定にあたっては，まず，会社を取り巻く各状況を正確に把握する必要がある。把握しなければならない状況には，次の①〜④がある。

> ① 会社の状況の全般……資産および負債の状況，損益およびキャッシュフロー等の現状と将来の見込み，会社の競争力の現状と将来の見込み，従業員の数や年齢等
> ② 経営者の状況……保有している自社株式の現状，経営者名義の土地や建物の現状，経営者の負債や個人保証の現状

等

③　後継者候補の現状……親族内に後継者候補がいるか，社内や取引先に後継者候補がいるか，後継者候補の年齢・経歴・能力・適性・会社経営に対する意欲はどうか等

④　相続時に予想される状況……法定相続人の人間関係や株式保有状況，相続財産の特定，相続税額の試算や納税方法の検討，従業員や取引先の反応等

把握したこれらの状況をもとに，事業承継の方法や後継者を具体的に検討および選定し，事業承継計画を策定することが望ましい。

▶ 2. 事業承継計画に盛り込むべき事項

事業承継計画に盛り込むべき事項としては，次の①〜③があげられる。

補足

ここでは，事業承継協議会「事業承継ガイドライン」に基づき，一般的な事業承継計画について記述している。

①　事業承継の概要……後継者の確定，承継方法，承継時期等

②　事業の中長期目標……経営理念，事業の方向性，将来の数値目標等

③　事業承継を円滑に行うための対策・実施時期……関係者の理解，後継者教育，株式・財産の配分等

このように，事業承継計画を立案および作成することにより，円滑に事業承継を行うための具体的な課題と対策を明確にすることができる。

3　親族内承継と親族外承継

▶ 1. 親族内承継

後継者を親族内から選定する親族内承継には，後継者を早期に決定し計画的に準備できること，内外の関係者から受け入れられやすいこと等のメリットがある。

しかし，複数の相続人がいる場合は，いかに相続に係る紛争を回避しつつ経営権を後継者に集中させることができるか，また，事業承継や相続に係る税負担を調整しつつ円滑に納税することができるか等，法務面や税務面を中心として複雑な課題がある。

▶ 2. 親族外承継

親族内に適切な後継者がいない場合には，親族外に後継者を求めることになる。親族外承継には，従業員から後継者を選定する場合と広く外部から後継者を選定する場合がある。

(1) 従業員から選定する場合

従業員への承継は，経営の一体性を保ちやすいというメリットがある。

(2) 外部から選定する場合

従業員も含めて身近に後継者がいない場合には，広く外部から後継者を選定することになるが，事業の変化に対応することができる有能な人材を獲得する好機であり，現経営者が株式を売却することにより利益を得る可能性も探ることができる。

いずれの場合についても，後継者に現経営者が保有している株式を買い取る資力があるか，あるいは，資金調達が可能であるかが課題となる。

4 議決権の集中

▶ 1. 会社経営と議決権

会社経営の観点からは，迅速，かつ確実な意思決定を行うために，後継者および友好的株主に議決権の相当数を集中させることが好ましい。議決権の過半数を確保することはもとより，株主総会において重要事項を決議することができる３分の２以上の議決権を目安に，後継者および友好的株主が議決権を集中的に保有することが好ましく，たとえ親族内であっても議決権が分散するこ

重要用語

議決権

とは好ましくない。また，重要事項を否決することができる3分の1以上の議決権を確保することが，経営権確保のための最低ラインでもある。

しかし，民法は，被相続人の子が複数いる場合の法定相続分は相等しいと規定しており，後継者であろうとなかろうと相応の相続分を分け合うことを望む風潮も少なくないことから，後継者および友好的株主に議決権の相当数を集中させるための対策が必要となる。

現経営者が保有している株式が，現経営者の相続により分散しないようにするためには，生前贈与により株式を承継することが最も確実であるが，税務上の判断等により生前に承継できない場合も多く，このような場合には遺言を活用することが考えられる。現経営者が，誰に何を相続させるかを遺言に記載することにより，相続争いや遺産分割協議を避けつつ，後継者に株式や事業用資産を集中させることができるというメリットがある。

後継者に株式や事業用資産を集中させる場合には，後継者が死亡保険金の受取人となる生命保険契約を活用すること等により，いわゆる代償分割の資金を確保しておく等の資金面の工夫，また，現経営者が推定相続人等に対して自身の意向を伝えておく等の紛争回避の工夫が必要である。

▶ 2. 種類株式

事業承継を円滑に行うために，会社法が規定している種類株式を活用することにより，後継者に対して議決権を集中させる工夫をすることも考えられる。

種類株式には，「譲渡制限株式」「優先株式・劣後株式」「議決権制限株式」「取得請求権付株式」「取得条項付株式」「拒否権付株式（黄金株）」「役員選解任権付株式」がある。

種類株式を発行するためには，その前提として，定款を変更し

重要用語
種類株式

重要用語
定款

● 種類株式の種類

種類	内容
譲渡制限株式	株式を譲渡しようとするときに、その株式を発行した会社の承認を要する株式
優先株式・劣後株式	優先（劣後）株式とは、利益の配当や残余財産の分配が、他の種類株式に優先（劣後）する株式
議決権制限株式	議決権を行使できない、決議事項の一部に限り議決権を行使できるなど、議決権に制限のある株式
取得請求権付株式	株式を発行した会社に対し、株主が当該会社の株式の買取りを請求する権利が付与された株式
取得条項付株式	一定の事由が発生したときに株主総会の特別決議で可決されることによって、発行会社が株主の同意を得ることなく自社株式を取得できる旨が定款に定められている株式
拒否権付株式 （黄金株）	あらかじめ定款に定めた事項についての拒否権を有する株式
役員選解任権付株式	取締役や監査役を選任・解任する権利を有する株式

なければならない。定款とは、会社の組織・活動などに関する根本規則またはそれを記載した書面のことで、会社の憲法とも称される。

　定款を変更するためには、原則として、議決権の3分の2以上の賛成が必要である。したがって、種類株式を活用するためには、現経営者を中心として経営環境が安定しているときに、定款を変更する等の準備を進めておかなければならない。

5　経営承継円滑化法の活用

　中小企業における経営の承継の円滑化に関する法律（以下、「経営承継円滑化法」という）は、遺留分に関する民法の特例、事業承継における金融支援策、事業承継税制について規定している。

▶ 1. 遺留分に関する民法の特例

　遺留分に関する民法の特例には、除外合意と固定合意がある。除外合意も固定合意も、先代経営者の推定相続人全員の合意を前

第
4
編

● 遺留分に関する民法の特例

種類	内容
除外合意	後継者が先代経営者からの贈与等により取得した株式等の全部または一部について，当該価額を遺留分を算定するための財産の価額に算入しない合意
固定合意	後継者が先代経営者からの贈与等により取得した株式等の全部または一部について，遺留分を算定するための財産の価額に算入すべき価額を当該合意の時における価額に固定する合意

提とし，経済産業大臣の確認および家庭裁判所の許可を受けることによって，合意の効力が生じる。なお，除外合意と固定合意は，併用することができる。

(1) 除外合意の効果

除外合意をすることにより，当該株式等は遺留分侵害額の請求の対象から除外されるため，先代経営者の相続に伴って当該株式等が分散することを防止することが期待されている。

(2) 固定合意の効果

固定合意をすることにより，その後に当該株式等の価値が上昇しても非後継者の遺留分の額が増大することはないため，後継者は，企業価値向上を目指して経営に専念することができると期待されている。

▶ 2. 事業承継における金融支援策

事業承継における金融支援策には，「中小企業信用保険法の特例」と「株式会社日本政策金融公庫法および沖縄振興開発金融公庫法の特例」がある。これらの特例の適用を受けることにより，中小企業者が事業承継に係る資金を調達しやすくなることが期待されている。

先代経営者の死亡や退任により生じる事業承継では，多額の資金が必要とされる場合が想定される。たとえば，相続等により分散した株式等や事業用資産等の買取り，これらの資産に係る相続

税の納税のために多額の資金が必要となる。また，経営者の交代により信用状態が低下し，取引先から支払サイトの短縮を求められたり，金融機関から資金を借り入れる際に金利等の条件を厳しくされたりする等，資金繰りが悪化する場合もある。さらに，親族外承継を行う際には，事業を承継する役員や従業員等が先代経営者から株式等を買い取るための資金を調達する必要がある。

資金調達は，法務面や税務面と並んで，事業承継を円滑に進めるための重要な課題である。

▶ 3. 事業承継税制

事業承継税制は，経営承継円滑化法に基づく認定のもと，後継者が取得した一定の資産について，贈与税および相続税の納税を猶予する制度である。

事業承継税制には，会社の株式等を対象とする「法人版事業承継税制」と，個人事業主の事業用資産を対象とする「個人版事業承継税制」の2つがある。

参照

事業承継税制については，第4編「4 相続対策と事業承継(2)」参照。

第4編

理解度チェック

❶ 後継者が先代経営者からの贈与等により取得した株式等の全部または一部について，遺留分を算定するための財産の価額に算入すべき価額を当該合意の時における価額とする合意を，除外合意という。

❷ 先代経営者の死亡や退任により生じる事業承継では，相続等により分散した株式等や事業用資産等の買取り，これらの資産に係る相続税の納税のために多額の資金が必要となるケースがある。

❸ あらかじめ定款に定めた事項についての拒否権を有する株式を，拒否権付株式という。

解答　❶　×　固定合意という。
　　　❷　○
　　　❸　○

4 | 相続対策と事業承継(2)

1 取引相場のない株式の評価

関連過去問題
- 2024年3月
  問47・問48
- 2023年10月
  問38
- 2022年10月
  問47・問48

　後継者に自社株式に係る議決権を集中的に承継させるためには，法務面の課題をクリアするとともに，税務面の課題もクリアしなければならない。現経営者から後継者に自社株式を承継させる方法としては，贈与，売買，相続による方法があるが，選択した方法により課税される税金の種類や算出方法が異なる。

　贈与に際しては，受贈者である後継者が贈与税を負担することになるが，贈与税の原則的な計算方法である暦年課税のほか，相続時精算課税を選択することもできるため，贈与税の負担と相続税の負担とのバランス等を考慮する必要がある。

　いずれにしても，株式の承継に際しては税負担を回避することができず，税負担を的確に把握するためには株式の評価額を算定しなければならない。株式の算定方法を知ることにより，株式の評価額を引き下げる対策を検討することができる。

🔍 **参照**
上場株式の評価については，第3編「5 相続財産の評価」参照。

　非上場会社の株式（取引相場のない株式）の評価方法は，財産評価基本通達により定められており，当該株式を取得する者が同族株主等に該当しない場合と同族株主等に該当する場合とで評価方法が異なる。

▶ **1. 株式の取得者が同族株主等以外の場合**

📖 **重要用語**

配当還元方式

　同族株主等以外の者が取得する取引相場のない株式は，配当還元方式により評価する。

　配当還元価額は，1株当たりの年配当金額を10％で除して求め

られる。すなわち，配当還元価額は，１株当たりの年配当金額の10倍相当額である。

　同族株主ではない株主は，経営権を持たないため，配当金という経済的利益を得る目的で株式を保有してる。配当還元価額は，この点に着眼した評価方法であり，次の▶2.の原則的評価方式による評価額に比べると，割安に評価される。

▶ **2. 株式の取得者が同族株主等の場合**

　同族株主等が取得する取引相場のない株式は，配当還元方式によることはできず，原則的評価方式によって評価する。

　原則的評価方式では，当該会社の「直前期における従業員数」「直前期末以前１年間の取引金額」「直前期末における総資産価額」によって会社規模を判定し，この会社規模によって次のいずれかの方式で評価する。

(1)　**会社規模による評価方式**

　①　**「大会社」の場合**

　「類似業種比準方式」または「純資産価額方式」のいずれか低い額

　②　**「中会社」または「小会社」の場合**

　「類似業種比準方式と純資産価額方式の併用方式」または「純資産価額方式」のいずれか低い額

● 会社規模による評価方式

会社規模	評価方式	
大会社	類似業種比準方式 純資産価額方式	いずれか低い額
中会社・小会社	類似業種比準方式と純資産価額方式の併用方式 純資産価額方式	いずれか低い額

(2) 評価方式の内容

① 類似業種比準価額

類似業種比準価額は，類似業種の株価に，評価会社と類似業種の「1株当たりの配当金額」「1株当たりの利益金額」「1株当たりの純資産価額」の3要素から求めた比準割合を乗じ，さらに斟酌率を乗じて求められる。

類似業種比準価額は，評価会社が上場会社であったならばどの程度の株価となるかを比準計算して一定の調整を行った評価額であるため，会社の規模がある程度大きくなければ評価額の妥当性に欠ける。そのため，類似業種比準価額は，大会社においてのみストレートに採用することができる。

② 純資産価額

純資産価額は，相続税評価額ベースの1株当たりの純資産を算出するものである。ただし，いわゆる含み益相当額（相続税評価額ベースの価額と帳簿価額との差額）については，実現したら法人税等が課税されることから，純資産価額を算出する過程において，評価差額に対する法人税等相当額が控除される。

純資産価額は，一定の調整を行うものの，1株当たりの純資産価額を評価額とするため，会社の規模にかかわらず評価額に妥当性がある。そのため，純資産価額は，会社規模にかかわらず採用することができる。

▶ **3. 評価額を引き下げる方法**

取引相場のない株式の評価額を引き下げるためには，次のような方向から方策を検討する。

(1) 類似業種比準価額の引下げ

類似業種比準価額を引き下げるには，比準要素である「配当金額」「利益金額」「純資産価額」を引き下げればよい。

したがって，配当金を低くする，役員報酬を引き上げる，退職

金を支給する，会社として生命保険に加入する，含み損が生じている資産を売却するなどの方策が考えられる。

(2) 純資産価額の引下げ

純資産価額を引き下げるには，相続税評価を行う純資産を少なくするか，発行済株式数を増やすことが考えられる。

(3) 会社規模の変更

会社規模が変われば，取引相場のない株式の評価額の計算方法も変わるため，より有利な会社規模の区分に変更することが考えられる。

(4) 承継する株式数を減らす方法

従業員持株会を設立して，経営権に影響しない程度の株式数を安定株主である従業員持株会に譲渡し，相続財産である株式数を減らすことも1つの方策である。

2　事業承継税制

▶ 1. 法人版事業承継税制

法人版事業承継税制は，後継者である受贈者または相続人等が，経営承継円滑化法の認定を受けている非上場会社の株式等を贈与・相続等により取得した場合に，一定の要件のもと，その非上場株式等に係る贈与税・相続税の納税を猶予し，また，当該後継者の死亡等により，納税が猶予されていた贈与税・相続税の納税が免除される制度である。

なお，事業承継税制は，従来からの「一般措置」に加え，平成30年1月1日から令和9年12月31日までの10年間限定で要件等が拡充・緩和された「特例措置」が設けられている。

一般措置と特例措置との違いは，次頁のとおりである。

重要用語

法人版事業承継税制

● 事業承継税制の概要

	一般措置	特例措置
事前の計画策定等	不要	特例承継計画の提出 （平成30年４月１日から令和８年３月31日まで）
適用期限	なし	10年以内の相続等・贈与 （平成30年１月１日から令和９年12月31日まで）
対象株式 （議決権に制限のない株式等に限る）	総株式数の最大３分の２まで	全株式
納税猶予割合	相続等：80% 贈与：100%	100%
承継パターン	複数の株主から１人の後継者	複数の株主から最大３人の後継者
雇用確保要件	承継後５年間 平均８割の雇用維持が必要	左記の雇用確保要件を満たさなかった場合には，その理由等を記載した報告書を都道府県知事に提出し，確認を受ける必要がある
事業の継続が困難な事由が生じた場合の免除	なし（猶予税額を納付）	譲渡対価の額等に基づき再計算した猶予税額を納付し，従前の猶予税額との差額を免除
相続時精算課税の適用	60歳以上の贈与者から18歳以上の推定相続人・孫への贈与	60歳以上の贈与者から18歳以上の者への贈与

出典　国税庁「相続税の申告のしかた」に加筆

(1)　非上場株式等についての贈与税の納税猶予・免除の特例等

　「非上場株式等についての贈与税の納税猶予・免除の特例等」は，後継者（受贈者）が贈与を受けた一定の非上場株式等に係る贈与税額の納税を，一定の要件のもと，先代経営者（贈与者）が死亡する日等まで猶予するものである。

　この特例等の適用を受けた非上場株式等は，原則として先代経営者の死亡の際に，後継者が先代経営者からの相続・遺贈によって取得したものとみなされて相続税の課税の対象になると同時に，納税が猶予されていた贈与税額が免除される。

(2) 非上場株式等についての相続税の納税猶予・免除の特例等

経営承継円滑化法に基づく都道府県知事の認定を受ける非上場会社の後継者（相続人または受遺者）が，被相続人から非上場株式等を相続・遺贈により取得し，その会社を経営していく場合には，当該後継者が納付すべき相続税のうち，非上場株式等に係る課税価格の80％または100％に対応する相続税の納税が猶予される。猶予された相続税額は，当該後継者が死亡した場合等には，その全部または一部が免除される。

当該後継者の死亡によって，さらに非上場株式等を相続等した者についても，一定の要件を満たすことにより，この特例等の適用を受けることができる。

ただし，免除されるまでに，対象となった非上場株式等を譲渡するなどした場合には，納税が猶予されていた相続税額の全部または一部が打ち切られ，その税額と利子税を納付することになる。

▶ 2. 個人版事業承継税制

個人版事業承継税制は，青色申告に係る事業（不動産貸付事業等を除く）を行っていた事業者の後継者が，平成31年1月1日から令和10年12月31日までの間に当該事業者の事業用資産を贈与または相続等により取得した場合に，一定の要件のもと，その事業用資産に係る贈与税・相続税の納税を猶予・免除する制度である。

重要用語
個人版事業承継税制

(1) 個人の事業用資産についての贈与税の納税猶予・免除

青色申告事業者の後継者として経営承継円滑化法による都道府県知事の認定を受けた者が，先代事業者からその事業に係る特定事業用資産のすべてを贈与により取得してその事業を営んでいく場合には，当該後継者が納付すべき贈与税のうち一定額の納税が猶予される。猶予された贈与税額は，当該事業者が死亡した場合等には，その全部または一部が免除される。

この特例の対象となる特定事業用資産は，先代事業者の事業の

重要用語
特定事業用資産

第4編

● 個人版事業承継税制の対象となる特定事業用資産

資産の種類	内容
宅地等	宅地等の面積の合計のうち400㎡以下の部分で，建物または構築物の敷地の用に供されている一定のもの
建物	建物の床面積の合計のうち800㎡以下の部分で，一定のもの
減価償却資産	① 固定資産税の課税対象とされているもの（機械装置など） ② 自動車税・軽自動車税の営業用の標準税率が適用されるもの ③ その他一定のもの（一定の貨物運送用および乗用自動車，乳牛・果樹等の生物，特許権等の無形固定資産）

用に供されていた「宅地等」「建物」「減価償却資産」で，贈与の日の属する年の前年分の事業所得に係る青色申告書の貸借対照表に計上されていたものでなければならない。

　なお，免除されるまでに，対象となった特定事業用資産を事業の用に供さなくなったなどした場合には，納税が猶予されていた贈与税額の全部または一部が打ち切られ，その税額と利子税を納付しなければならない。

⑵　個人の事業用資産についての相続税の納税猶予・免除

　青色申告事業者の後継者として経営承継円滑化法による都道府県知事の認定を受けた者が，被相続人である先代事業者からその事業に係る特定事業用資産のすべてを相続・遺贈により取得してその事業を営んでいく場合には，当該後継者が納付すべき相続税のうち特定事業用資産に係る課税価格に対応する相続税の納税が猶予される。猶予された相続税額は，当該後継者が死亡した場合等には，その全部または一部が免除される。

　特定事業用資産は，上記⑴と同様である。

　なお，免除されるまでに，対象となった特定事業用資産を事業の用に供さなくなったなどした場合には，納税が猶予されていた相続税額の全部または一部が打ち切られ，その税額と利子税を納付しなければならない。

5 遺族年金

1 遺族年金

わが国の公的年金には，老齢年金，障害年金，遺族年金の３種類がある。

国民年金または厚生年金保険の被保険者が死亡すると，その被保険者によって生計を維持されていた遺族は，遺族基礎年金や遺族厚生年金を受け取ることができる。

遺族基礎年金を受給するためには，遺族基礎年金の支給要件を満たす子がいなければならず，遺族基礎年金は子の養育のためという色合いが濃い。これに対して，遺族厚生年金では，受給することができる遺族の優先順位が定められており，残された配偶者の生活保障のためという色合いが濃い。

関連過去問題
- 2024年3月 問39
- 2023年10月 問39
- 2023年3月 問37
- 2022年10月 問37

第4編

2 遺族基礎年金

遺族基礎年金は，被保険者の死亡の当時，その者と生計維持関係にある「子のある配偶者」または「子」に対して支給される。遺族基礎年金の支給要件における「子」は，18歳到達年度の末日までの間にある子，または，20歳未満で一定の障害等級に該当する障害の状態にある子とされている。

遺族基礎年金の概要は，次頁のとおりである。

📖重要用語

遺族基礎年金

● 遺族基礎年金の概要

項目	内容
支給要件	被保険者または老齢基礎年金の資格期間（原則として25年以上）を満たした者が死亡したとき（死亡した者の保険料納付済期間（保険料免除期間等を含む）は加入期間の３分の２以上必要）。ただし、令和８年４月１日前の場合は、死亡日に65歳未満であれば、死亡日の属する月の前々月までの１年間の保険料納付期間のうちに、保険料の滞納がなければ、支給要件を満たすものとされる。
対象者	死亡した者によって生計を維持されていた次の①② ①　子のある配偶者 ②　子（18歳到達年度の年度末を経過していない子または20歳未満で障害年金の障害等級１級・２級の子）
年金額 （令和６年４月現在）	68歳以下の新規裁定者……816,000円＋子の加算 69歳以上の既裁定者………813,700円＋子の加算 子の加算：第１子・第２子は各234,800円 　　　　　　第３子以降は各78,300円 ※　子が遺族基礎年金を受給する場合の加算は第２子以降について行い、子１人当たりの年金額は、上記による年金額を子の数で除した額となる。
年金請求書の提出先	住所地の市区町村役場

▶ 1. 寡婦年金

　国民年金の第１号被保険者としての被保険者期間に係る保険料納付済期間（保険料免除期間等を含む）が10年以上ある夫が、老齢年金等を受けずに死亡した場合は、婚姻期間が10年以上の妻が60歳から65歳になるまでの間、寡婦年金が支給される。

　寡婦年金の年金額は、夫が受けられたであろう老齢基礎年金の年金額（第１号被保険者期間に係る額に限る）の４分の３相当額である。

　なお、寡婦年金と遺族厚生年金は、併せて受給することができない。

▶ 2. 死亡一時金

　国民年金の第１号被保険者として保険料を納めた月数（全額免

🔖重要用語

寡婦年金

除を除く保険料の一部免除を受けた期間を含む。以下同じ）が36ヵ月以上ある者が、老齢基礎年金等を受けずに死亡した場合は、生計を同じくしていた遺族（配偶者、子、父母、孫、祖父母、兄弟姉妹のうち優先順位が高い者）に対して死亡一時金が支給される。

死亡一時金の金額は、国民年金の第1号被保険者として保険料を納めた月数により決められる。

なお、寡婦年金と死亡一時金の両方の受給要件を満たす場合は、支給する者の選択によって、いずれか一方を受給することになる。

3 遺族厚生年金

遺族厚生年金は、厚生年金保険の被保険者が死亡した場合等において、配偶者、子、父母、孫、祖父母に対して、一定の順位に従って支給される。

遺族厚生年金の概要は、次頁のとおりである。

▶ 1. 中高齢寡婦加算

中高齢寡婦加算は、夫の死亡時に40歳以上65歳未満で、かつ次の①または②に該当する妻に対して、遺族厚生年金に加算されるものである。

> ① 生計を一にする子（18歳到達年度の年度末を経過していない子または20歳未満で障害年金の障害等級1級・2級の子）がいない妻
> ② 40歳に到達した当時に子がいるため遺族基礎年金を受けていた場合で、その子が18歳（障害等級1級・2級の場合は20歳）に達したため遺族基礎年金を受給できなくなった妻

遺族基礎年金は、子のない妻には支給されず、子がいてもその子が18歳（障害等級1級・2級の場合は20歳）に達した場合に

● 遺族厚生年金の概要

項目	内容
支給要件	①　被保険者が死亡したとき，または，被保険者期間中の傷病が原因で初診の日から5年以内に死亡したとき（死亡した者の保険料納付済期間（保険料免除期間等を含む）は国民年金加入期間の3分の2以上必要）。ただし，令和8年4月1日前の場合は，死亡日に65歳未満であれば，死亡日の属する月の前々月までの1年間の保険料納付期間のうちに，保険料の滞納がなければ，支給要件を満たすものとされる。 ②　老齢厚生年金の資格期間（原則として25年以上）を満たした者が死亡したとき。 ③　1級・2級の障害厚生（共済）年金を受けられる者が死亡したとき。
対象者	死亡した者によって生計を維持されていた次の①～③ ①　妻 ②　子，孫（18歳到達年度の年度末を経過していない者または20歳未満で障害年金の障害等級1級・2級の者） ③　55歳以上の夫，父母，祖父母（支給開始は60歳から。ただし，夫は，遺族基礎年金を受給中の場合に限り，遺族厚生年金も併せて受給することができる） ※　子のある配偶者，子（子とは18歳到達年度の年度末を経過していない者または20歳未満で障害年金の障害等級1級・2級の者に限る）は，遺族基礎年金も併せて受給することができる。
年金額 （令和6年4月現在）	原則として，老齢厚生年金の報酬比例部分の額の4分の3相当額である。なお，厚生年金保険の被保険者期間が300ヵ月に満たない場合には，被保険者期間を300ヵ月とみなして計算するため，下記の計算式で計算した額に300ヵ月を実際の加入月数で除したものを乗じる。 　　遺族厚生年金の年金額＝報酬比例部分の額［C］×3/4 　　・報酬比例部分の額［C］ 　　　＝総報酬制前の期間の額［A］＋総報酬制後の期間の額［B］ 　　・総報酬制前の期間の額［A］ 　　　＝平均標準報酬月額×乗率①×平成15年3月までの厚生年金保険の被保険者期間の月数 　　・総報酬制後の期間の額［B］ 　　　＝平均標準報酬額×乗率②×平成15年4月以降の厚生年金保険の被保険者期間の月数 ※　上記の計算式における「乗率①」「乗率②」は，生年月日により異なるが，昭和21年4月2日以後生まれの者については，「乗率①」は1,000分の7.125，「乗率②」は1,000分の5.481である。
年金請求書の提出先	年金事務所等

は支給されなくなる。

　なお，妻が65歳に達すると妻自身の老齢基礎年金を受給できるようになることから，中高齢寡婦加算は支給されなくなる。

　中高齢寡婦加算の額は，612,000円（令和6年4月現在）である。

▶ 2. 経過的寡婦加算

　経過的寡婦加算は，遺族厚生年金を受給している妻が65歳になり，自身の老齢基礎年金を受給するようになったときに，中高齢寡婦加算に代わり支給されるもので，老齢基礎年金の額が中高齢寡婦加算の額に満たない場合に，65歳到達後における年金額の低下を防止するために設けられたものである。

重要用語
経過的寡婦加算

　経過的寡婦加算の額は，昭和61年4月1日において30歳以上（昭和31年4月1日以前生まれ）の者が，60歳までの国民年金に加入可能な期間をすべて加入した場合の老齢基礎年金の額に相当する額と合算して中高齢寡婦加算の額となるよう，生年月日に応じて設定されている。

　経過的寡婦加算は，65歳以降にはじめて遺族厚生年金を受ける妻にも支給される。

　なお，遺族厚生年金の受給者が障害基礎年金の受給権も同時に有しているとき（支給停止になっている場合は除く）は，経過的寡婦加算は支給停止となる。

4　遺族年金の失権

　遺族年金を受給している者が婚姻や養子縁組等をしたとき（たとえば，夫が死亡したことにより遺族年金を受給していた妻が再婚した場合等）は，遺族年金を受給する権利を失うため，遺族年金失権届を提出しなければならない。ただし，直系血族または直系姻族の者との養子縁組の場合は，遺族年金を受給する権利は失

重要用語
遺族年金失権届

わない。

　なお，子が18歳到達年度の年度末を経過した場合，または障害
年金の障害等級1級・2級の子が20歳になったために遺族年金が
支給されなくなる場合は，失権届を提出する必要はない。

> 遺族基礎年金は子の養育のため，遺族厚生年金
> は残された配偶者の生活保障のために支給され
> るんだね！

理解度チェック

❶ 遺族基礎年金の年金額は，国民年金の保険料納付済期間と保険料免除期間の月数にか
　かわらず定額である。
❷ 国民年金の被保険者が死亡し，その者の遺族が遺族基礎年金を受給する場合，一定の
　要件を満たせば死亡一時金も受給することができる。
❸ 厚生年金保険の被保険者である夫が死亡し，子のない40歳以上65歳未満の妻が遺族厚
　生年金の受給権を取得した場合，その遺族厚生年金には中高齢寡婦加算が加算される。

解答　❶ ○
　　　❷ ×　遺族が遺族基礎年金を受給するときは，死亡一時金を受給することができ
　　　　　　ない。
　　　❸ ○

📖 重要用語索引

ま

や

ら

A-Z

【執筆協力】

・香月　裕爾（小沢・秋山法律事務所所属：弁護士）
・清水　洋介（小沢・秋山法律事務所所属：弁護士）
・佐藤　良尚（小沢・秋山法律事務所所属：弁護士）
・石黒　英明（小沢・秋山法律事務所所属：弁護士）

☆　**本書の内容等に関する追加情報および訂正等について**　☆
本書の内容等につき発行後に追加情報のお知らせおよび誤記の訂正
等の必要が生じた場合には，当社ホームページに掲載いたします。
（ホームページ　書籍・DVD・定期刊行誌　メニュー下部の　追補・正誤表　）

銀行業務検定試験　公式テキスト　**相続アドバイザー3級**　2024年度受験用

2024年7月29日　第1刷発行	編　者	経済法令研究会
	発行者	髙　橋　春　久
	発行所	㈱経済法令研究会

〒162-8421　東京都新宿区市谷本村町3-21
電話 代表03-3267-4811　制作03-3267-4897
https://www.khk.co.jp/

営業所／東京 03(3267)4812　大阪 06(6261)2911　名古屋 052(332)3511　福岡 092(411)0805

制作／経法ビジネス出版㈱・根岸孝栄　印刷・製本／㈱加藤文明社

Ⓒ Keizai-hourei Kenkyukai 2024　　　　　　　ISBN978-4-7668-4457-3

法　務

◉法務3・4級対応
実務に活かす **金融法務の基本がよくわかるコース**
●受講期間3か月　●14,300円

◉法務2級対応
事例で学ぶ **金融法務の理解を深め実務対応力を高めるコース**
●受講期間3か月　●16,500円

◉融資管理3級対応
融資管理実務コース
●受講期間4か月　●17,380円

財　務

◉財務3・4級対応
実務に活かす **財務の基本がよくわかるコース**
●受講期間3か月　●13,200円

◉財務2級対応
事例で学ぶ **財務分析力を高め経営アドバイスに活かすコース**
●受講期間3か月　●16,500円

税　務

◉税務3・4級対応
実務に活かす **税務の基本がよくわかるコース**
●受講期間3か月　●13,200円

◉税務2級対応
事例で学ぶ **税務相談力を高め顧客アドバイスに活かすコース**
●受講期間3か月　●16,500円

外国為替

◉外国為替3級対応
実務に活かす **外国為替と貿易の基本がよくわかるコース**
●受講期間3か月　●13,200円

信　託

◉信託実務3級対応
信託実務コース
●受講期間4か月　●15,180円

金融経済

◉金融経済3級対応
実務に活かす **金融と経済の基本がよくわかるコース**
●受講期間3か月　●13,200円

マネジメント

◉営業店マネジメントⅡ対応
営業店マネジメント[基本]コース
●受講期間3か月　●15,840円

◉営業店マネジメントⅠ対応
営業店マネジメント[実践]コース
●受講期間4か月　●19,580円

投資信託・資産形成

◉投資信託3級対応
投資信託基礎コース
●受講期間3か月　●15,840円

◉資産形成アドバイザー3級対応
資産形成アドバイザー基本コース
●受講期間2か月　●10,340円

◉資産形成アドバイザー2級対応
資産形成アドバイザー養成コース
●受講期間3か月　●15,840円

年　金

◉年金アドバイザー3・4級対応
実務に活かす **年金の基本がよくわかるコース**
●受講期間3か月　●13,200円

◉年金アドバイザー2級対応
事例で学ぶ **年金相談力を高め頼られるアドバイザーになるコース**
●受講期間3か月　●16,500円

相　続

◉相続アドバイザー3級対応
実務に活かす **相続手続きの基本がよくわかるコース**
●受講期間2か月　●8,800円
●受講期間3か月　●11,000円

◉相続アドバイザー2級対応
相続アドバイザー養成コース
●受講期間3か月　●13,860円

融資・渉外

◉窓口セールス3級対応
窓口セールス実践コース
●受講期間3か月　●12,760円

◉個人融資渉外3級対応
個人ローン・住宅ローン推進に自信が持てるコース
●受講期間3か月　●13,200円

◉法人融資渉外3級対応
法人融資渉外基本コース
●受講期間4か月　●17,380円

◉事業性評価3級対応
伴走支援で持続的成長を促す **事業性評価力養成コース**
●受講期間2か月　●10,340円
●受講期間3か月　●12,540円

◉経営支援アドバイザー2級対応
経営支援アドバイザー養成コース
●受講期間3か月　●15,840円

◉事業承継アドバイザー3級対応
営業店の事業承継支援コース
●受講期間3か月　●13,860円

◉CBT DXサポート対応
取引先のDX推進をサポートするコース
●受講期間2か月　●6,600円
●受講期間3か月　●8,800円

◉サステナブル経営サポート
（環境省認定制度 脱炭素アドバイザー ベーシック）対応
取引先のサステナブル経営をサポートするコース
●受講期間2か月　●6,600円
●受講期間3か月　●8,800円

コンプライアンス・個人情報保護

◉金融コンプライアンス・オフィサー2級対応
金融コンプライアンス[基本]コース
●受講期間3か月　●13,860円

◉金融コンプライアンス・オフィサー1級対応
金融コンプライアンス[管理者]コース
●受講期間3か月　●14,960円

◉ＪＡコンプライアンス3級対応
ＪＡコンプライアンスコース
●受講期間3か月　●10,890円

◉金融個人情報保護オフィサー2級対応
よくわかる **金融個人情報保護コース**
●受講期間2か月　●10,120円

◉金融AMLオフィサー[実践]・[基本]対応
マネー・ローンダリング対策徹底理解コース
●受講期間2か月　●9,130円
●受講期間3か月　●11,330円

◉金融AMLオフィサー[取引時確認]対応
営業店のマネロン対策に役立つ **取引時確認・疑わしい取引への感度を高めるコース**
●受講期間2か月　●6,600円
●受講期間3か月　●8,800円

JAのマネロン対策に役立つ **取引時確認・疑わしい取引への感度を高めるコース**
●受講期間2か月　●6,600円
●受講期間3か月　●8,800円

ホスピタリティ

◉社会人ホスピタリティ[実践]・[基本]対応
気持ちを伝え心を動かす **ホスピタリティ・マスターコース**
●受講期間2か月　●9,570円

※受講料は消費税（10%）込の価格です。

 経済法令研究会 https://www.khk.co.jp/
●経済法令ブログ
https://khk-blog.jp/